비전공자도 합격시키는 쉽고 가벼운 —— 진승현 토목직

2026

# 가벼운
# 토목설계

넥스트스터디

## 머리말

### 오늘도 하루를 견디고 있는 수험생에게...

저는 대학생활 동안 도서관에 있는 토목 전공서적을 '전부' 읽었습니다. 거의 외웠다 하는 표현이 맞겠습니다. 비가오나 눈이오나 한 달에 하루 정도를 제외하고는 눈을 뜬 모든 시간을 전공 공부에 쏟아 부었습니다. 토목공학과를 수석졸업하고 책의 내용을 모두 이해하고 보니 잘못 표현되거나 애매하게 표현된 내용들이 참 많았다는 생각이 들었습니다.

그러다 우연히 9급 공무원을 준비하는 학생의 전공과목 수업을 하게 되었습니다. 정말 간절한 마음으로 열심히 공부하는 학생들이 시험에 나오지도 않는 내용을 이해하려 애쓰고, 수많은 공식들을 암기하는 데 소중한 시간을 흘려보내고 있었습니다. 그 학생의 간절함을 보고 이 책을 쓰기로 마음먹었던 것 같습니다.

"선생님 책 언제 출판되나요?"

이 책이 세상에 나오기 전에 저는 합격하겠다며 농담을 건네던 학생. 지금은 공무원이 되어버린 나의 학생들. 연거푸 감사하다며 식사대접하겠다고 찾아오는 학생들. 한숨을 쉬며 하루를 견디던 수험생이 공무원이 되어 밝게 웃는 얼굴을 보면 형언할 수 없는 책임감을 느낍니다. 그런 마음으로 책을 썼습니다.

> 어떻게 하면 학생이 빠르게 이해할 수 있을까?
> 어떻게 하면 학생들의 암기량을 줄일 수 있을까?
> 어떻게 하면 학생들의 수험기간을 줄일 수 있을까?

수험생의 간절함이 합격에 닿을 수 있게
이 책에 가장 빠른 길을 한 권의 지도로 남겨 놓습니다.

진승현

**토목설계 학습전략**

### 1. 지엽적인 부분을 버려야 합니다.

토목설계 과목에서 100점을 맞기 위해 암기해야 하는 분량은 500쪽 정도 됩니다. 이 중 350쪽 분량은 지엽적으로 시험(20문제)에서 2~3문제 정도(10~15점) 출제됩니다. 지엽적인 부분까지 모두 암기한다는 것은 현실적으로 불가능합니다. 이 책은 지엽적인 부분을 버리고 이론서 150쪽 분량으로 구성했습니다. 제가 수험생들을 가르친 경험상 이 분량마저 암기하는 데 어려움을 겪는다는 것을 알기 때문에 고득점(80점 이상)에 해당되는 부분은 음영 처리했습니다. 수험생들은 음영 처리된 부분을 피해 학습하기 바랍니다.

### 2. 설계는 역학을 기반으로 하기 때문에 응용역학 문제가 토목설계에 출제되곤 합니다.

해당 내용들은 저한테 응용역학 시간에 배울 내용이며 매우 쉬운 수준의 문제가 출제되기 때문에 걱정할 필요 없습니다. 그러나 해당 문제들은 응용역학, 토목설계 두 과목에 출제 가능한 문제들이기 때문에 집중적인 학습이 필요합니다. 수업시간에 다루겠습니다.

### 3. 토목설계는 결국 암기과목입니다.

토목설계는 이해하지 못해도 외우면 점수는 나옵니다. 정말 시험에 나오는 것들만 책에 담았습니다. 암기하면 할수록 올라가는 점수를 확인할 수 있습니다. 토목설계 점수는 노력을 배신하지 않습니다.

**교재 활용 방법 이론편**

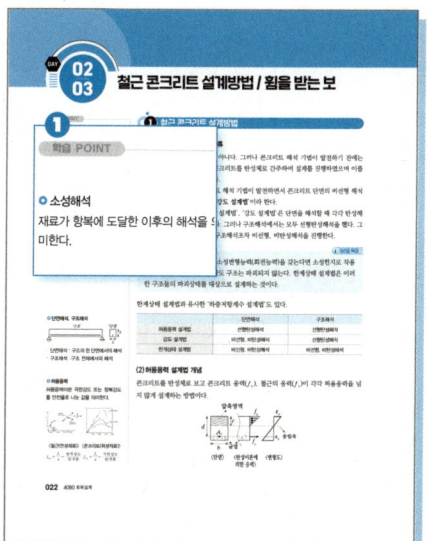
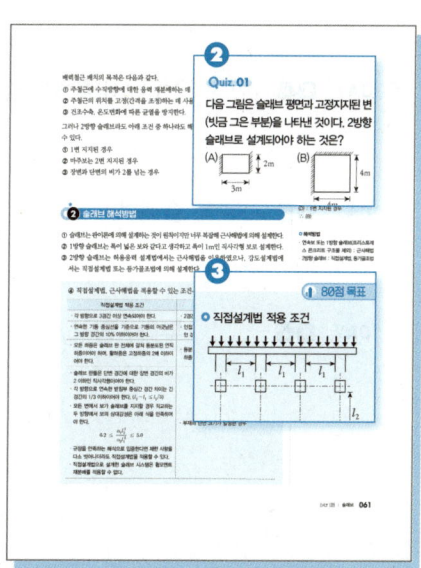

**❶** 토목설계를 처음 접하는 수험생들을 위해 이론서 날개 쪽에 단어 정의, 개념정리를 해두었습니다.

**❷** 이론을 100% 이해하지 못해도 좋습니다. 어느 정도 이론을 학습한 후에 관련 문제를 풀면 이해도가 향상됩니다. 이론서 날개 쪽에 이해도를 향상시킬 수 있는 예제를 배치했습니다.

**❸** 낮은 점수대(40점 이상)를 목표로 하거나 시험까지 시간이 촉박한 학생들을 위해 고득점(80점 이상) 부분을 음영 처리했습니다. 우선 수험생들은 음영 처리된 부분을 무시하고 일차적으로 학습하기를 권합니다.

**CONTENTS**

| DAY | | | |
|---|---|---|---|
| DAY **01** | 콘크리트 / 철근 | | 007 |
| DAY **02-03** | 철근 콘크리트 설계방법 / 힘을 받는 보 | | 021 |
| DAY **04** | 전단 / 비틀림을 받는 보 | | 043 |
| DAY **05** | 슬래브 | | 059 |
| DAY **06** | 부착 / 정착 / 이음 | | 069 |

**80점을 목표로 하는 수험생은** 🔒 **80점 목표** 내용을 반드시 학습하십시오!

| DAY | | | |
|---|---|---|---|
| DAY **07** | 기 둥 | | 079 |
| DAY **08** | 확대기초 / 옹벽 / 암거 | | 091 |
| DAY **09** | 프리스트레스 콘크리트(PSC) | | 109 |
| DAY **10** | 사용성 / 내구성 | | 127 |
| DAY **11** | 하중의 종류 / 내진설계 / 용접 / 볼트 | | 139 |

4 0 8 0
진 승 현
토 목 설 계

# DAY 01 콘크리트 / 철근

학습 POINT

### ⭐ 1 개요

　강의를 진행하기에 앞서 이 책의 목적은 9급 토목직 공무원을 준비하는 학생들의 토목설계에 대한 이해도를 향상시키고 학습기간을 단축하기 위함임을 밝힌다. 따라서 기술사 취득을 위해 학습하는 학생들에게는 매우 빈약한 내용이 될 수 있으나 초석을 다지는 데는 많은 도움이 되리라고 생각한다. 본 강의를 수강하는 학생들은 시험과목인 응용역학도 학습할 것이므로 아주 기초적인 내용의 응용역학 지식은 본 교재에 포함시키지 않았다. 따라서 최소 2주 정도는 응용역학을 선행학습한 후 본 학습을 진행하기 바란다.

　그럼 지금부터 배우게 될 '토목설계'란 무엇일까? 이는 지금까지 학습한 응용역학적 지식을 바탕으로 실제적인 구조물 건설을 위한 역학적 이해와 건설자들의 약속(설계기준)을 배우는 것이다. 따라서 토목설계라는 과목의 범위는 수험생이 기존에 학습했던 어떤 과목보다도 범위가 방대하다고 할 수 있다. 그러나 출제자의 입장에서 생각해 보면 방대한 범위에서 9급 공무원 시험이라는 비교적 난이도가 낮은 시험 문제를 출제해야 하므로 계속해서 동일한 범위에서, 동일한 유형의 문제를 출제할 수밖에 없다. 따라서 우리는 **반복 출제되는 범위에서만 학습하고 유형을 익힌 뒤 출제 빈도가 낮은 범위는 과감하게 버리는 전략을 취하는 것이 최선의 학습법**이라고 할 수 있다. 이러한 학습 전략으로 만점을 받을 수는 없겠으나 **가장 최단 시간 안에 과락(40점)을 넘기거나 80점까지는 쉽게 도달**할 수 있다.

> 범위가 방대하기 때문에 기출에 나온 범위만 학습하는 과감한 전략이 필요하다!

● 균질
한 물체 내부의 어떤 점에서도 모든 성질이 같다.

● 타설, 재령, 양생

콘크리트
(물+시멘트+골재+혼화재료)
타설
거푸집

- 타설 : 건물을 지을 때 구조물의 거푸집과 같은 빈 공간에 콘크리트 따위를 부어 넣음.
- 재령 : 타설 후 경과된 시간
  EX 재령 28일
- 양생 : 타설 후 강도가 발현될 때까지 유해한 영향을 받지 않도록 충분히 보호 관리하는 것

● 결합재(Binder)
시멘트와 같이 접착력이 있는 재료로서 골재 입자들 사이를 채워서 콘크리트 구성 재료들을 결합하거나 콘크리트 강도 발현에 기여하는 물질을 생성하는 재료의 총칭. 고로 슬래그 미분말, 플라이 애시, 실리카 퓸, 팽창재 등 분말 형태의 재료

### ⭐ 2 콘크리트

응용역학에서 배운 모든 재료는 균질하고 탄성적이었으나 건설에 이용되는 주재료인 콘크리트는 비균질하고 비탄성적이다. 또 콘크리트는 기타 건설재료와 다르게 현장에서 타설되는 경우가 많으므로 강도와 탄성계수 등이 일정하지 않기 때문에 이에 따른 이해가 필요하다.

### (1) 콘크리트 구성(콘크리트=시멘트+물+골재+혼화재료)

① **시멘트** : 물과 반죽하였을 때 단단히 굳어져 접착제의 역할을 수행하는 물질이다.
② **물** : 사람이 마실 수 있는 정도로 청결(청정)해야 콘크리트의 적당한 강도가 발현된다. (산, 기름, 알칼리, 염분, 유기물 포함 X)
③ **골재** : 시멘트와 물에 혼합하는 모래, 자갈 등을 의미하며 크기에 따라 잔골재, 굵은골재로 구분하고 콘크리트 용적의 65~80%를 차지한다. 콘크리트에 골재를 넣는 이유는 다음과 같다.
- 건조수축 저하 : 시멘트에 비해 체적변화가 작다.
- 경제성 향상 : 비교적 비싼 시멘트 부피를 대신 차지한다.
- 마모저항성 향상 : 시멘트는 미분말 형태이므로 마찰에 쉽게 떨어지나 골재가 콘크리트 표면에 노출될 경우 마모저항성이 크다.
- 보강재 역할 : 골재는 큰 강도를 가져 보강재 역할을 한다.

④ **혼화재료** : 콘크리트에 특별한 성질을 주기 위해 반죽 혼합 전 또는 반죽 혼합 중에 가해지는 재료로서 혼화재와 혼화제로 분류한다. 혼화재료를 사용할 때는 반드시 시험 또는 검토를 거쳐 성능을 확인하여야 한다.

| 혼화재 : 전체 시멘트 양의 5% 이상으로 배합설계 계산에 고려되는 혼화재료 | 혼화제 : 전체 시멘트 양의 1% 미만으로 배합설계 계산에 고려되지 않는 혼화재료 |
|---|---|
| ① 플라이애시 : 수화열에 의한 균열 발생 저감<br>② 고로슬래그 미분말<br>③ 실리카퓸<br>④ 팽창재 | ① AE제(공기연행제) : 워커빌리티 개선, 단위수량 감소, 동결융해 저항<br>② 감수제 : 단위수량 증가 없이 워커빌리티 개선, 워커빌리티 변화 없이 단위수량 감소<br>③ 촉진제 : 응결 시간 단축<br>④ 급결제(급경제) : 응결 시간 크게 단축<br>⑤ 지연제 : 응결 시간 지연<br>⑥ 유동화제(고성능감수제) : 유동성 증가<br>⑦ 방청제 : 철근 부식 방지 |

### (2) 포틀랜드 시멘트

**(2)-1 시멘트 종류**

① 1종 : 보통 포틀랜드 시멘트(Basic)
② 2종 : 중용열 포틀랜드 시멘트(★수화열⇓)
③ 3종 : 조강 포틀랜드 시멘트(초기강도⇑)
④ 4종 : 저열 포틀랜드 시멘트(★수화열⇓)
⑤ 5종 : 내황산염 포틀랜드 시멘트(화학저항⇑)

---

**학습 POINT**

**▲ 80점 목표**

○ **식수로서 부적당한 물**
식수로서 부적당한 물은 다음에 열거한 사항을 만족하지 못하면 콘크리트에 사용될 수 없다.
- 동일 수원의 물을 사용하여 이에 적절한 배합설계를 하여야 한다.
- 식수로 적합하지 않은 물로 만들어진 모르타르 시험체의 7일과 28일 강도는 식수로 만들어진 같은 형태의 공시체 강도의 90% 이상의 강도를 각각 가져야 한다. 사용한 물의 차이에 따른 강도비교 시험은 물 이외에는 같은 조건의 모르타르를 사용하여 실시한다.

**▲ 80점 목표**

○ **잔골재, 굵은 골재**
- 잔골재 : 10mm 체를 전부 통과하고 5mm 체를 거의 다 통과하며 0.08mm 체에 모두 남는 골재
- 굵은 골재 : 5mm 체에 다 남는 골재

○ **시멘트풀(페이스트), 모르타르, 콘크리트**
시멘트, 물, 골재 첨가 유무에 따라 다음과 같이 명칭한다. 시멘트 강도는 시멘트풀(페이스트) 강도가 아니라 모르타르 강도로 나타낸다.

| 시멘트풀(페이스트) = 물 + 시멘트 |
| 모르타르 = 시멘트풀 + 잔골재 |
| 콘크리트 = 모르타르 + 굵은골재 |

**▲ 80점 목표**

**기출** 2023 국가직 9급
AE제(air-entraining admixture)는 콘크리트 속에 많은 미소한 기포를 일정하게 분포시켜 콘크리트 배합 시 물을 넣지 않아도 되게 하는 혼화제이다. ✕

(확인) AE제 사용시 단위수량이 감소하나 물을 넣지 않아도 되는 것은 아니다.

## 학습 POINT

> 🎯 **80점 목표**
>
> ● **워커빌리티, 유동성, 동결융해**
> - 워커빌리티 : 반죽질기 정도에 따르는 작업의 난이도 및 재료의 분리에 저항하는 정도를 나타내는 굳지 않은 콘크리트의 성질
> - 유동성 : 중력이나 밀도에 따라 유동하는 정도를 나타내는 굳지 않은 콘크리트의 성질
> - 동결융해 : 얼었다 녹는 과정

> 🎯 **80점 목표**
>
> ● **촉진제**
> 철근 부식 방지를 위해 염화물량 $0.3\text{kg/m}^3$ 이하로 규제한다.

> 🎯 **80점 목표**
>
> ● **수화반응**
> 수화반응에 필요한 물은 시멘트 중량의 25% 정도이나 시공시 유동성 확보를 위해 40% 이상으로 하는 것이 일반적이다.

> 📋 **기출**  2022 국가직 9급
>
> 골재의 강도가 커질수록 콘크리트의 압축강도는 증가한다.

> 🎯 **80점 목표**
>
> ● **굵은 골재 최대 치수**
> KDS 14 20 01
> 3.1.1 구성재료
> 굵은 골재의 최대 공칭치수는 다음 값을 초과하지 말아야 한다. 그러나 이러한 제한은 콘크리트를 공극 없이 칠 수 있는 다짐 방법을 사용할 경우에는 책임구조기술사의 판단에 따라 적용하지 않을 수 있다.

### (2)-2 시멘트 수화반응

① **수화반응** : 시멘트의 화합물이 물과 반응하는 것을 의미하며 수화열이 발생한다. 수화반응이 시작하면 응결과 경화가 동시에 일어난다.
② **응결** : 수화반응이 일어나면 겔의 농도가 짙어져서 유동성을 상실하고 점성이 발생하는 현상
③ **경화** : 응결반응 후 시멘트의 강도가 발현되는 현상

### (3) 골재

### (3)-1 굵은 골재 최대 치수

골재와 관련해 굵은 골재 최대 치수의 정의는 다음과 같다.

> **굵은 골재 최대 치수** : 질량으로 90% 이상 통과시키는 체 중에서 최소치수의 구멍 크기

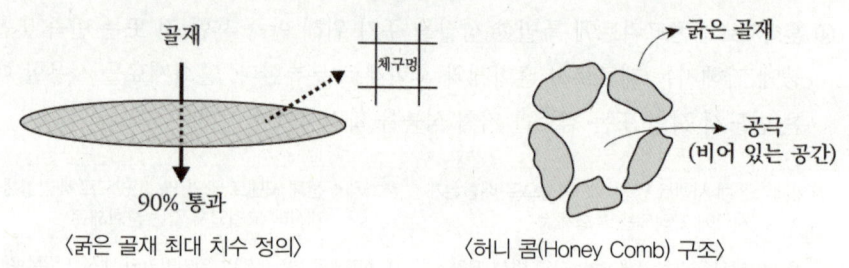

〈굵은 골재 최대 치수 정의〉　　〈허니 콤(Honey Comb) 구조〉

콘크리트를 경제적으로 제조한다는 관점에서 될 수 있는 대로 최대 치수가 큰 굵은 골재를 사용하는 것이 일반적으로 유리하지만, 시공성 및 다짐성 확보를 위해 다음 값을 초과하지 않아야 한다. (굵은 골재 최대 치수가 지나치게 크면 콘크리트의 혼합 및 취급이 어렵고 재료분리가 일어난다.)

> 🎯 **80점 목표**
>
> 굵은 골재 최대 치수는 철근을 적절히 감싸주고 또한 콘크리트가 허니콤(Honey Comb) 모양의 공극을 최소화하기 위해 제한하고 있다.

　i) 슬래브 두께의 1/3
　ii) 거푸집 양 측면 사이 최소 거리의 1/5
　iii) 개별철근, 다발철근, 긴장재 또는 덕트 사이 최소 순간격의 3/4
　iv) 굵은 골재의 최대 치수는 표의 값을 표준으로 한다.

| 구조물의 종류 | 굵은 골재의 최대 치수(mm) |
|---|---|
| 일반적인 경우, 프리스트레스 콘크리트 | 20 or 25mm |
| 단면이 큰 경우 | 40mm |
| 무근콘크리트 | 40mm<br>부재 최소 치수의 1/4을 초과해서는 안 됨 |

### (4) 콘크리트 배합설계

콘크리트 배합설계는 출제 비중이 매우 낮으므로 간략하게 학습한다.

① **배합표** : 배합표란 콘크리트 구성 재료의 배합 비율을 결정하는 표이다.

| 굵은<br>골재<br>최대<br>치수<br>(mm) | 슬럼프<br>범위<br>(mm) | 공기량<br>범위<br>(%) | 물-시멘트비<br>(W/C)<br>(%) | 잔골<br>재율<br>(s/a)<br>(%) | 단위량(kg/m³) | | | | |
|---|---|---|---|---|---|---|---|---|---|
| | | | | | 물<br>(W) | 시멘트<br>(C) | 잔골재<br>(S) | 굵은골재<br>(G) | 혼화<br>재료 |
| | | | | | | | | | |

② **배합설계** : 배합설계는 콘크리트 $1000L=1m^3$ 기준으로 배합되는 재료들의 단위중량과 부피를 결정한다.

- 콘크리트 단위중량($kg/m^3$) = 단위수량 + 단위시멘트량 + 단위굵은골재량 + 단위잔골재량 + 혼화재량
- 콘크리트 용적(1000L) = 물의 절대용적 + 시멘트 절대용적 + 골재 절대용적 + 공기량

### (5) 콘크리트와 철근 특징

| 콘크리트 | 철근 |
|---|---|
| ① 콘크리트=시멘트+물+골재(자갈) 등으로 구성되므로 품질이 일정하지 않다(탄성계수, 강도 예상이 어렵다).<br>② 콘크리트는 비균질, 비탄성적이나 매우 낮은 응력하에서는 탄성체로 간주할 수 있다.<br>③ 압축강도는 크지만 인장강도는 매우 낮다. ★<br>④ 파괴발생까지 요구되는 변형이 작은 취성재료이다. | ① 단일재료로 품질이 일정하다(탄성계수, 강도 일정).<br>② 균질, 탄성 재료이다.<br>③ 압축강도와 인장강도가 크고 거의 동일하다.<br>④ 파괴까지 요구되는 변형이 큰 연성재료이다. |

### 학습 POINT

○ **배합**
물, 시멘트, 골재, 혼화재료를 일정한 비율로 섞는 것을 의미한다.

○ **물-시멘트비**
1992년 건설부고시를 보면 현장경험이나 시험기록에 관한 자료가 없을 때에는 물-시멘트비를 사용하여 배합설계를 할 수 있다고 규정하고 있다. 가끔 보기로 출제된다.

○ **단위변환**
$1m^3 = 1000L$를 암기하면 배합설계 계산에 유용하다.

## (6) 콘크리트 강도

### (6)-1 공시체

물체의 모양과 크기는 강도에 영향을 주게 된다. 따라서 모양과 크기를 일정하게 만든 재료시험용 물체에 하중을 가해 강도를 측정하게 되며 이를 공시체라 한다.

| 종류 | 공시체 크기 | 강도보정계수 |
|---|---|---|
| 표준형 공시체 (원주형) | $\phi 150 \times 300$mm | |
| 작은 공시체 (원주형) | $\phi 100 \times 200$mm | 0.97 |
| 입방형 공시체 (정육면체) | 150mm 입방체<br>200mm 입방체 | 0.8<br>0.83 |

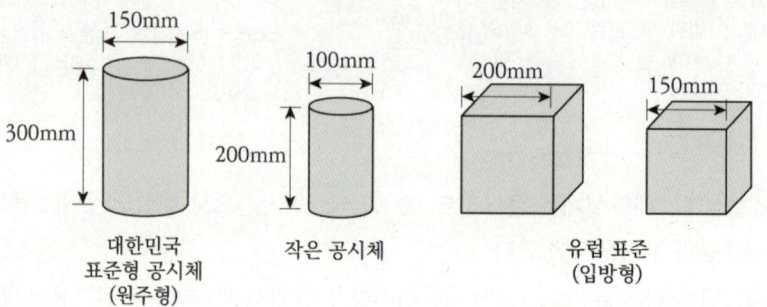

| 대한민국 표준형 공시체 (원주형) | 작은 공시체 | 유럽 표준 (입방형) |

형상비란 $\dfrac{H(높이)}{D(지름)}$로 정의된다. 강도는 형상비에도 영향을 받기 때문에 '2'로 정해져 있다.

### (6)-2 압축강도

① **설계기준 압축강도($f_{ck}$)** : 콘크리트 단면을 설계할 때 기준이 되는 콘크리트 압축강도이다. 특별한 규정이 없는 경우 재령 28일 강도를 이용한다.
② **평균 압축강도($f_{cm}$, $f_{cu}$)** : 콘크리트 공시체 강도의 평균값으로 콘크리트 탄성계수를 계산할 때 이용된다. 충분한 시험자료(통계자료)가 없는 경우에는 다음 식으로 구할 수 있다.

$$f_{cm} = f_{ck} + \triangle f$$

| 설계기준 압축강도 $f_{ck}$ | $\triangle f$ |
|---|---|
| $f_{ck} \leq 40$MPa | 4 MPa |
| $40$MPa $\leq f_{ck} \leq 60$MPa | 직선보간($= 0.1 f_{ck}$) |
| $60$MPa $\leq f_{ck}$ | 6 MPa |

---

**학습 POINT**

● **형상비와 강도**

형상비 $\left(\dfrac{H}{D}\right)$가 작다는 것은 납작하다는 것을 의미한다. 납작한 단면은 하중이 전달되는 접촉면에서 마찰력이 횡구속의 역할을 하므로 강도가 크다.

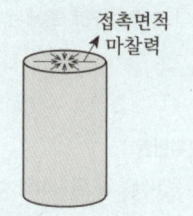

● **강도, 재령 28일**

콘크리트 강도는 재령이 증가함에 따라 증가하는데 증가율은 점점 감소한다.

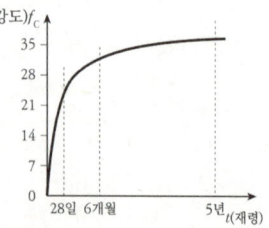

실험실에서는 현장보다 좋은 환경에서 양생하므로 높은 강도가 나오기 때문에 이를 반영하여 낮은 값을 이용하는 것이다.

할선탄성계수는 보통중량골재를 사용한 경우($m_c = 2.3 \text{t/m}^3$) 다음과 같이 계산한다.
$$E_c = 8500 \sqrt[3]{f_{cm}} \text{ MPa}$$

> **80점 목표**
>
> 보통중량 골재가 아닌 경우($m_c = 1,450 \sim 2,500 \text{ kg/m}^3$) 할선탄성계수 정밀식은 다음과 같다.
> $$E_c = 0.077 m_c^{1.5} \sqrt[3]{f_{cm}} \text{ MPa}$$

③ **배합강도($f_{cr}$)** : 단일 재료인 강재와 다르게 콘크리트는 복합재료로 동일한 배합과 방법으로 콘크리트를 만들어도 압축강도가 다르게 된다. 따라서 설계에서 요구되는 설계기준 강도를 만족시키기 위해서는 더 높은 목표 강도를 갖고 배합을 진행해야 하며 이를 배합강도라 한다. 배합강도를 결정하는 방법은 다음과 같다.

- 30회 이상 시험기록이 있는 경우(=충분한 실험)

| 설계기준 압축강도 $f_{ck}$ | 배합강도 $f_{cr}$(큰 값 이용) |
|---|---|
| $f_{ck} \leq 35\text{MPa}$ | $f_{ck} + 1.34s$ <br> $(f_{ck} - 3.5) + 2.33s$ |
| $35\text{MPa} < f_{ck}$ | $f_{ck} + 1.34s$ <br> $0.9 f_{ck} + 2.33s$ |

- 15~29회 시험 기록이 있는 경우 : 30회 이상 시험 기록이 있는 경우에서 이용되는 식에 표준편차 $s$ 값을 보정하여 계산한다.
- 14회 이하 또는 시험 기록이 없는 경우(=표준편차 계산을 위한 현장강도 기록자료가 없을 경우 또는 압축강도와 시험횟수가 14회 이하인 경우)

| 설계기준 압축강도 $f_{ck}$ | 배합강도 $f_{cr}$ |
|---|---|
| $f_{ck} < 21\text{MPa}$ | $f_{ck} + 7$ |
| $21\text{MPa} \leq f_{ck} \leq 35\text{MPa}$ | $f_{ck} + 8.5$ |
| $35\text{MPa} < f_{ck}$ | $1.1 f_{ck} + 5$ |

---

**학습 POINT**

○ **보통중량골재**
단어 그대로 보통의 중량을 가진 골재를 의미한다. 가벼운 골재는 경량골재라고 한다.

**Quiz.01**
보통중량골재를 사용한 설계기준 압축강도 $f_{ck} = 23\text{MPa}$인 콘크리트의 할선탄성계수[MPa]는?

[풀이]
$f_{cm} = f_{ck} + \triangle f$
$= 23\text{MPa} + 4\text{MPa} = 27\text{MPa}$
$(\because f_{ck} \leq 40\text{MPa})$
$E_c = 8,500 \sqrt[3]{f_{cm}} = 8,500 \sqrt[3]{27}$
$= 8,500 \sqrt[3]{3^3} = 8,500(3)$
$= 25,500\text{MPa}$

**Quiz.02**
충분한 실험을 진행하였으며, 설계기준압축강도가 40MPa인 경우에 해당하는 배합강도[MPa]는? (단, 표준편차 $s = 1.0$이다.)

[풀이]
$f_{ck} + 1.34s$
$= 40\text{MPa} + 1.34 \times 1\text{MPa}$
$= 41.34\text{MPa}$
$0.9 f_{ck} + 2.33s$
$= 0.9 \times 40\text{MPa} + 2.33 \times 1\text{MPa}$
$= 38.33\text{MPa}$
$\therefore f_{cr} = 41.34\text{MPa}(\because 큰 값 이용)$

> **80점 목표**
>
> ○ **15~29회 보정계수**
>
> | 시험횟수 | 보정계수 |
> |---|---|
> | 15회 | 1.16 |
> | 20회 | 1.08 |
> | 25회 | 1.03 |
> | 30회 이상 | 1.00 |
>
> ※ 사이 값은 직선보간 이용

| 학습 POINT |
|---|

**쪼갬인장강도 시험**
쪼갬인장강도 시험 결과를 현장 콘크리트의 적합성 판단 기준으로 사용할 수 없다.

**4점 재하법 = 3등분점 재하법**
공시체에 하중을 4점에 재하하는 것은, 공시체를 3등분하여 재하하는 것과 같다. 최근에는 4점 재하법이라는 단어를 더 많이 사용한다.

**중앙점 재하법**
잘 이용되지 않으나, 중앙점 재하법도 가능하다. 최대 모멘트는 응용역학 시간에 배운 지식을 이용하면 이해하기 쉽다.

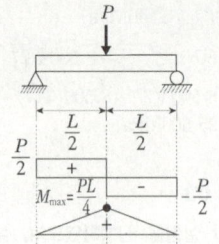

$$f_r = \frac{M_{max}}{S} = \frac{\left(\frac{PL}{4}\right)}{\left(\frac{bh^2}{6}\right)} = \frac{3PL}{2bh^2}$$

**λ (경량 콘크리트 계수)**
경량 콘크리트 계수란 경량 골재를 사용한 것에 대한 보정을 의미한다. 1~0.85, 0.85~0.75 사이는 체적비에 따라 직선 보간을 이용하여 구할 수 있다는 것만 알아두자.

| 콘크리트 | λ |
|---|---|
| 보통중량 | 1 |
| 모래경량 | 0.85 |
| 전경량 | 0.75 |
| $f_{sp}$가 주어진 경우 | $\frac{f_{sp}}{0.56\sqrt{f_{ck}}} \leq 1$ |

**80점 목표**

**모래경량, 전경량콘크리트**

| 콘크리트 종류 | 잔골재 | 굵은골재 |
|---|---|---|
| 모래경량 콘크리트 | 자연산 모래 | 경량골재 |
| 전경량 콘크리트 | 경량골재 | 경량골재 |

## (6) -3 인장강도

콘크리트 공시체는 짧고 두껍기 때문에 양단을 잡고 직접 인장시키기가 어렵다. 따라서 다음과 같이 간접적으로 인장강도를 측정한다.

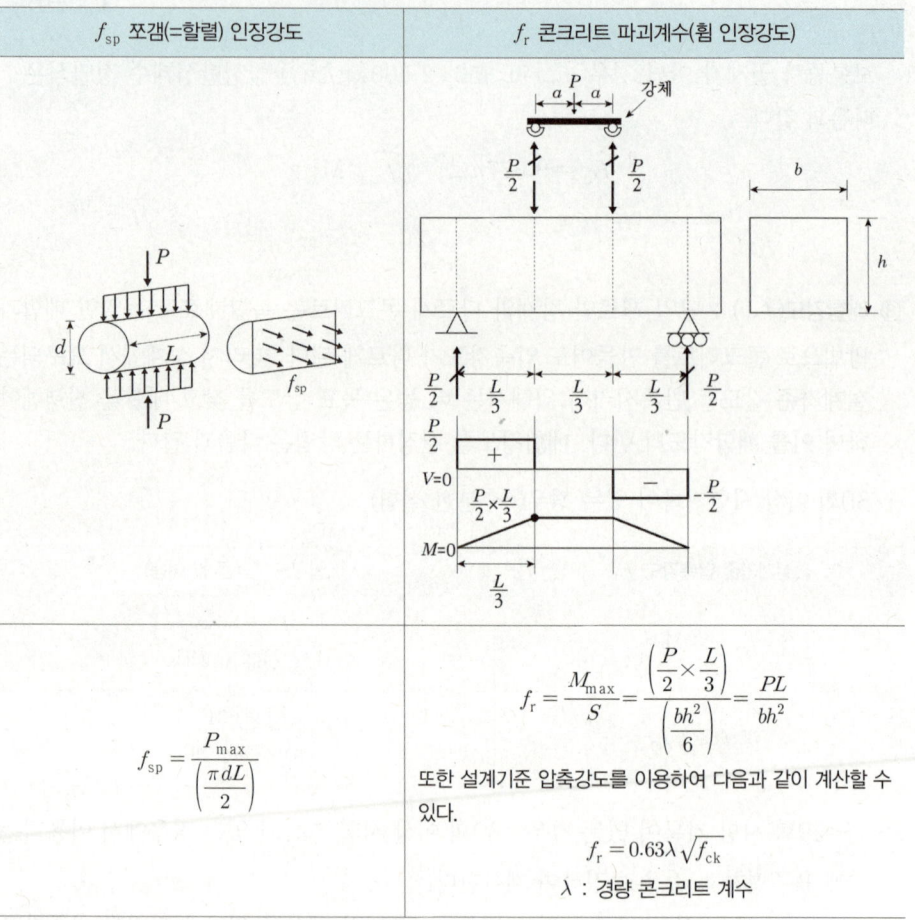

| $f_{sp}$ 쪼갬(=할렬) 인장강도 | $f_r$ 콘크리트 파괴계수(휨 인장강도) |
|---|---|
| $f_{sp} = \dfrac{P_{max}}{\left(\dfrac{\pi dL}{2}\right)}$ | $f_r = \dfrac{M_{max}}{S} = \dfrac{\left(\dfrac{P}{2} \times \dfrac{L}{3}\right)}{\left(\dfrac{bh^2}{6}\right)} = \dfrac{PL}{bh^2}$ |

또한 설계기준 압축강도를 이용하여 다음과 같이 계산할 수 있다.

$$f_r = 0.63\lambda\sqrt{f_{ck}}$$

λ : 경량 콘크리트 계수

콘크리트에 균열이 발생되는 모멘트는 콘크리트 파괴계수에 단면계수를 곱해 계산할 수 있다.

$$M_{cr} = f_r \times \frac{I_g}{y_t} = f_r \times S$$

$M_{cr}$ : 균열 모멘트, $f_r$ : 콘크리트 파괴계수, $S$ : 단면계수

## (6) -4 콘크리트 강도에 영향을 주는 요인

콘크리트 압축강도는 초기에 크게 증가하며 뒤로 갈수록 거의 증가하지 않는다.(=시간 경과에 따라 압축강도 증가, 증가율 감소) ✱

① 골재 강도⇑ → 강도⇑

② 물-시멘트비 $\dfrac{W}{C}$(≈ 단위수량)⇑ → 강도⇓ (가장 큰 영향 ✱)

③ 물-시멘트비 $\dfrac{W}{C}$ 가 일정할 경우, 공기량⇑ → 강도⇓

④ 물-시멘트비 $\dfrac{W}{C}$ 가 일정할 경우, 단위 시멘트량⇑ → 강도⇑

⑤ 굵은골재 최대치수⇑ → 물-시멘트비 $\dfrac{W}{C}$(≈ 물의 양)⇓ ✱ → 강도⇑

　(단, 물-시멘트비 $\dfrac{W}{C}$ 가 일정할 경우, 굵은골재 최대치수⇑ → 강도⇓)

⑥ 부순골재가 표면이 매끄러운 골재(강자갈)보다 강도⇑
⑦ 재령⇑ → 강도⇑
⑧ 재하속도(가력속도)⇑ → 강도⇑ ✱
⑨ 공시체 요철, 국부적인 지압하중, 편심하중 → 강도⇓
⑩ 공시체 크기, 형상비($H/D$)⇓ → 강도⇑
⑪ 정육면체가 원주형보다 강도⇑ (정육면체 > 원주형 > 각주형)
⑫ 양생방법에 영향을 받는다.
- 양생시 공시체 운반 중 충격이 없어야 한다.
- 동결이 방지되어야 한다. (20±2 ℃)
- 적당한 습도가 유지되어야 한다. (습윤양생이 건조양생보다 압축강도가 크다.)

⑬ (4~40℃의 범위) 온도⇑ → 강도⇑
⑭ 시험 직전 건조 → 강도⇑
⑮ 충분한 다짐, 입도 양호 → 공극⇓ → 강도⇑

## (7) 콘크리트 건조수축에 영향을 주는 요인

콘크리트 건조수축은 초기에 많이 발생하며 뒤로 갈수록 거의 발생하지 않는다. (=시간 경과에 따라 건조수축 증가, 증가율 감소) ✱
물의 수화반응에 사용 or 물의 증발에 의해 발생하는 수축으로 응력(=상재하중)과 무관하다.

① 물-시멘트비 $\dfrac{W}{C}$(≈ 단위 수량)⇑ → 건조수축⇑ (가장 큰 영향 ✱)

② 단위 시멘트량⇑ → 건조수축⇑

③ $C_3A$⇑ → 건조수축⇑

---

**● 공기량의 영향**
물-결합재비가 일정할 경우 공기량 1% 증가 시 압축강도는 4~6%, 휨강도는 2~3%, 탄성계수는 $7~8×10^2$ MPa 정도 감소한다.

**📋 기출　　2012 국가직**
공시체에 하중 가력속도가 빠를수록 압축강도는 커진다. ◯

**● 요철**
표면이 올록볼록한 것으로, 하중 재하 시 편심하중이 발생할 수 있다.

**● 건조수축**
건조수축은 재령이 증가함에 따라 증가하는데 증가율은 점점 감소한다.

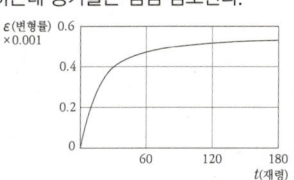

| 학습 POINT |

**● 분말도**

시멘트의 분말도란 1g당 면적비를 의미하며, 분말도가 크다는 것은 입자가 아주 작다는 것을 의미한다. 분말도가 큰 시멘트는 수화반응이 촉진된다.

④ 단위 골재량↑ → 건조수축↓
 (경량골재 콘크리트가 보통골재 콘크리트보다 건조수축이 크다.)
⑤ 플라이애시↑ → 건조수축↓
⑥ 건조할수록(습도↓, 온도↑) → 건조수축↑
 (=건조양생이 습윤, 증기양생보다 건조수축이 크다)
⑦ 부재단면치수(=두께)↑ → 건조수축↓
⑧ 비표면적, 분말도↑ → 건조수축↑
⑨ 철근↑ → 건조수축↓
⑩ 굵은 골재의 최대 치수 ↑ → 물-시멘트비 $\dfrac{W}{C}$ (≈ 단위 수량), 단위 시멘트량↓ → 건조수축↓ ★
⑪ 골재의 탄성계수↑ → 건조수축↓
⑫ 충분한 다짐, 입도 양호 → 공극↓ → 물-시멘트비 $\dfrac{W}{C}$ (≈ 단위 수량)↓ → 건조수축↓

### (8) 콘크리트 크리프

'크리프'란 일정한 응력하에서 '시간경과'에 따라 '변형'이 증가하는 것을 의미한다.
'릴랙세이션(이완)'이란 일정한 변형하에서 '시간경과'에 따라 '응력'이 감소하는 것을 의미한다.

**Quiz.03**

콘크리트에 10MPa의 압축응력이 발생할 때, 탄성변형 및 크리프 변형에 의한 총 변형률은? (단, 콘크리트는 수중에 있으며 $E_c = 20{,}000\text{MPa}$이다.)

**풀이**

탄성변형률($\varepsilon_E$)은 후크의 법칙을 이용한다.

$\varepsilon_E = \dfrac{f_c}{E_c} = \dfrac{10\text{MPa}}{20{,}000\text{MPa}} = 5 \times 10^{-4}$

수중에 위치한 콘크리트의 크리프계수($C_u$)는 '1'이다.

$\varepsilon_{cr} = C_u \varepsilon_E = (1)(5 \times 10^{-4})$
$\quad = 5 \times 10^{-4}$
$\therefore \varepsilon_T = \varepsilon_E + \varepsilon_{cr} = 1 \times 10^{-3}$

#### (8)-1 크리프 계수

콘크리트의 크리프 변형률($\varepsilon_{cr}$)은 콘크리트 탄성 변형률($\varepsilon_E$)에 크리프 계수($C_u$)를 곱해 계산한다. 탄성 변형에 영향을 받으므로 응력과 관련이 있다. (개정 후 크리프 계수가 시험에 출제되기 어려울 정도로 복잡해졌다. 혹시 개정 전 사항으로 출제될 수도 있으므로 해당 부분은 시간 여유가 있는 학생들만 학습하자.)

|  | 옥내 | 옥외 | 수중 |
| --- | --- | --- | --- |
| 크리프 계수($C_u$) | 3 | 2 | 1 |

총 변형($\delta_T$) = 탄성 변형($\delta_E$) + 크리프 변형($\delta_{cr}$)
$\quad = \varepsilon_E L + \varepsilon_{cr} L = \varepsilon_E L + C_u \varepsilon_E L$
$\quad = \varepsilon_E L(1 + C_u) = \delta_E (1 + C_u)$

## (8) -2 콘크리트 크리프에 영향을 주는 요인

콘크리트 크리프는 초기에 많이 발생하며 뒤로 갈수록 거의 발생하지 않는다.(=시간 경과에 따라 크리프 증가, 증가율 감소)★

건조수축과 달리 응력(=상재하중)의 영향을 받는다.

① 건조수축⇧ → 크리프⇧
② 강도(재령)⇧ → 크리프⇧, 크리프 증가율⇩
③ 응력⇧(단면적⇩, 체적⇩) → 크리프⇧
④ 콘크리트 수화율⇧ → 크리프⇧, 크리프 증가율⇩
  (재령보다 수화율에 큰 영향을 받는다)
⑤ 크리프 증가율 대소 비교 : 중용열, 혼합 시멘트 > 보통 시멘트 > 조강 시멘트

## (9) 콘크리트 역학적 성질

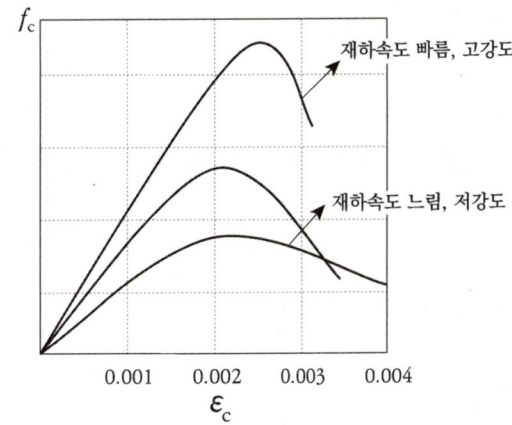

① 압축강도는 비교적 크나, 인장강도는 매우 낮아 인장응력을 받으면 균열이 발생한다.
② 일반적으로 응력은 변형률이 약 0.002일 때 최대이다.
③ 일반적으로 변형률이 약 0.0033일 때 파괴가 발생하며 이를 콘크리트의 극한 변형률($\varepsilon_c$)이라 한다.(단, $f_{ck} \leq 40\text{MPa}$)
④ 콘크리트의 응력-변형률 곡선은 비선형, 비탄성이지만 낮은 응력 범위에서는 선형-탄성으로 볼 수 있다.
⑤ 고강도 콘크리트일수록 응력-변형률 곡선의 기울기가 급하다.
⑥ 고강도 콘크리트일수록 최대응력이 발생하는 변형률이 커진다.
⑦ 콘크리트 강도가 낮을수록 파괴변형률이 커진다.(=연성이 증가한다.)
⑧ 할선 탄성계수는 보통중량골재를 사용한 경우($m_c = 2.3\text{t/m}^3$) 다음과 같이 계산한다.

$$E_c = 8500 \sqrt[3]{f_{cm}} \text{ MPa}$$

---

### 학습 POINT

**○ 크리프**

크리프 변형률($\varepsilon_{cr}$)은 재령이 증가함에 따라 증가하는데 증가율은 점점 감소한다.

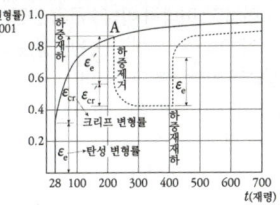

탄성 변형률($\varepsilon_e$)은 하중 재하와 동시에 발생하며, 크리프 변형률($\varepsilon_{cr}$)은 하중 재하 후 28일까지 전체 크리프량의 50% 정도가 발생한다.

**○ 수화율**

수화율이란 수화가 진행된 정도이다. 어떤 시기에 수화율이 높다는 것은 이미 수화반응이 거의 진행되었다는 의미로 앞으로 진행될 여지가 적다는 것을 의미한다.(크리프⇧, 크리프 증가율⇩)

**🔼 80점 목표**

**○ 할선 탄성계수($E_c$), 초기접선 탄성계수($E_{ci}$)**

콘크리트의 초기접선 탄성계수($E_{ci}$)와 할선 탄성계수($E_c$)와의 관계는 다음과 같다. 일반적으로 탄성계수는 할선 탄성계수를 의미한다.

$$E_{ci} = 1.18 E_c$$

- 할선 탄성계수($E_c$) : 단면의 결정이나 응력 계산에 사용
- 초기접선 탄성계수($E_{ci}$) : 크리프 계산에 사용

## 학습 POINT

**◉ 이형철근의 공칭지름($d_b$)**

이형철근은 마디와 리브가 있어 단면적 계산과 이를 이용한 다른 계산에 이용하기 어렵다. 따라서 이형철근의 단면적은 단위길이당 무게가 같은 원형철근의 지름으로 환산하여 이용하며, 이를 공칭지름이라 한다. 간단히 말해 이형철근을 녹여서 같은 길이의 원형철근을 제작했을 때 지름을 의미한다.

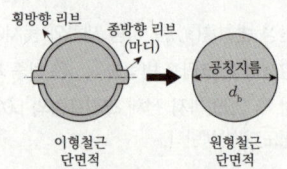

**◉ 콘크리트, 철근 재료적 성질 비교**

|  | 콘크리트 | 철근(강재) |
|---|---|---|
| 균질성 | 나쁘다 | 좋다 |
| 단위무게 | 가볍다 | 무겁다 |
| 단위 체적(면적)당 강도 | 작다 | 크다 (자중 감소, 대규모 구조 건설 적합) |
| 내화성, 내식성 | 강하다 | 약하다 |
| 시공속도 | 느리다 | 빠르다 |

**◉ 내화성, 내식성**

내화성은 열에 잘 저항하는 성질을 의미한다. 내식성은 부식에 잘 저항하는 성질을 의미한다.

**◉ 기출** 2014 지방직 9급

강재는 내식성에는 약하지만, 내화성에는 강하다. ✗

(확인) 강재는 내식성, 내화성에 모두 약하다.

**◉ 연성, 연성파괴**

**연성**이란 물체가 탄성한계 이상의 힘을 받아도 파괴되지 않고 늘어나는 성질을 의미한다. **연성파괴**란 파괴까지 큰 변형이 필요한 파괴를 의미한다.

## ③ 철근

### (1) 철근의 종류

철근은 원형철근, 이형철근, 확대머리 이형철근이 있다.

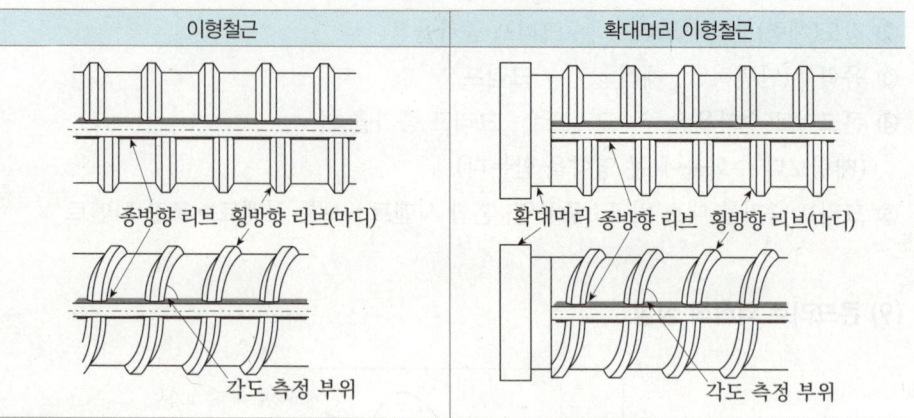

이형철근은 원형철근과 달리 마디가 있어 콘크리트와 철근 사이에 점착력과 더불어 기계적 엇물림이 작용하므로 주로 이용된다. 확대머리 이형철근은 이형철근에 확대머리가 추가되어 지압면이 있다.

### (2) 철근(강재, 강구조)의 역학적 성질

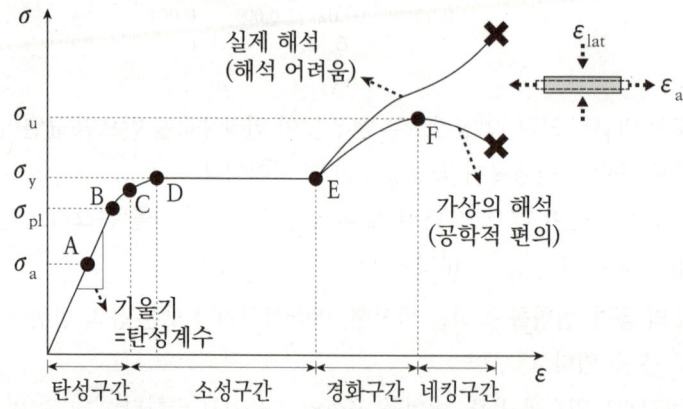

① 응용역학 시간에 배운 응력-변형률 곡선과 내용이 동일하다.
② 탄성계수는 별도의 언급이 없다면 인장강도에 무관하게 200,000MPa로 일정하다고 본다.
③ 긴장재를 제외한 철근의 설계기준항복강도 $f_y$는 600MPa을 초과하지 않아야 한다.
④ 연성(=소성변형능력), 인성(=에너지 흡수능력)이 우수하다.
⑤ 인성(=에너지 흡수능력)이 커서 연성파괴를 유도할 수 있다.

#  4 철근 콘크리트(RC;Reinforced Concrete)

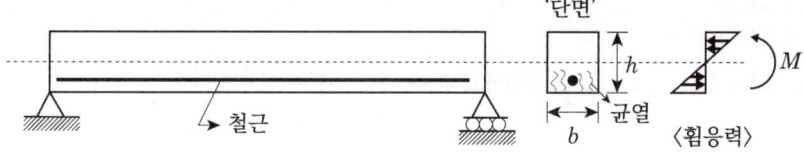

### (1) 목적

① 콘크리트의 재료인 시멘트는 1포대(40kg)에 5천원 안팎으로 매우 저렴하며 완성된 콘크리트는 압축 강도가 매우 좋지만 인장에 매우 취약하다.
② 철근은 가격이 비싸나 압축과 인장강도가 매우 좋다.
③ 따라서 콘크리트에서 인장을 받는 부분에 철근을 배치한다면 매우 경제적이고 안정적인 구조를 건설할 수 있다.

### (2) 철근 콘크리트 성립 이유

① 콘크리트와 철근의 온도변형계수(열팽창계수, 선팽창계수)가 거의 동일하여 온도 변화 시 온도응력이 거의 발생하지 않는다.(= 온도 변화에 따른 두 재료 사이의 응력을 무시할 수 있다.)
② 콘크리트가 불투수성이므로 철근이 녹슬지 않게 보호한다.
③ 철근과 콘크리트는 부착강도가 커서 일체 작용을 한다.

### (3) 철근 콘크리트 장단점

| 장점 | 단점 |
| --- | --- |
| ① 압축강도가 크다. | ① 인장강도가 낮다. |
| ② 경제적이다. | ② 무겁다(=장대 교량에 적용이 어렵다). |
| ③ 내구성, 내화성이 좋다. | ③ 배합과 양생 등 시공관리가 어렵다. |
| ④ 구조물을 일체적으로 만들 수 있다. | ④ 부분적인 파손이 일어나기 쉽다. |
| ⑤ 구조물을 임의형태로 만들 수 있다. | ⑤ 시공 후 품질을 검사하기 어렵다. |
| | ⑥ 시공 후 개조, 보강이 어렵다. |

---

**기출** 2011 국가직 9급

철근과 콘크리트의 탄성계수가 비슷하여 변형률이 비슷하다. ✗

**확인** 철근과 콘크리트의 탄성계수는 약 8배 차이가 난다.

### SKILL 1

수학에 약한 학생들은 자주 나오는 $\sqrt[3]{f_{cm}}$ 값을 암기하고 있으면 콘크리트 탄성계수 ($E_c = 8500\sqrt[3]{f_{cm}}$) 계산에 유용하다.

$f_{cm} = 8\text{MPa} \;:\; \sqrt[3]{8} = \sqrt[3]{2^3} = 2 \;\to\; E_c = 8500\sqrt[3]{f_{cm}} = 8500(2) = 17000\text{MPa}$

$f_{cm} = 27\text{MPa} \;:\; \sqrt[3]{27} = \sqrt[3]{3^3} = 3 \;\to\; E_c = 8500\sqrt[3]{f_{cm}} = 8500(3) = 25500\text{MPa}$

$f_{cm} = 64\text{MPa} \;:\; \sqrt[3]{64} = \sqrt[3]{4^3} = 4 \;\to\; E_c = 8500\sqrt[3]{f_{cm}} = 8500(4) = 34000\text{MPa}$

### SKILL 2

콘크리트 건조수축은 가지고 있던 물의 감소하는 부피만큼 발생하고, 크리프는 건조수축에 비례한다고 생각하면 보기를 판별하기 쉽다.

증발이나 수화반응이 발생하면 원래 콘크리트가 가지고 있는 물이 감소한다. 감소된 물의 부피로 인해 건조수축이 발생한다.

> 증발, 수화반응⇧ → 건조수축⇧ → 크리프⇧
> 증발, 수화반응⇩ → 건조수축⇩ → 크리프⇩

**EX**

물-시멘트비⇧ → 물이 증가하므로 증발⇧ → 건조수축⇧ → 크리프⇧
단위시멘트량⇧ → 수화반응 증가⇧ → 건조수축⇧ → 크리프⇧
단위골재량⇧ → 골재량만큼 물이 감소하므로 증발⇩ → 건조수축⇩ → 크리프⇩
건조할수록(습도⇩, 온도⇧) → 증발⇧ → 건조수축⇧ → 크리프⇧
부재단면치수(=두께)⇧ → 증발⇩ → 건조수축⇩ → 크리프⇩
비표면적, 분말도⇧ → 수화반응 증가⇧ → 건조수축⇧ → 크리프⇧

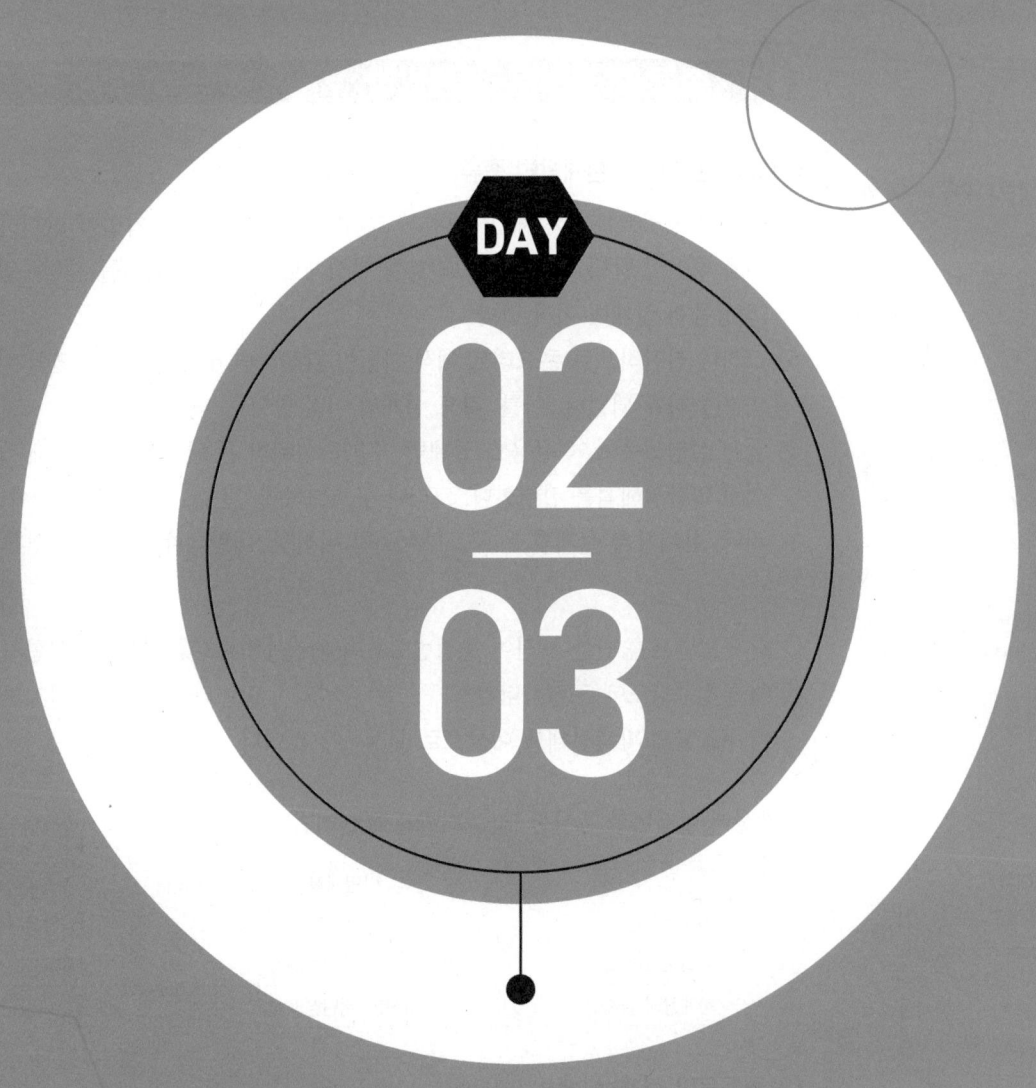

# DAY 02-03

철근 콘크리트 설계방법

휨을 받는 보

# DAY 02/03 철근 콘크리트 설계방법 / 휨을 받는 보

**학습 POINT**

○ **소성해석**
재료가 항복에 도달한 이후의 해석을 의미한다.

**기출** 2020 지방직
설계법은 이론, 재료, 설계 및 시공 기술 등의 발전과 더불어 강도설계법→허용응력설계법→한계상태설계법 순서로 발전되었다. ✗

확인 허용응력설계법 → 강도설계법 → 한계상태설계법 or 하중저항계수설계법

## 1 철근 콘크리트 설계방법

### (1) 철근 콘크리트 설계방법 종류

① 실제 콘크리트는 탄성체가 아니다. 그러나 콘크리트 해석 기법이 발전하기 전에는 이를 해석할 방법이 없어 콘크리트를 탄성체로 간주하여 설계를 진행하였으며 이를 '**허용응력 설계법**'이라 한다.

② 그러나 점진적으로 콘크리트 해석 기법이 발전하면서 콘크리트 단면의 비선형 해석이 가능하게 되었다. 이를 '**강도 설계법**'이라 한다.

③ 앞서 설명했듯이 '허용응력 설계법', '강도 설계법'은 단면을 해석할 때 각각 탄성해석과 비탄성해석을 진행한다. 그러나 구조해석에서는 모두 선형탄성해석을 했다. 그러나 '**한계상태 설계법**'은 구조해석조차 비선형, 비탄성해석을 진행한다.

> 80점 목표
> 최대 모멘트를 받는 지점이 소성변형능력(회전능력)을 갖는다면 소성힌지로 작용해 공칭휨강도에 도달하더라도 구조는 파괴되지 않는다. 한계상태 설계법은 이러한 구조물의 파괴상태를 대상으로 설계하는 것이다.

한계상태 설계법과 유사한 '하중저항계수 설계법'도 있다.

|  | 단면해석 | 구조해석 |
|---|---|---|
| 허용응력 설계법 | 선형탄성해석 | 선형탄성해석 |
| 강도 설계법 | 비선형, 비탄성해석 | 선형탄성해석 |
| 한계상태 설계법 | 비선형, 비탄성해석 | 비선형, 비탄성해석 |

○ **단면해석, 구조해석**

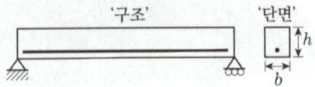

- 단면해석 : 구조의 한 단면에서의 해석
- 구조해석 : 구조 전체에서의 해석

○ **허용응력**
허용응력이란 극한강도 또는 항복강도를 안전율로 나눈 값을 의미한다.

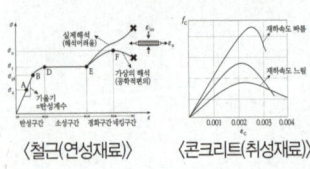

〈철근(연성재료)〉 〈콘크리트(취성재료)〉

$f_{sa} = \dfrac{f_y}{n} = \dfrac{\text{항복강도}}{\text{안전율}}$  $f_{ca} = \dfrac{f_u}{n} = \dfrac{\text{극한강도}}{\text{안전율}}$

### (2) 허용응력 설계법 개념

콘크리트를 탄성체로 보고 콘크리트 응력($f_c$), 철근의 응력($f_s$)이 각각 허용응력을 넘지 않게 설계하는 방법이다.

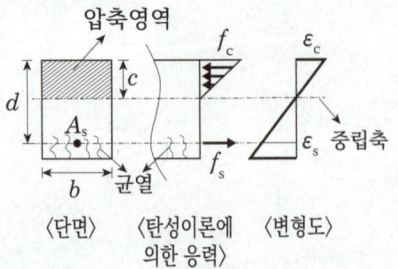

〈단면〉 〈탄성이론에 의한 응력〉 〈변형도〉

$$f_c \leq f_{ca},\ f_s \leq f_{sa}$$

$f_{ca}$ : 콘크리트 허용응력, $f_{cs}$ : 철근 허용응력

## (3) 강도 설계법 개념

부재의 파괴 직전에서의 강도인 공칭강도($S_n$)를 계산하여 사용한다. 강도감소계수($\phi$)를 고려한 설계강도($S_d$)가 하중계수($\gamma$)를 고려한 계수하중보다 크게 설계하는 방법이다.

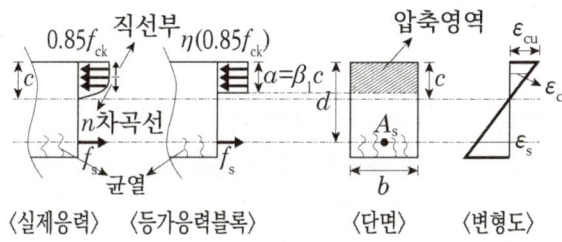

〈실제응력〉 〈등가응력블록〉 〈단면〉 〈변형도〉

실제 응력 형상을 설계에 이용하기란 매우 어렵기 때문에 실제 응력과 동일한 효과를 내는 등가 응력 형상을 이용한다. 등가 응력 형상은 어떤 것(직사각형, 사다리꼴, 포물선형 또는 강도의 예측에서 광범위한 실험의 결과와 실질적으로 일치하는 어떤 형상)으로도 가정할 수 있으나 다음 두 가지 조건을 만족시켜야 한다.

① 힘의 크기가 같아야 한다.(=응력 형상의 면적이 같아야 한다.)
② 힘의 작용점이 같아야 한다.(=응력 형상의 도심이 같아야 한다.)

| $f_{ck}$ | $f_{ck} \leq 40$MPa ★ | $40$MPa $< f_{ck} \leq 90$MPa | | | | $90$MPa $< f_{ck}$ |
|---|---|---|---|---|---|---|
| | | 50 | 60 | 70 | 80 | |
| $n$차곡선($n$) | 2 | \multicolumn{4}{c}{$1.2 + 1.5\left(\dfrac{100-f_{ck}}{60}\right)^4 \leq 2.0$} | |
| | | 1.923 | 1.496 | 1.294 | 1.212 | |
| 콘크리트 극한 변형률($\varepsilon_{cu}$) | 0.0033 ★ | \multicolumn{4}{c}{$0.0033 - \left(\dfrac{f_{ck}-40}{100,000}\right) \leq 0.0033$} | |
| | | 0.0032 | 0.0031 | 0.003 | 0.0029 | |
| 콘크리트 최대응력 발생 변형률($\varepsilon_{co}$) | 0.002 | \multicolumn{4}{c}{$0.002 + \left(\dfrac{f_{ck}-40}{100,000}\right) \geq 0.002$} | |
| | | 0.0021 | 0.0022 | 0.0023 | 0.0024 | |
| $\eta$ | 1.00 ★ | 0.97 ★ | 0.95 ★ | 0.91 | 0.87 | 0.84 |
| $\beta_1$ | 0.80 ★ | 0.80 ★ | 0.76 ★ | 0.74 | 0.72 | 0.70 |

성능실험을 통한 조사 연구에 의하여 이 값들을 선정하고 근거를 명시하여야 한다.

---

### 학습 POINT

**○ 강도 설계법 기호의 정의**
- 중립축($c$) : 콘크리트 압축연단에서 변형률(또는 수직응력)이 '0'이 되는 위치
- 등가직사각형 응력블록의 깊이($a$) : 콘크리트 압축연단부터 콘크리트 압축응력이 작용하는 깊이
- 유효깊이($d$) : 콘크리트 압축연단부터 모든 인장철근군의 도심까지 거리
- $\varepsilon_{co}$ : 콘크리트의 압축응력-변형률 관계에서 최대 응력에 처음 도달할 때의 변형률
- $\varepsilon_{cu}$ : 콘크리트의 극한변형률(최대 변형률이 발생하는 압축연단의 변형률)
- $\varepsilon_c$ : 콘크리트의 압축변형률
- $\varepsilon_s$ : 철근의 변형률

### Quiz.01

콘크리트가 받는 압축응력의 면적이 $90f_{ck}$이고 작용점이 압축측 연단으로부터 50mm일 때, 등가 직사각형의 $a$와 $k$의 크기는?

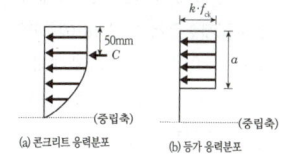

(a) 콘크리트 응력분포    (b) 등가 응력분포

**풀이**

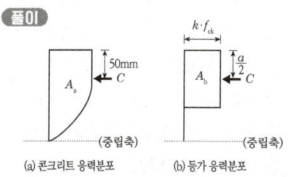

(a) 콘크리트 응력분포    (b) 등가 응력분포

① 힘의 작용점(응력 형상의 도심)이 같아야 한다.

$50\text{mm} = \dfrac{a}{2} \rightarrow a = 100\text{mm}$

② 힘의 크기(응력 형상의 면적)가 같아야 한다.
$A_a = A_b$
→ $90f_{ck} = (kf_{ck})(a)$
→ $90f_{ck} = (kf_{ck})(100)$
→ $k = 0.9$

## 학습 POINT

**● 사용하중(작용하중)**
구조 사용 시 받을 것으로 예상되는 하중을 의미한다.

**● 하중계수, 강도감소 계수 정의**
설계기준상 하중계수와 강도감소 계수의 정의는 다음과 같다.
- 하중계수 : 하중의 공칭값과 실제 하중 간의 불가피한 차이, 하중을 작용외력으로 변환시키는 해석상의 불확실성, 예기치 않은 초과하중, 환경작용 등의 변동을 고려하기 위하여 사용하중에 곱해주는 안전계수
- 강도감소 계수 : 재료의 설계기준강도와 실제강도의 차이; 부재를 제작 또는 시공할 때 설계도와 완성된 부재의 차이; 부재 강도의 추정 및 해석에 관련된 불확실성 등을 고려하기 위한 안전계수

**🔹 80점 목표**

**● 소요강도 설계규정**
- 다만, $\alpha_H$는 연직방향 하중 $H_v$에 대한 보정계수로서, $h \leq 2m$에 대해서 $\alpha_H = 1.0$이며, $h > 2m$에 대해서 $\alpha_H = 1.05 - 0.025h \geq 0.875$이다.
- 차고, 공공집회 장소 및 $L$이 $5.0kN/m^2$ 이상인 모든 장소 이외에는 식 ③, ④ 및 ⑤에서 $L$에 대한 하중계수를 0.5로 감소시킬 수 있다.
- 구조물에 충격의 영향이 있는 경우 활하중($L$)을 충격효과($I$)가 포함된 ($L+I$)로 대체하여 상기 식들을 적용하여야 한다.
- 부등침하, 크리프, 건조수축, 팽창 콘크리트의 팽창량 및 온도변화는 사용구조물의 실제적 상황을 고려하여 계산하여야 한다.
- 포스트텐션 정착부 설계에 있어서 최대 프리스트레싱 강재의 긴장력에 대하여 하중계수 1.2를 적용하여야 한다.

---

$$\text{공칭강도}(S_n) \geq \text{사용하중(작용하중)}$$
$$\text{강도감소계수}(\phi) \times \downarrow \qquad \downarrow \times \text{하중계수}(\gamma)$$
$$\text{설계강도}(S_d) \geq \text{계수하중(소요강도)}$$

### (3)-1 하중계수($\gamma$)

강도 설계법에서는 사용하중에 하중계수를 곱해 계수하중(소요강도)를 계산한다. 하중계수를 곱하는 이유는 다음과 같다.

- 예상치 못한 하중의 변화
- 자중을 외력으로 고려하는 해석방법의 불확실성
- 하중의 변경, 구조해석 할 때의 가정 및 계산의 단순화로 인해 야기될지 모르는 초과하중에 대비한 여유를 반영하기 위해

**🔹 80점 목표**

철근콘크리트 구조물을 설계할 때는 아래에 제시된 하중계수와 하중조합을 모두 고려하여 해당 구조물에 작용하는 '**최대 소요강도**'에 대하여 만족하도록 설계하여야 한다.

| 하중계수 및 하중조합에 따른 소요강도($U$) |
|---|
| ① $U = 1.4(D+F)$ |
| ② $U = 1.2(D+F+T) + 1.6(L + \alpha_H H_v + H_h) + 0.5(L_r \text{ 또는 } S \text{ 또는 } R)$ |
| ③ $U = 1.2D + 1.6(L_r \text{ 또는 } S \text{ 또는 } R) + (1.0L \text{ 또는 } 0.65W)$ |
| ④ $U = 1.2D + 1.3W + 1.0L + 0.5(L_r \text{ 또는 } S \text{ 또는 } R)$ |
| ⑤ $U = 1.2(D + H_v) + 1.0E + 1.0L + 0.2S + (1.0H_h \text{ 또는 } 0.5H_h)$ |
| ⑥ $U = 1.2(D+F+T) + 1.6(L + \alpha_H H_v) + 0.8H_h + 0.5(L_r \text{ 또는 } S \text{ 또는 } R)$ |
| ⑦ $U = 0.9(D + H_v) + 1.3W + (1.6H_h \text{ 또는 } 0.8H_h)$ |
| ⑧ $U = 0.9(D + H_v) + 1.0E + (1.0H_h \text{ 또는 } 0.5H_h)$ |

$D$ : 고정하중  $\qquad F$ : 유체의 중량 및 압력에 의한 하중
$T$ : 온도, 크리프, 건조수축 및 부등침하의 영향 등에 의해서 생기는 하중
$L$ : 활하중  $\qquad L_r$ : 지붕활하중
$\alpha_H$ : 토피 두께의 연직방향 하중 $H_v$에 대한 보정계수
$H_v$ : 흙, 지하수 또는 기타 재료의 자중에 의한 연직방향 하중
$H_h$ : 흙, 지하수 또는 기타 재료의 횡압력에 의한 수평방향 하중
$S$ : 적설하중  $\qquad R$ : 강우하중
$W$ : 풍하중  $\qquad E$ : 지진하중

그러나 수험생들이 위와 같은 표를 암기할 수 없기 때문에 자주나오는 하중에 대한 하중조합만 암기하여 이용한다.

| 하중 종류 | 하중계수 및 하중조합에 따른 소요강도($U$) |
|---|---|
| $D$, $L$ | ① $U = 1.2D + 1.6L \geq 1.4D$ ★ |
| $+ W$ | ① + ② $U = 1.2D + 1.0L + 1.3W$ |
| $+ E$ | ① + ③ $U = 1.2D + 1.0L + 1.0E$ |

### (3) -2 강도감소 계수($\phi$)

강도 설계법에서는 공칭강도에 1보다 작은 강도감소 계수를 곱해 설계강도를 계산한다. 강도감소 계수를 곱하는 이유는 다음과 같다.

- 단면의 설계 및 시공상의 오차를 고려한다.
- 재료의 강도와 치수의 오차를 고려한다.
- 공칭강도와 실제 강도 사이에 어쩔 수 없이 생기는 불확실성을 고려한다.
- 응력의 종류와 부재의 중요도 등에 따라 값이 달라진다.
- 주어진 하중조건에 대한 부재의 연성도와 소요 신뢰도를 고려하기 위함이다.
- 부정확한 설계 방정식에 대비한 여유를 반영한다.

설계에서 강도감소계수는 다음과 같다.

| 부재, 단면 또는 하중(단면력)의 종류 | | 강도감소계수 $\phi$ |
|---|---|---|
| 인장지배단면 | | 0.85 |
| 변화구간 ★ | | 직선보간 ★ |
| 압축지배단면 | 나선철근부재 | 0.7 |
| | 그 이외의 부재(띠철근) | 0.65 |
| 전단력과 비틀림 모멘트 | | 0.75 |
| 스트럿-타이 모델 | 스트럿, 절점부 및 지압부 | 0.75 |
| | 타이 | 0.85 |
| 긴장재 묻힘길이가 정착길이보다 작은 프리텐션 부재의 휨단면 | 부재의 단부에서 전달길이 단부까지 | 0.75 |
| | 전달길이 단부에서 정착길이 단부 사이 | 0.75에서 0.85까지 선형적으로 증가시킨다. |
| 포스트텐션 정착구역 | | 0.85 |
| 콘크리트의 지압력(포스트 텐션 정착부나 스트럿-타이 모델은 제외) | | 0.65 |
| 무근콘크리트의 휨모멘트, 압축력, 전단력, 지압력 | | 0.55 |

> **학습 POINT**
>
> **Quiz. 02**
> 철근콘크리트 단순보에 고정하중에 의한 전단력 30kN, 활하중에 의한 전단력 20kN이 작용할 때, 계수전단력은?
>
> **풀이**
> $V_u = 1.2V_d + 1.6V_l \geq 1.4V_d$
> → $1.2(30\text{kN}) + 1.6(20\text{kN}) \geq 1.4(30\text{kN})$
> → $68\text{kN} \geq 42\text{kN}$ (ok)
> ∴ $V_u = 68\text{kN}$
>
> **80점 목표**
>
> ● 압축지배단면 $\phi$
> 콘크리트는 철근에 비하여 품질의 변동이 심하다. 따라서 압축지배단면의 강도감소계수가 인장지배구역의 강도감소계수보다 작다.
>
> ● 변화구간
> 28쪽 (1)-③에서 설명

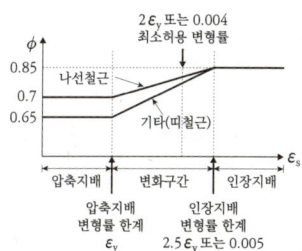

## (4) 허용응력 설계법, 강도 설계법 비교

| | 허용응력 설계법 | 강도 설계법 |
|---|---|---|
| 응력과 변형률 | 〈단면〉 〈탄성이론에 의한 응력〉 〈변형도〉 | 〈단면〉 〈등가응력블록〉 〈변형도〉 |
| 공통점 | ① 힘을 받은 후에도 평면을 유지한다.(평면 유지의 법칙)<br> = 철근과 콘크리트의 변형률은 중립축부터 거리에 비례하는 것으로 가정할 수 있다. (그러나 깊은보는 비선형 변형률 분포를 고려하여야 한다. 깊은보의 설계에서 비선형 변형률 분포를 고려하는 대신 스트럿-타이 모델을 적용할 수도 있다.)<br> = 변형도가 직선이다.<br>② 동일한 위치에서 철근과 콘크리트의 변형률은 같다.<br>③ 콘크리트의 인장강도는 철근콘크리트 부재 단면의 축강도와 휨강도 계산에서 무시한다. ||
| 차이점 | ① 선형, 탄성이론에 근거한 설계법이다.<br>② 콘크리트와 철근 모두 훅크의 법칙을 만족한다. → $f = \varepsilon E$<br>③ 콘크리트와 철근의 탄성계수 비($n$)는 가장 가까운 정수로 한다.<br>$n = E_s / E_c$ | ① 비선형, 소성에 근거한 설계법이다.<br>② 콘크리트는 훅크의 법칙을 만족하지 않고, 철근의 응력($f_s$)은 다음과 같이 한다.<br><br>$\varepsilon_s \leq \varepsilon_y$ : $f_s = \varepsilon_s E_s$<br>$\varepsilon_y < \varepsilon_s$ : $f_s = f_y$ |

### 학습 POINT

**기출** 2011 지방직

강도설계법에서 철근과 콘크리트는 모두 훅크(Hooke)의 법칙을 따른다. ✕

**확인** '허용응력설계법'에서 철근과 콘크리트는 모두 훅크(Hooke)의 법칙을 따른다. '강도설계법'에서 철근만 항복변형률 이하에서 훅크(Hooke)의 법칙을 따른다.

● 한계상태 설계법
간단히 설명하자면 한계상태 설계법은 강도 설계법의 강도감소계수($\phi$)를 각 상황마다 달리 적용하여 세분화하였다고 이해할 수 있다.

## (5) 한계상태 설계법(LSD), 하중저항계수 설계법(LRFD)

① '**강도 설계법**'은 공칭강도, 사용하중에 각각 강도감소계수($\phi$), 하중계수($\gamma$)를 곱해 이용한다. '**한계상태 설계법**'은 강도설계법과 매우 유사하나 강도감소계수, 하중계수 대신 '부분안전계수(재료저항계수)'를 곱하여 설계에 이용한다.

② '**한계상태 설계법**'은 설계방법이 발전되는 과정에서 지역별로 '**하중저항계수 설계법**'이라고도 학술적으로 명칭되었으나 실무적으로 큰 차이가 없다. 수험생들은 같다고 봐도 좋다.

③ 한계상태 설계법에서 한계상태란 교량 또는 구성요소가 사용성, 안전성, 내구성의 설계규정을 만족하는 최소한의 상태로서, 이 상태를 벗어나면 관련 성능을 만족하지 못하는 한계를 의미한다. 몇 가지 한계상태의 정의를 알아두어야 한다.

| | |
|---|---|
| 사용(성) 한계상태 | • **균열, 처짐, 피로** 등의 **사용성**에 관한 한계상태로서, 일반적으로 구조물 또는 부재의 특정한 사용 성능에 해당하는 상태<br>• 사용한계상태는 **정상적인 사용조건** 하에서 **응력, 변형 및 균열폭을 제한**하는 것으로 규정한다. |
| 피로와 파단한계상태 | • **반복적인 차량하중**에 의한 **피로파괴 및 파단**에 관한 한계상태<br>• 피로한계상태는 기대응력범위의 **반복 횟수**에서 발생하는 단일 피로설계트럭에 의한 **응력 범위를 제한**하는 것으로 규정한다. |
| 극한한계상태 | • **설계수명** 동안 강도, 안정성 등 **붕괴 또는 이와 유사한 형태의 구조적인 파괴**에 대한 한계상태<br>• 극한한계상태는 교량의 **설계수명 이내**에 발생할 것으로 기대되는, 통계적으로 중요하다고 규정한 하중조합에 대하여 국부적/전체적 강도와 **안정성을 확보**하는 것으로 규정한다. |
| 극단상황한계 상태 | • 교량의 **설계수명을 초과**하는 재현주기를 갖는 **지진, 유빙하중, 차량과 선박의 충돌 등**과 같은 사건과 관련한 한계상태<br>• 극단상황한계상태는 지진 또는 홍수 시, 또는 세굴된 상황에서 선박, 차량 또는 유빙에 의한 충돌 시 등의 상황에서 **교량의 붕괴를 방지**하는 것으로 규정한다. |

🔼 **80점 목표**

④ 기출에서 출제되는 한계상태를 설명하는 지문을 몇 가지 알아두면 좋다.
- 부분안전계수를 사용하여 하중 및 각 재료에 대한 특성이 고려된 설계법이다.
  = 하중과 재료에 대하여 각각 하중계수와 재료계수를 사용하여 이들의 특성을 설계에 합리적으로 반영한다.
- 하중과 재료의 불확실성을 고려한 설계법으로 구조 신뢰성 이론에 기반하고 있다.
- 연성은 교량구조계는 극한 한계상태 및 극단상황 한계상태에서 파괴 이전에 현저하게 육안으로 관찰될 정도의 비탄성 변형이 발생할 수 있도록 형상화 및 상세화 되어야 한다.
- 여용성은 특별한 이유가 없는 한 다재하경로구조와 연속구조로 하는 것이 바람직하다.
- 구조물의 중요도는 극한 한계상태와 극단상황 한계상태에만 적용한다.
- 구조물의 안정성은 극한 한계상태, 사용성을 사용 한계상태를 이용하여 확보할 수 있다.

---

### 학습 POINT

● **사용성, 내구성, 안정성**
- 사용성 : 사용자의 심리적 안정감의 문제라 이해하자.(균열, 처짐, 피로 등)
- 내구성 : 구조물의 성능 저하에 대한 저항성으로 소요의 공용기간 중 요구되는 성능과 수준을 지속시킬 수 있는 정도
- 안정성 : 구조가 파괴되냐 안돼냐의 문제

### Quiz. 03
다음 설명은 각각 어떤 한계상태에 대한 것인가?
ⓐ 교량의 설계수명 이내에 발생하는 것으로 기대되는, 통계적으로 중요하다고 규정한 하중조합에 대하여 국부적/전체적 강도와 안정성을 확보하는 것으로 규정한다.
ⓑ 구조물의 기능, 외관, 유지관리, 내구성 및 사용자의 편리함을 고려한다.
ⓒ 기대응력범위의 반복 횟수에서 발생하는 단일 피로설계트럭에 의한 응력 범위를 제한하는 것으로 규정한다.
ⓓ 지진 또는 홍수 발생 또는 세굴된 상황에서 선박, 차량 또는 유빙에 의한 충돌 시 등의 상황에서 교량의 붕괴를 방지하는 것으로 규정한다.

**풀이**
ⓐ '설계수명 이내~', '안정성' : 극한 한계상태
ⓑ '사용자의 편리함'(사용자의 심리적 안정감) : 사용성 한계상태
ⓒ '반복 횟수', '피로설계트럭' : 피로 한계상태
ⓓ '지진 또는 홍수', '선박, 차량 또는 유빙에 의한 충돌' : 극단상황 한계상태

## 학습 POINT

### ○ 적용 범위
- 이 기준의 규정은 휨모멘트나 축력을 받는 부재 또는 휨모멘트와 축력을 동시에 받는 부재의 설계에 적용하여야 한다.

**🔷 80점 목표**

- 휨모멘트와 축력을 동시에 받는 철근콘크리트 부재로서 계수축력이 $0.10f_{ck}A_g$보다 작은 경우는 축력의 영향을 무시하고 휨부재로 취급하여 휨강도를 계산할 수 있다.

**🔷 80점 목표**

### ○ 프리스트레스 콘크리트의 압축지배 변형률 한계
프리스트레스트 콘크리트의 경우에는 최외단 긴장재의 순인장변형률을 기준으로 한다.

| 철근 항복강도($f_y$) | 압축지배<br>변형률 한계 |
|---|---|
| $f_y \leq 400\text{MPa}$ | 0.002 |
| $400\text{MPa} < f_y$ | 0.002 |

### ○ 철근의 항복강도($f_y$)
긴장재를 제외한 철근의 설계기준항복강도 $f_y$는 600MPa을 초과하지 않아야 한다.

### Quiz.04
철근의 항복강도가 300MPa, 500MPa일 때, 각각의 압축지배 변형률 한계와 인장지배 변형률 한계는?

**[풀이]**

1) $f_y = 300\text{MPa}$
   압축지배 변형률 한계:
   $$\varepsilon_y = \frac{f_y}{E_s} = \frac{300\text{MPa}}{200,000\text{MPa}}$$
   $$= 1.5 \times 10^{-3}$$
   인장지배 변형률 한계: 0.005

2) $f_y = 500\text{MPa}$
   압축지배 변형률 한계:
   $$\varepsilon_y = \frac{f_y}{E_s} = \frac{500\text{MPa}}{200,000\text{MPa}}$$
   $$= 2.5 \times 10^{-3}$$
   인장지배 변형률 한계:
   $$2.5\varepsilon_y = 2.5(2.5 \times 10^{-3})$$
   $$= 6.25 \times 10^{-3}$$

## ② 단철근 보(강도 설계법)

단철근 보란 콘크리트 단면의 인장측에만 철근을 보강한 보를 의미한다.

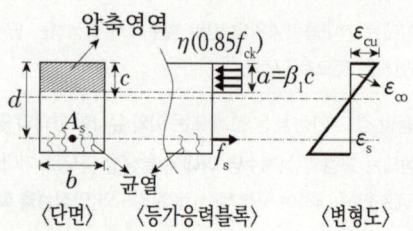

### (1) 압축지배, 인장지배, 변화구간

① 콘크리트가 극한변형률에 도달했을 때(≈파괴가 발생했을 때) 철근이 항복에 도달하지 않는다면, 즉 철근의 순인장변형률($\varepsilon_s$)이 압축지배 변형률 한계($\varepsilon_y$) 이하로 발생하면 그 단면은 콘크리트의 거동에 관점을 두어 '**압축지배 단면**'이라 한다.

② 콘크리트가 극한변형률에 도달했을 때(≈파괴가 발생했을 때) 철근의 순인장변형률($\varepsilon_s$)이 인장지배 변형률 한계($2.5\varepsilon_y$ or 0.005) 이상으로 발생하면 그 단면은 철근의 거동에 관점을 두어 '**인장지배 단면**'이라 한다.

③ 압축지배 변형률 한계와 인장지배 변형률 한계 사이를 '**변화 구간**'이라 한다.

| 철근 항복강도($f_y$) | 압축지배 변형률 한계 | 최소허용변형률 | 인장지배 변형률 한계 |
|---|---|---|---|
| $f_y \leq 400\text{MPa}$ | $\varepsilon_y$ | 0.004 | 0.005 |
| $400\text{MPa} < f_y$ | $\varepsilon_y$ | $2\varepsilon_y$ | $2.5\varepsilon_y$ |

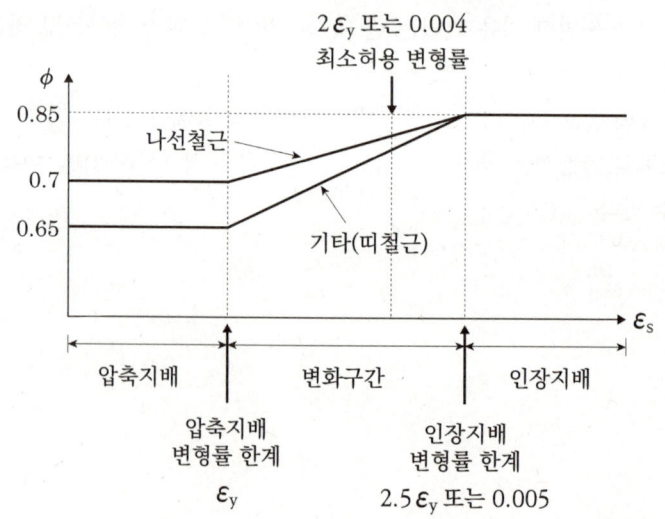

- 각 구간에 따라 이용되는 강도감소계수 $\phi$가 다르다.

| 부재, 단면 또는 하중(단면력)의 종류 | | 강도감소계수 $\phi$ |
|---|---|---|
| 인장지배단면 | | 0.85 |
| 변화구간 ★ | | 직선보간 ★ |
| 압축지배단면 | 나선철근부재 | 0.7 |
| | 그 이외의 부재(띠철근) | 0.65 |

변화구간에서는 직선보간을 이용하여 계산한다.

- 띠철근 및 기타 : $\phi = 0.65 + \dfrac{\varepsilon_s - \varepsilon_y}{\text{인장지배 변형률 한계} - \varepsilon_y} \times (0.85 - 0.65)$

- 나선철근 : $\phi = 0.7 + \dfrac{\varepsilon_s - \varepsilon_y}{\text{인장지배 변형률 한계} - \varepsilon_y} \times (0.85 - 0.7)$

$f_y = 400\text{MPa}$ 일 때, 강도감소 계수 공식을 별도로 암기해서 대입해도 좋다.

- 띠철근 및 기타 : $\phi = 0.65 + (\varepsilon_s - 0.002)\dfrac{200}{3}$

- 나선철근 : $\phi = 0.7 + (\varepsilon_s - 0.002)50$

## (2) 균형철근비, 최소철근비, 최대철근비

### ① 철근비 일반식

유도 과정은 불필요하므로 생략한다.

$$\rho = \eta \left(0.85\beta_1 \dfrac{f_{ck}}{f_y} \dfrac{\varepsilon_{cu}}{\varepsilon_{cu} + \varepsilon_s}\right) = \eta \left(0.85\beta_1 \dfrac{f_{ck}}{f_y} \dfrac{\varepsilon_{cu}E_s}{\varepsilon_{cu}E_s + \varepsilon_s E_s}\right)$$
$$= \eta \left(0.85\beta_1 \dfrac{f_{ck}}{f_y} \dfrac{660}{660 + f_s}\right)$$

$\varepsilon_s(=\varepsilon_t)$ : 최외단 순인장 변형률, 660★은 $\varepsilon_{cu} = 0.0033$, $E_s = 200,000\text{MPa}$ 일 때

최외단 인장철근 순인장 변형률($\varepsilon_s$)이란 최외단 인장철근 변형률에서 유효 프리스트레스 힘, 크리프, 건조수축, 온도변화에 의한 변형률을 제외한 변형률. 즉, 하중에 의한 변형만 고려한다.

### ② 균형철근비($\rho_b$ : balance) → 이론상 연성파괴

토목 구조물은 그 특성상 구조물이 파괴되면 막대한 인명피해를 초래할 수 있어 구조물이 갑작스럽게 파괴되는 것을 피하고 파괴되기 전에 사전징후를 파악할 수 있는 것이 중요하다. 따라서 '**취성파괴**'를 피하고 '**연성파괴**'를 유발할 수 있게 설계하는 것이 중요하다.

---

## 학습 POINT

○ **띠철근, 나선철근**
띠철근, 나선철근이란 기둥 구조에서 횡방향으로 배치되는 철근을 의미한다. 추후에 다시 공부하기로 한다.

### Quiz. 05
나선철근 보강된 휨부재의 철근이
$f_y = 400\text{MPa}, \varepsilon_s = 0.003$
일 때 강도감소계수는?

**풀이**

$\varepsilon_y = \dfrac{f_y}{E_s} = \dfrac{400\text{MPa}}{200,000\text{MPa}} = 0.002$

인장지배 변형률 한계 : 0.005

$\phi = 0.7 + \dfrac{\varepsilon_s - \varepsilon_y}{\text{인장지배변형률한계} - \varepsilon_y}$
$\quad \times (0.85 - 0.7)$
$= 0.7 + \dfrac{0.003 - 0.002}{0.005 - 0.002}(0.15)$
$= 0.75$

$f_y = 400\text{MPa}$일 때, 강도감소 계수 공식을 별도로 암기해서 대입해도 좋다.
$\phi = 0.7 + (\varepsilon_s - 0.002)50$
$= 0.7 + (0.003 - 0.002)50$
$= 0.75$

○ **철근비($\rho$)**
철근비란 철근 콘크리트 유효단면적($bd$)에 대한 철근 면적의 비로 표현된다.

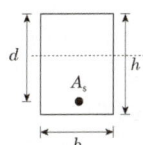

〈단철근단면〉

$\rho = \dfrac{A_s}{bd}, \rho \neq \dfrac{A_s}{bh}$

단면의 $h$(높이)가 아니라 $d$(유효깊이)임에 주의하자.

○ **취성파괴, 연성파괴**
**취성파괴**란 파괴까지 적은 변형이 필요한 파괴를 의미하고 **연성파괴**란 파괴까지 큰 변형이 필요한 파괴를 의미한다.

**학습 POINT**

**Quiz. 06**
철근의 $f_y = 500$MPa, 콘크리트의 $f_{ck} = 30$MPa일 때, 균형철근비는?

**풀이**
$f_{ck} \leq 40$MPa
→ $\eta = 1$, $\beta_1 = 0.8$, $\varepsilon_{cu} = 0.0033$

$\varepsilon_y = \dfrac{f_y}{E_s} = \dfrac{500\text{MPa}}{200{,}000\text{MPa}}$
$= 2.5 \times 10^{-3}$

$\rho = \eta \left( 0.85\beta_1 \dfrac{f_{ck}}{f_y} \dfrac{\varepsilon_{cu}}{\varepsilon_{cu} + \varepsilon_s} \right)$

→ $\rho_b = \eta \left( 0.85\beta_1 \dfrac{f_{ck}}{f_y} \dfrac{\varepsilon_{cu}}{\varepsilon_{cu} + \varepsilon_y} \right)$

$= (0.85)(0.8)\left(\dfrac{30}{500}\right)$
$\left(\dfrac{0.0033}{0.0033 + 0.0025}\right)$
$\approx 0.023$

● **취성파괴**
취성파괴는 철근이 너무 많아도 너무 적어도 발생한다.

**Quiz. 07**
철근의 $f_y = 500$MPa, 콘크리트의 $f_{ck} = 30$MPa일 때, 최대철근비는?

**풀이**
$f_{ck} \leq 40$MPa
→ $\eta = 1$, $\beta_1 = 0.8$, $\varepsilon_{cu} = 0.0033$

$\varepsilon_y = \dfrac{f_y}{E_s} = \dfrac{500\text{MPa}}{200{,}000\text{MPa}}$
$= 2.5 \times 10^{-3}$

최소허용 변형률 :
$2\varepsilon_y = 2(2.5 \times 10^{-3}) = 5 \times 10^{-3}$

$\rho = \eta \left( 0.85\beta_1 \dfrac{f_{ck}}{f_y} \dfrac{\varepsilon_{cu}}{\varepsilon_{cu} + \varepsilon_s} \right)$

→ $\rho_{\max} = \eta \left( 0.85\beta_1 \dfrac{f_{ck}}{f_y} \dfrac{\varepsilon_{cu}}{\varepsilon_{cu} + \varepsilon_{\min}} \right)$

$= (0.85)(0.8)\left(\dfrac{30}{500}\right)$
$\left(\dfrac{0.0033}{0.0033 + 0.005}\right)$
$\approx 0.016$

---

압축측 콘크리트가 파괴($\varepsilon_c = \varepsilon_{cu}$)됐을 때(≈ 극한 변형률에 도달했을 때) **인장측 철근이 먼저 항복($\varepsilon_s = \varepsilon_y$)했으면 '연성파괴'**가 발생하고, 압축측 콘크리트가 파괴($\varepsilon_c = \varepsilon_{cu}$)됐을 때 **인장측 철근이 아직 항복($\varepsilon_s = \varepsilon_y$)하지 않았으면 '취성파괴'**가 발생한다.

연성파괴와 취성파괴의 경계로 압축측 콘크리트가 파괴($\varepsilon_c = \varepsilon_{cu}$)됐을 때 동시에 철근이 항복($\varepsilon_s = \varepsilon_y$)하는 철근비를 '**균형철근비**'(인장철근이 설계기준항복강도에 도달함과 동시에 압축연단 콘크리트의 변형률이 극한 변형률에 도달하는 단면의 인장철근비)라 한다. '① 철근비 일반식'에 $\varepsilon_s = \varepsilon_y$를 대입하여 계산할 수 있다.

$$\rho_b = \eta \left( 0.85\beta_1 \dfrac{f_{ck}}{f_y} \dfrac{\varepsilon_{cu}}{\varepsilon_{cu} + \varepsilon_y} \right) = \eta \left( 0.85\beta_1 \dfrac{f_{ck}}{f_y} \dfrac{660}{660 + f_y} \right)$$

균형 철근비보다 적은 양의 철근이 배치되어야 철근이 콘크리트보다 먼저 항복해 연성파괴를 유도할 수 있다.

③ **최소철근비($\rho_{\min}$)**

콘크리트에 균열이 발생하면 콘크리트가 부담하던 인장응력이 철근에 전달된다. 이때 철근이 너무 적게 배치되면 갑자기 끊어질(snap) 수 있어 취성파괴를 방지하기 위해서는 최소철근비 이상으로 철근을 배치해야 한다. 최소철근비 규정은 다음과 같다.

| 개정 후 |
|---|
| $\phi M_n \geq 1.2 M_{cr}$ |

**80점 목표**

$$\phi A_s f_y \left(d - \dfrac{a}{2}\right) \geq 1.2 M_{cr}$$

$$A_s \geq \dfrac{1.2 M_{cr}}{\phi f_y \left(d - \dfrac{a}{2}\right)}, \quad \rho = \dfrac{A_s}{bd} \geq \dfrac{1.2 M_{cr}}{\phi f_y \left(d - \dfrac{a}{2}\right) bd}$$

$M_{cr}$(균열모멘트) : $f_r \times S = 0.63 \lambda \sqrt{f_{ck}} \times S$

단, 해석상 요구되는 철근비보다 1/3 이상 인장철근을 배치하는 경우$\left(\phi M_n \geq \dfrac{4}{3} M_u\right)$ 최소철근 규정을 적용하지 않아도 좋다.

④ **최대철근비($\rho_{\max}$)** → 설계규정상 더 확실한 연성파괴

앞에서 설명했듯이 철근비는 최소철근비 이상, 균형철근비 이하로 배치되면 연성파괴를 유도할 수 있다. ($\rho_{\min} < \rho < \rho_b$)

그러나 $\rho_b$란 콘크리트 파괴가 발생함과 동시에 철근이 항복($\varepsilon_y$)하는 경계값으로 설계의 기준으로 삼기에는 위험하다. 따라서 $\varepsilon_y$보다 더 큰 최소허용 변형률 $\varepsilon_{\min}$($2\varepsilon_y$ or $0.004$)이 발생하는 최대철근비 규정을 둔다. ①번 식에 최소허용 변형률 $\varepsilon_{\min}$($2\varepsilon_y$ or $0.004$)을 대입하여 계산할 수 있다.

| 철근 항복강도($f_y$) | 압축지배 변형률 한계 | 최소허용변형률 | 인장지배 변형률 한계 |
|---|---|---|---|
| $f_y \leq 400\text{MPa}$ | $\varepsilon_y$ | 0.004 | 0.005 |
| $400\text{MPa} < f_y$ | $\varepsilon_y$ | $2\varepsilon_y$ | $2.5\varepsilon_y$ |

$$\rho_{\max} = \eta\left(0.85\beta_1 \frac{f_{ck}}{f_y} \frac{\varepsilon_c}{\varepsilon_c + \varepsilon_{\min}}\right)$$

⑤ 철근비에 따른 분류 ($\rho_{\min} < \rho < \rho_{\max} < \rho_b$)

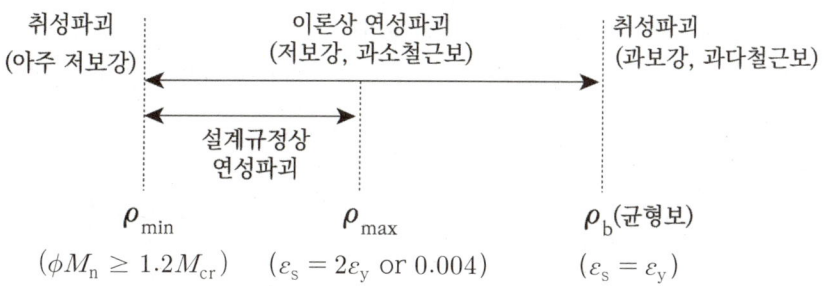

- $\rho < \rho_{\min}$ : 인장측 철근이 끊어져 무근콘크리트와 같은 파괴 거동. 갑작스런 파괴(취성파괴)가 발생하므로 인명피해가 발생할 수 있다.(아주저보강보)
- $\rho_{\min} < \rho < \rho_b$ : 인장측 철근이 먼저 항복, 이론상 연성파괴가 발생하므로 인명피해를 방지할 수 있다. 중립축이 압축측으로 상승(저보강보,과소철근보)
- $\rho = \rho_b$ : 압축측 콘크리트 파괴와 인장측 철근 항복이 동시에 발생(균형보)
- $\rho_b < \rho$ : 압축측 콘크리트가 먼저 파괴. 갑작스런 파괴(취성파괴)가 발생하므로 인명피해가 발생할 수 있다. 중립축이 인장측으로 하강(과보강보, 과다철근보)

### (3) 공칭강도 계산방법($a, c \rightarrow \varepsilon_s, \phi \rightarrow M_n, M_d$)

① $a$(등가 직사각형 응력블록 깊이), $c$(중립축 위치)

당연히 단면의 내력의 합력은 외력과 같다. 따라서 단면에 외력으로 모멘트만 작용한다면 내력의 축력 합은 '0'이어야 하므로 모멘트가 작용하는 단면에서 콘크리트의 압축력($C$)과 철근의 인장력($T$)의 크기는 같아야 한다. 이를 이용하여 등가직사각형 응력블록의 깊이 $a$를 계산할 수 있다.

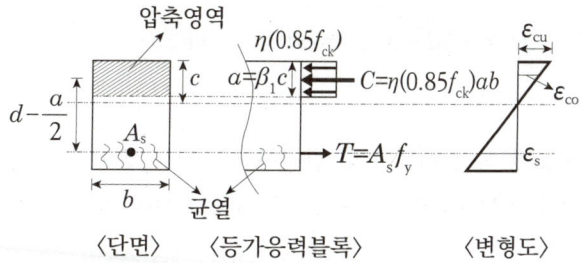

## 학습 POINT

◎ 저보강, 과소철근

저보강, 과소철근이라는 단어가 언어적으로 다소 부정적으로 느껴질 수 있으나 설계에서는 매우 긍정적인 경우이다.

### Quiz.08

그림과 같은 철근콘크리트의 파괴 형태에 대한 설명으로 옳은 것은? (단, $\rho_b=0.0033$, $\rho_{\min}=0.0011$, $\rho_{\max}=0.0022$)

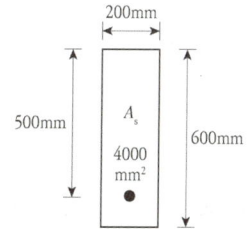

① 콘크리트 파괴와 철근의 항복이 동시에 발생
② 무근콘크리트와 같은 거동
③ 중립축이 압축측으로 상승
④ 콘크리트 파괴시 철근이 항복하지 않음

**풀이**

$\rho = \dfrac{A_s}{bd} = \dfrac{4000\text{mm}^2}{200 \times 500\text{mm}^2}$
$= 0.04$
$(\rho = 0.04) > (\rho_b = 0.0033)$

∴ ④ 콘크리트 파괴시 철근이 항복하지 않음(취성파괴)

### Quiz.09

그림과 같은 철근 콘크리트 단면의 철근의 $f_y=400\text{MPa}$, 콘크리트의 $f_{ck}=30\text{MPa}$ 일 때, 극한상태에서 철근의 변형률은?

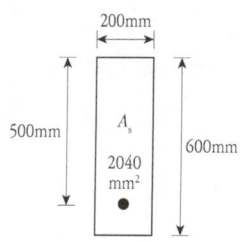

## 학습 POINT

**[풀이]**

$f_{ck} \leq 40\text{MPa}$
$\rightarrow \eta = 1,\ \beta_1 = 0.8,\ \varepsilon_{cu} = 0.0033$

$a = \dfrac{A_s f_y}{\eta(0.85 f_{ck} b)}$

$= \dfrac{(2040\text{mm}^2)(400\text{MPa})}{(0.85)(30\text{MPa})(200\text{mm})}$

$= 160\text{mm}$

$c = \dfrac{a}{\beta_1} = \dfrac{160\text{mm}}{0.8} = 200\text{mm}$

$\dfrac{\varepsilon_s}{\varepsilon_c} = \dfrac{d-c}{c} \rightarrow \varepsilon_s = \dfrac{d-c}{c}\varepsilon_c$

$= \dfrac{500-200}{200}(0.0033)$

$= 4.95 \times 10^{-3}$

### Quiz. 10

그림과 같은 철근 콘크리트 단면의 철근의 $f_y = 400\text{MPa}$, 콘크리트의 $f_{ck} = 30\text{MPa}$일 때, 설계휨강도 $M_d[\text{kN}\cdot\text{m}]$는? (단, 인장지배단면으로 가정한다.)

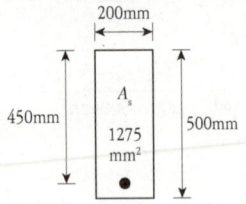

**[풀이]**

$f_{ck} \leq 40\text{MPa}$
$\rightarrow \eta = 1,\ \beta_1 = 0.8,\ \varepsilon_{cu} = 0.0033$

$a = \dfrac{A_s f_y}{\eta(0.85 f_{ck} b)}$

$= \dfrac{(1275\text{mm}^2)(400\text{MPa})}{0.85(30\text{MPa})(200\text{mm})}$

$= 100\text{mm}$

$M_n = A_s f_y \left(d - \dfrac{a}{2}\right)$

$= (1275\text{mm}^2)(400\text{MPa})\left(450 - \dfrac{100}{2}\text{mm}\right)$

$= 204\text{kN}\cdot\text{m}$

$M_d = \phi M_n$

$= 0.85 \times 204\text{kN}\cdot\text{m}$

$= 173.4\text{kN}\cdot\text{m}$

---

$C = \eta(0.85 f_{ck})ab,\ T = A_s f_y$

$C = T\ ;\ \eta(0.85 f_{ck})ab = A_s f_y \rightarrow a = \dfrac{A_s f_y}{\eta(0.85 f_{ck} b)}$

콘크리트 상단으로부터 중립축까지 거리 $c$는 다음과 같이 계산한다.

$c = \dfrac{a}{\beta_1}$

$f_{ck} \leq 40\text{MPa} \rightarrow \eta = 1,\ \beta_1 = 0.8,\ \varepsilon_c = 0.0033$

② **최외단 인장철근 순인장 변형률($\varepsilon_s$), 강도감소계수($\phi$)**

최외단 인장철근 순인장 변형률 $\varepsilon_s$는 비례식을 이용하여 다음과 같이 계산한다.

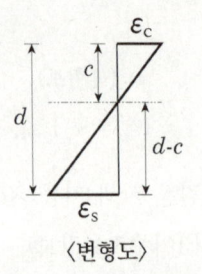

〈변형도〉

$\dfrac{\varepsilon_s}{\varepsilon_c} = \dfrac{d-c}{c} \rightarrow \varepsilon_s = \dfrac{d-c}{c}\varepsilon_c$

or

$\dfrac{c}{d} = \dfrac{\varepsilon_c}{\varepsilon_c + \varepsilon_s}$

계산된 $\varepsilon_s$를 이용하여 $\phi$를 계산한다.

| 부재, 단면 또는 하중(단면력)의 종류 | | 강도감소계수 $\phi$ |
|---|---|---|
| 인장지배단면 | | 0.85 |
| 변화구간 ★ | | 직선보간 ★ |
| 압축지배단면 | 나선철근부재 | 0.7 |
| | 그 이외의 부재(띠철근) | 0.65 |

③ **공칭강도($M_n$), 설계강도($M_d$)**

앞서 설명했듯이 단면에 외력으로 모멘트만 작용했다면 내력의 축력 합은 '0'이어야 하고 내력으로 동일한 크기의 모멘트가 발생해야 한다. 이 모멘트는 동일한 크기의 콘크리트 압축력($C$)과 철근 인장력($T$)이 우력 모멘트로 부담하게 된다. 이때 모멘트 팔의 크기는 $d - a/2$로 계산할 수 있다.

$M_n = C(d - a/2) = \eta(0.85 f_{ck} ab)(d - a/2)\ \cdots\ ①$
$\quad = T(d - a/2) = A_s f_y (d - a/2)\ \cdots\ ②$

①번 식보다 ②번 식의 계산이 더 간단하므로 보통 ②번 식을 이용한다. 설계강도($M_d$)는 공칭강도($M_n$)에 앞에서 구한 강도감소계수($\phi$)를 곱해 계산한다.

$M_d = \phi M_n$

## 3 복철근 보(강도 설계법)

복철근 보란 콘크리트 단면의 인장측 뿐만 아니라 압축측에도 철근을 보강한 보를 의미한다.

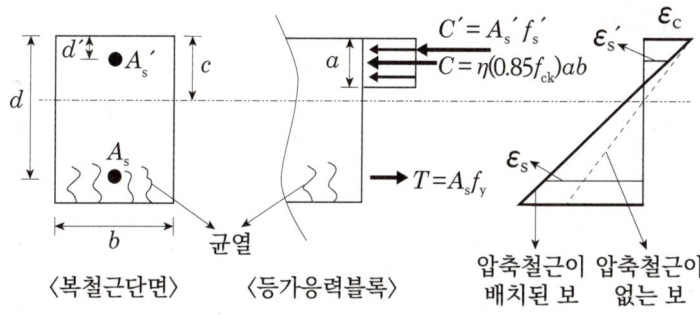

⟨복철근단면⟩  ⟨등가응력블록⟩  압축철근이 배치된 보 / 압축철근이 없는 보

### (1) 압축철근(부철근)을 배치하는 이유

① 압축 저항성 증가

② 강성, 강도, 단면저항모멘트 조금 증가★ : 보의 높이가 제한되어 철근의 증가로 휨강도를 증가시킨다.(단, 경제성을 고려했을 때 효과가 적다.)

③ 부모멘트에 저항 : 부모멘트가 작용하면 인장영역과 압축영역이 바뀌게 된다. 이때 압축철근으로 배치했던 철근이 인장에 저항하는 역할을 수행할 수 있다.

④ 전단철근 등 철근 조립 시 시공성을 향상(조립편리), 철근 위치 고정

⑤ 연성증가, 인장파괴 유도, 인장지배 단면에서 파괴 유도 : 인장철근의 변형이 충분하지 않을 경우 압축측에 철근을 배치하면 중립축 깊이 $c(\approx$ 압축 응력의 깊이 $a)$가 감소하며 인장측 철근의 변형이 확보(연성증가)되어 인장파괴를 유도할 수 있다.

⑥ 장기처짐감소 : 콘크리트 크리프에 저항하여 장기처짐을 감소시킨다.(=지속하중으로 인한 처짐 감소) ➡ 'Day 10 (4)-2. 장기처짐'에서 학습.

$$\lambda = \frac{\xi}{1+50\rho'}, \ \rho' = \frac{A_s'}{bd}$$

---

**학습 POINT**

○ **주철근, 정철근, 부철근**

주철근이란 말 그대로 구조에 배치되는 주된 철근을 의미하며, 보는 휨에 지배되므로 보에서 주철근이란 휨에 저항하는 철근을 의미한다. 추후에 설명하겠지만 기둥의 주철근은 축력에 저항하는 철근을 의미한다.

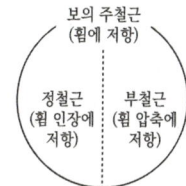

보에서 휨 인장을 받는 인장철근($A_s$)을 정철근, 휨 압축을 받는 압축철근($A_s'$)을 부철근이라 한다.

○ **압축철근 변형률($\varepsilon_s'$)**

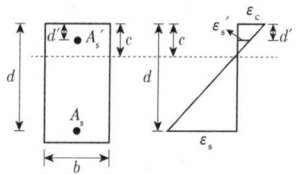

$$\frac{\varepsilon_s'}{\varepsilon_c} = \frac{c-d'}{c} \rightarrow \varepsilon_s' = \frac{c-d'}{c}\varepsilon_c$$

**기출** 2022 국가직

복철근 직사각형보에서 압축철근을 배근하는 이유로 옳지 않은 것은?

인장철근의 변형률 증가를 억제함으로써 탄성처짐을 감소시킨다. ✗

(확인) 인장철근의 변형률을 증가시킴으로써 장기처짐을 감소시킨다.

## 학습 POINT

**○ $\rho'$, $\bar{\rho}$**

압축철근에 관한 문자들은 (')을 붙여 표현한다. 압축철근비는 다음과 같다.

$$\rho' = \frac{A_s'}{bd}$$

인장철근에 관한 문자들은 ( ¯ )을 붙여 표현한다. 인장철근비는 다음과 같다.

$$\bar{\rho} = \frac{A_s}{bd}$$

### (2) 균형철근비, 최소철근비, 최대철근비

최소철근비($\bar{\rho}_{min}$) : 단철근 보에서 최소철근비, 최대철근비는 모두 인장철근의 항복을 확보하기 위한 제한이었다(연성확보). 그러나 **복철근 보에서 최대철근비는 인장 철근의 항복을 위한 제한이 맞으나 최소철근비는 압축 철근의 항복을 위한 제한이다.** 가장 먼저 $\bar{\rho}_{min}$을 계산하고 압축 철근의 항복 여부에 따라 해석 방법이 달라진다. 유도 과정은 의미가 없어 생략한다. 복철근 단면의 인장철근비 $\bar{\rho}_{min} < \bar{\rho}$ 이라면 압축철근은 항복한다.

$$\bar{\rho}_{min} < \bar{\rho} < \bar{\rho}_{max}$$

압축철근 연성확보     인장철근 연성확보

$$\bar{\rho}_{min} = \eta\left(0.85\beta_1 \frac{f_{ck}}{f_y} \frac{\varepsilon_c}{\varepsilon_c - \varepsilon_y} \frac{d'}{d}\right) + \rho'$$

| | 최대 철근비 | 균형 철근비 |
|---|---|---|
| 압축철근이 항복하는 경우 ($\bar{\rho}_{min} < \bar{\rho}$) | $\bar{\rho}_{max} = \rho_{max} + \rho'$ | $\bar{\rho}_b = \rho_b + \rho'$ |
| 압축철근이 항복하지 않는 경우 ($\bar{\rho} < \bar{\rho}_{min}$) | $\bar{\rho}_{max} = \rho_{max} + \rho' \times \frac{f_s'}{f_y}$ | $\bar{\rho}_b = \rho_b + \rho' \times \frac{f_s'}{f_y}$ |

### (3) 공칭강도 계산방법 ($\bar{\rho}_{min} \to a, c \to \varepsilon_s, \phi \to M_n, M_d$)

복철근 보의 공칭강도 계산은 단철근 보와 거의 유사하나 압축철근이 항복하는지 판단하는 과정만 추가된다. 압축철근이 항복하지 않을 경우는 다소 복잡하므로 $\bar{\rho}_{min} < \bar{\rho}$으로 압축철근이 항복할 경우만 학습하고 넘어가겠다. 수험생들은 문제에서 압축철근이 항복하지 않는다면 과감하게 버리는 것이 좋다.

① $a$ (등가 직사각형 응력블록 깊이), $c$ (중립축 위치)

단철근보와 동일한 원리로 콘크리트의 압축력($C$)과 압축철근의 압축력($C'$)의 합은 인장철근의 인장력($T$) 크기와 같아야 한다.

$$C = \eta(0.85f_{ck})ab, \quad C' = A_s'f_y, \quad T = A_s f_y$$

$$C + C' = T \; ; \; \eta(0.85f_{ck})ab + A_s'f_y = A_s f_y \to a = \frac{(A_s - A_s')f_y}{\eta(0.85f_{ck})b}$$

$$c = \frac{a}{\beta_1}$$

$f_{ck} \le 40\text{MPa} \to \eta = 1, \beta_1 = 0.8, \varepsilon_{cu} = 0.0033$

### Quiz. 11

그림과 같은 복철근 직사각형 단면을 설계할 때, 등가직사각형의 깊이 $a$[mm]는? (단, 콘크리트의 설계기준 압축강도 $f_{ck} = 30$MPa, 철근의 항복강도 $f_y = 300$MPa이다.)

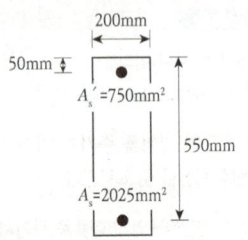

**풀이**

$f_{ck} \le 40\text{MPa}$

→ $\eta = 1, \beta_1 = 0.8, \varepsilon_{cu} = 0.0033$

$a = \frac{(A_s - A_s')f_y}{\eta(0.85f_{ck})b}$

$= \frac{(2025 - 750\text{mm}^2)(300\text{MPa})}{(0.85)(30\text{MPa})(200\text{mm})}$

$= 75\text{mm}$

② 최외단 인장 철근 순인장 변형률($\varepsilon_s$), 강도감소계수($\phi$)

단철근보와 과정이 동일하다.

③ 공칭강도($M_n$), 설계강도($M_d$)

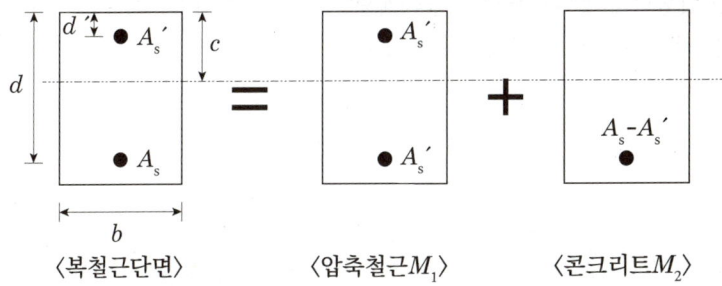

〈복철근단면〉　〈압축철근$M_1$〉　〈콘크리트$M_2$〉

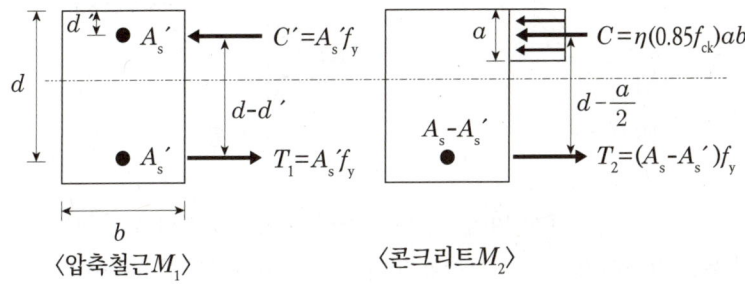

〈압축철근$M_1$〉　〈콘크리트$M_2$〉

$$M_n = M_1 + M_2 = T_1(d-d') + T_2\left(d - \frac{a}{2}\right)$$

$$= A_s' f_y (d-d') + (A_s - A_s') f_y \left(d - \frac{a}{2}\right)$$

$$M_d = \phi M_n$$

**학습 POINT**

**80점 목표**

○ 복철근보 공칭강도($M_n$)

$T_1 = C'$, $T_2 = C$ 이므로 다음과 같이 표현할 수도 있다.

$M_n = M_1 + M_2$

$\quad = C'(d-d') + C\left(d - \dfrac{a}{2}\right)$

## 학습 POINT

**● 플랜지, 웹(복부)**
T형 단면에서 압축측의 옆으로 긴 사각형을 플랜지, 인장측의 위아래로 긴 사각형을 웹(복부)라 한다. (명칭을 의미함)

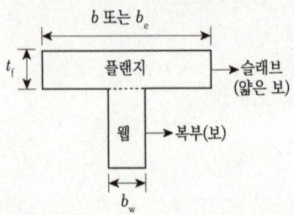

웹과 플랜지는 두 개의 직사각형 단면의 보가 결합된 형태로 이해할 수 있다. 슬래브는 '얇은 보'를 의미하며 Day 05에서 자세히 학습한다.

**● 경간, 지간**
경간, 지간은 거의 같으므로 구분하는 것은 사실상 의미가 없다. 문제에서 가끔 지간만 주어질 경우 경간처럼 이용하면 된다.

**Quiz. 12**
보의 지간이 8.4m이고, 그림의 비대칭 T형보에 있어서 유효 플랜지폭[mm]은?

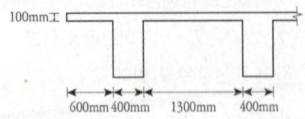

풀이
$t_f = 100mm$, $b_w = 400mm$
① $6t_f + b_w = 6(100mm) + 400mm$
$= 1000mm$
② 인접한 보와의 내측거리의
$1/2 + b_w = \frac{1300mm}{2} + 400mm$
$= 1050mm$
③ 보 경간의
$1/12 + b_w = \frac{8.4m}{12} + 400mm$
$= 1100mm$
∴ $b_e = b_{min} = 1000mm$

**● $16t_f$, $6t_f$**
• $16t_f$ = 양쪽으로 각각 내민 플랜지 두께의 8배씩
• $6t_f$ = 한쪽으로 내민 플랜지 두께의 6배

# 4 T형 보(강도 설계법)

### (1) 목적
콘크리트는 인장강도가 약하므로 인장측에 콘크리트를 배치하는 것은 의미가 없다. 따라서 철근을 배치할 단면만 남기고 불필요한 콘크리트 단면을 제거하면 단면이 T형이 되어 경제적이다.

### (2) 유효폭($b_e$)

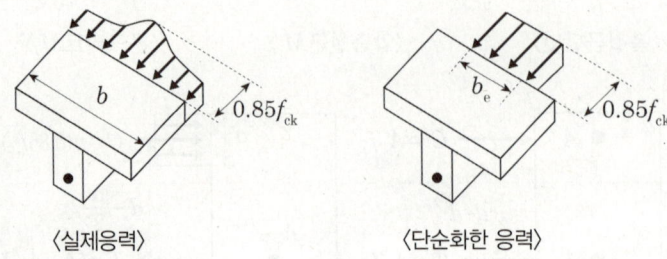

⟨실제응력⟩ ⟨단순화한 응력⟩

플랜지의 휨 응력은 복부에서 멀어질수록 감소하나 이를 설계에 이용하기는 어려우므로 적당히 폭을 감소시켜 응력을 사각형 형태로 고려하며 이를 유효폭이라 한다. 유효폭은 T형, 반T형에 따라 다르며 **가장 작은 값**을 이용한다.

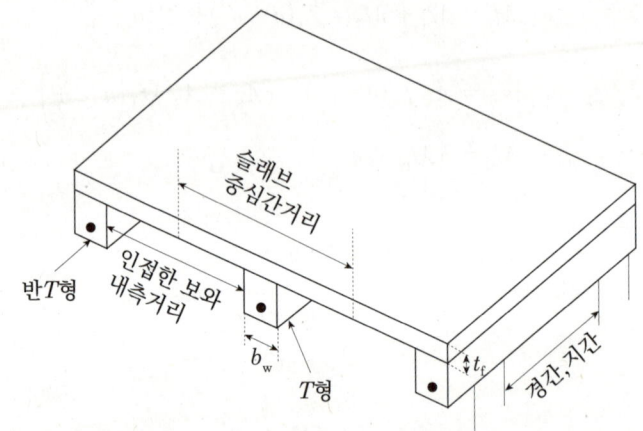

| T형 : 슬래브가 양쪽 플랜지를 이루는 보 | 반T형 : 한쪽으로만 플랜지를 이루는 보 |
|---|---|
| ① $16t_f + b_w$ | ① $6t_f + b_w$ |
| ② 슬래브 중심간 거리 | ② 인접한 보와의 내측거리의 $1/2 + b_w$ |
| ③ 보 경간의 $1/4$ | ③ 보 경간의 $1/12 + b_w$ |

## (3) T형보 등가응력블록 깊이의 위치

### ① 판정 및 해석방법

$$a = \frac{A_s f_y}{\eta(0.85 f_{ck} b)} \text{ 또는 } a = \frac{A_s f_y}{\eta(0.85 f_{ck} b_e)}, \ t_f : \text{플랜지 두께}$$

| 모멘트 부호 | 등가응력블록 깊이 | 해석방법 |
|---|---|---|
| 정모멘트 | 플랜지 내부($a \leq t_f$) | 플랜지 폭 $b$ 또는 유효폭 $b_e$를 폭으로 하는 직사각형 단면 해석 |
| 정모멘트 | 복부 내부($a > t_f$) | T형 단면 해석 |
| 부모멘트 | 복부 내부 | 복부 폭 $b_w$를 폭으로 하는 직사각형 단면 해석 |

### (4) 공칭강도 계산방법(판정 → $A_{sf}$ → $a$, $c$ → $\varepsilon_s$, $\phi$ → $M_n$, $M_d$)

부 모멘트를 해석하는 일은 거의 없으므로 정 모멘트를 받는 단면만 해석해 보자. (부 모멘트를 받을 경우 직사각형 보의 공칭강도 계산방법과 동일하다.)

### ① 중립축이 플랜지 내부에 있는 경우($a \leq t_f$)
직사각형 보의 공칭강도 계산방법과 동일하다.

---

**학습 POINT**

● **T형보 철근비**
당연히 T형보도 최소철근비, 최대철근비, 균형철근비가 있으나 출제 빈도가 매우 낮아 생략한다.

**기출**    2012 지방직

강도설계법에서 플랜지가 휨압축응력을 받는 T형보의 휨설계시 $a \leq t$인 경우 직사각형보로 해석하는 가장 타당한 이유는?

확인   플랜지 유효폭×$a$의 면적 이외에는 압축응력이 작용하지 않는다는 가정 때문

**Quiz. 13**

그림과 같은 단철근 T형 단면보 설계에 대한 설명으로 옳은 것은? (단, 콘크리트 설계기준 압축강도 $f_{ck} = 60$MPa, 철근의 항복강도 $f_y = 400$MPa이다.)

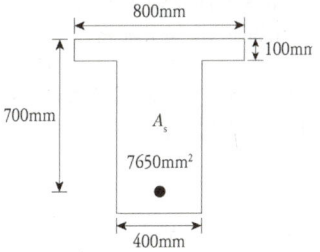

① $b = 800$mm를 폭으로 하는 직사각형 단면보로 설계한다.
② $b = 400$mm를 폭으로 하는 직사각형 단면보로 설계한다.
③ $t_f = 100$mm를 등가 직사각형 응력 블록으로 하는 직사각형 단면보로 설계한다.
④ T형 단면보로 설계한다.

**풀이**

$f_{ck} = 60$MPa

→ $\eta = 0.95$, $\beta_1 = 0.76$, $\varepsilon_{cu} = 0.0031$

$a = \dfrac{A_s f_y}{\eta(0.85 f_{ck}b)}$

$= \dfrac{(7650\text{mm}^2)(400\text{MPa})}{(0.95)(0.85)(60\text{MPa})(800\text{mm})}$

$\approx 78.95\text{mm} < t_f = 100\text{mm}$

∴ ① $b = 800$mm를 폭으로 하는 직사각형 단면보로 설계한다.

## 학습 POINT

### Quiz. 14

그림과 같은 단철근 T형 단면보의 등가 응력블록의 깊이 $a$[mm]는? (단, 콘크리트 설계기준 압축강도 $f_{ck} = 30$MPa, 철근의 항복강도 $f_y = 400$MPa이다.)

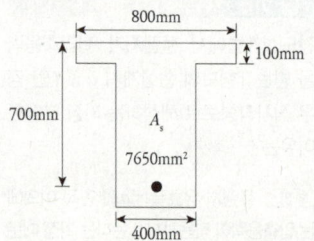

**풀이**

$f_{ck} \leq 40$MPa
$\rightarrow \eta = 1, \beta_1 = 0.8, \varepsilon_{cu} = 0.0033$

$$a = \frac{A_s f_y}{\eta(0.85 f_{ck})b}$$
$$= \frac{(7650 \text{mm}^2)(400\text{MPa})}{(0.85)(30\text{MPa})(800\text{mm})}$$
$$= 150\text{mm} > t_f = 100\text{mm}$$

T형보로 해석해야 한다.(Q13 비교)

$A_{sf} f_y = \eta(0.85 f_{ck})(b - b_w)t_f$

$$\rightarrow A_{sf} = \frac{\eta(0.85 f_{ck})(b - b_w)t_f}{f_y}$$
$$= \frac{(0.85)(30\text{MPa})(800-400\text{mm})(100\text{mm})}{400\text{MPa}}$$
$$= 2550\text{mm}^2$$

$$a = \frac{(A_s - A_{sf})f_y}{\eta(0.85 f_{ck})b_w}$$
$$= \frac{(7650 - 2550\text{mm}^2)(400\text{MPa})}{(0.85)(30\text{MPa})(400\text{mm})}$$
$$= 200\text{mm}$$

### 80점 목표

**T형보 공칭강도($M_n$)**

$T_1 = C_1, T_2 = C_2$ 이므로 다음과 같이 표현할 수도 있다.

$M_n = M_1 + M_2$
$= C_1\left(d - \dfrac{t_f}{2}\right) + C_2\left(d - \dfrac{a}{2}\right)$

---

② 중립축이 복부 내부에 있는 경우($a > t_f$)

   ⓐ 플랜지 내민부분 압축력에 상응하는 인장철근량($A_{sf}$) 계산

$$C_1 = \eta(0.85 f_{ck})(b_e - b_w)t_f, \quad T_1 = A_{sf} f_y$$
$$C_1 = T_1 \ ; \ \eta(0.85 f_{ck})(b_e - b_w)t_f = A_{sf} f_y$$
$$\rightarrow A_{sf} = \frac{\eta(0.85 f_{ck})(b_e - b_w)t_f}{f_y}$$

   ⓑ $a$(등가 직사각형 응력블록 깊이), $c$(중립축 위치)

$$C_2 = \eta(0.85 f_{ck})ab_w, \quad T_2 = (A_s - A_{sf})f_y$$
$$C_2 = T_2 \ ; \ \eta(0.85 f_{ck})ab_w = (A_s - A_{sf})f_y \rightarrow a = \frac{(A_s - A_{sf})f_y}{\eta(0.85 f_{ck})b_w}$$
$$c = \frac{a}{\beta_1}$$

$f_{ck} \leq 40$MPa $\rightarrow \eta = 1, \beta_1 = 0.8, \varepsilon_{cu} = 0.0033$

   ⓒ 최외단 철근 순인장 변형률($\varepsilon_s$), 강도감소계수($\phi$)

     단철근보와 과정이 동일하다.

   ⓓ 공칭강도($M_n$), 설계강도($M_d$)

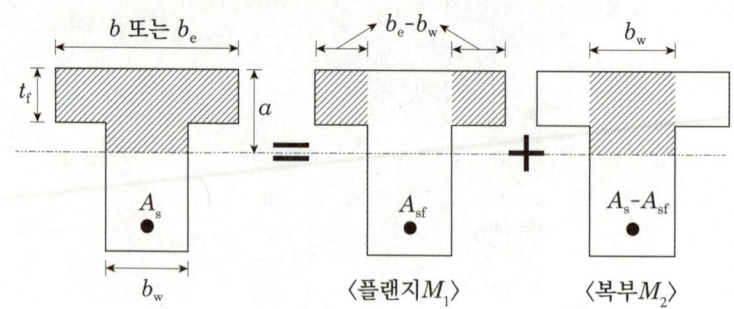

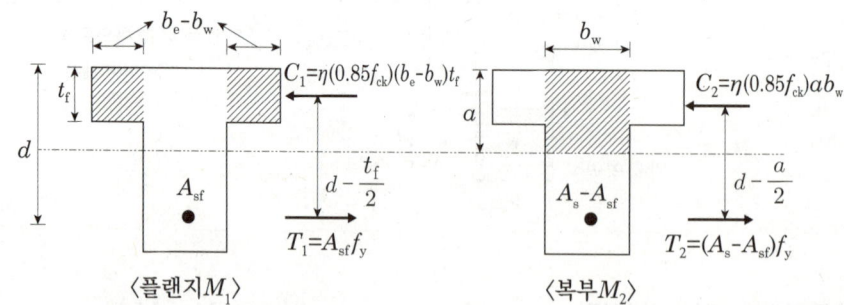

$$M_n = M_1 + M_2 = T_1\left(d - \frac{t_f}{2}\right) + T_2\left(d - \frac{a}{2}\right)$$
$$= A_{sf} f_y\left(d - \frac{t_f}{2}\right) + (A_s - A_{sf})f_y\left(d - \frac{a}{2}\right)$$

$M_d = \phi M_n$

## 5 추가사항

> 80점 목표

① 휨부재 설계 시 보의 횡지지 간격($L$)은 압축 플랜지 또는 압축면의 최소 폭의 50배를 초과하지 않도록 해야 한다.

② 독립 T형보의 추가 압축면적을 제공하는 플랜지의 두께($t_f$)는 복부폭($b_w$)의 1/2 이상이어야 하며, 플랜지의 유효폭($b_e$)은 복부폭($b_w$)의 4배 이하이어야 한다.

③ 장선구조를 제외한 T형보의 플랜지로 취급되는 슬래브에서 주철근이 보의 방향과 같을 때는 다음 요구 조건에 따라 보의 직각방향으로 슬래브 상부에 철근을 배치하여야 한다.

- 횡방향 철근은 T형보의 내민 플랜지를 캔틸레버로 보고 그 플랜지에 작용하는 계수하중에 대하여 설계하여야 한다. 이때 독립 T형보의 경우 내민 플랜지 전폭을 유효폭으로 보아야 한다.(그 밖의 T형보의 경우 36p 유효폭 계산)
- 횡방향 철근의 간격은 슬래브 두께의 5배 이하로 하여야 하고, 또한 450 mm 이하로 하여야 한다.

### 학습 POINT

> 80점 목표

**○ 장선구조**

장선구조란 순간격이 750mm 이하인 일정한 간격으로 1방향 또는 2방향으로 연속하여 배치된 보(장선)와 그 위에 슬래브가 일체로 되어 있는 구조 형태이다. 장선은 폭이 100mm 이상이고, 깊이는 장선의 최소 폭의 3.5배 이하이어야 한다. 이를 만족하지 않을 경우 슬래브와 보로 해석해야 한다. 수험생들이 자세히 기억할 필요는 없다.

> 80점 목표

**○ T형보 횡방향 철근**

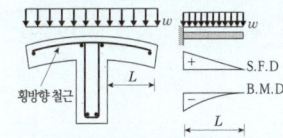

T형보에서 주철근이 보의 방향과 같은 방향일 때 하중이 직접적으로 플랜지에 작용하게 되면 플랜지가 아래로 휘면서 파괴될 수 있기 때문에 횡방향 철근을 배치한다.

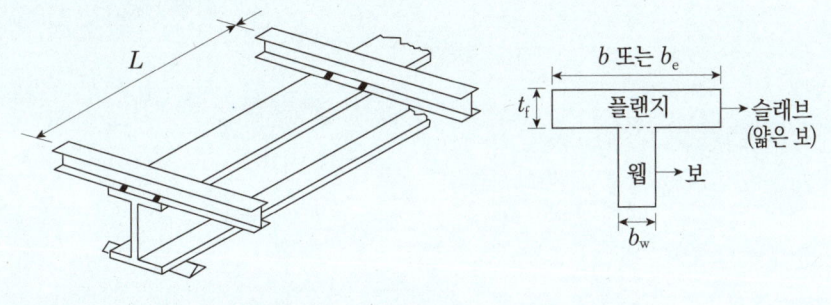

④ 철근 수평 순간격

| 동일 평면에서 평행한 철근 사이의 **수평 순간격** | | 나선철근 또는 띠철근이 배근된 압축부재 **축방향 철근 순간격** (81page) |
|---|---|---|
| 프리캐스트 콘크리트 (별도 언급 X) | 현장 타설 콘크리트 | |
| ① 25mm 이상<br>② 철근 공칭 지름 이상<br>③ 굵은 골재 최대치수의 4/3배 이상 (1.33배) | ① 40mm 이상<br>② 철근 공칭 지름의 1.5배 이상<br>③ 굵은 골재 최대치수의 1.5배 이상 | ① 40mm 이상<br>② 철근 공칭 지름의 1.5배 이상<br>③ 굵은 골재 최대치수의 4/3배 이상 (1.33배) |

⑤ 상단과 하단에 2단 이상으로 배치된 경우 상하 철근은 동일 연직면 내에 배치되어야 하고, 이때 상하 철근의 순간격은 25 mm 이상으로 하여야 한다.

⑥ 철근의 순간격에 대한 규정은 서로 접촉된 겹침이음 철근과 인접된 이음철근 또는 연속철근 사이의 순간격에도 적용하여야 한다.

### 학습 POINT

**Quiz. 15**

그림과 같이 D30인 5개의 인장철근이 배치되어 있을 때, 단면의 유효깊이 [mm]는?

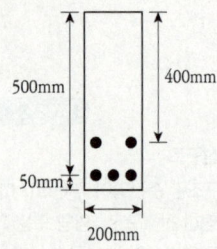

**풀이**

$$d_c = \frac{\sum Ay_c}{\sum A}$$
$$= \frac{2(400\text{mm}) + 3(500\text{mm})}{2+3}$$
$$= 460\text{mm}$$

⑦ 2단 배치시 유효깊이는 배치된 철근의 도심으로 한다.

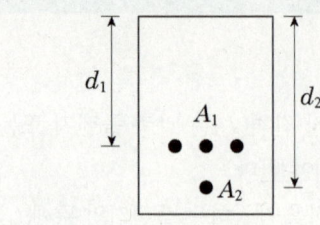

$$d = \frac{\sum Ay_c}{\sum A} = \frac{(3A_1)(d_1) + (A_2)(d_2)}{(3A_1) + (A_2)}$$

**SKILL 1** 문제를 풀 때 콘크리트 설계기준 압축강도($f_{ck}$)를 먼저 확인하고, $f_{ck} \leq 40\text{MPa}$일 때 주요 변수를 세트로 암기해서 이용한다.

$$f_{ck} \leq 40\text{MPa} \rightarrow \eta = 1, \beta_1 = 0.8, \varepsilon_{cu} = 0.0033$$

**SKILL 2** 콘크리트 극한변형률($\varepsilon_c$)을 분모에, 구하고자 하는 철근변형률을 분자에 적어넣고 시작하면 실수를 줄일 수 있다. 기하학적으로 이해해도 좋고 암기해도 좋다.

$$\frac{\varepsilon_s}{\varepsilon_c} = \frac{d-c}{c}, \quad \frac{\varepsilon_s'}{\varepsilon_c} = \frac{c-d'}{c}$$

**SKILL 3** 설계휨강도($M_d$) 계산하는 순서를 적어놓고 시작하면 시간을 줄일 수 있다.

$$\langle 1\text{단계} : a, c \rangle \rightarrow \langle 2\text{단계} : \varepsilon_s, \phi \rangle \rightarrow \langle 3\text{단계} : M_n, M_d \rangle$$

**SKILL 4** 철근비와 관련된 문제는 철근비 일반식을 적어놓고 시작하면 시간을 줄일 수 있다.

| 철근비 일반식 | |
|---|---|
| $\rho = \eta\left(0.85\beta_1 \dfrac{f_{ck}}{f_y} \dfrac{\varepsilon_{cu}}{\varepsilon_{cu}+\varepsilon_s}\right)$ | |
| 균형철근비($\rho_b$) : $\varepsilon_s = \varepsilon_y$ 대입 | 최대철근비($\rho_{max}$) : $\varepsilon_s = \varepsilon_{min}$ 대입 |
| $\rho_b = \eta\left(0.85\beta_1 \dfrac{f_{ck}}{f_y} \dfrac{\varepsilon_{cu}}{\varepsilon_{cu}+\varepsilon_y}\right)$ | $\rho_{max} = \eta\left(0.85\beta_1 \dfrac{f_{ck}}{f_y} \dfrac{\varepsilon_{cu}}{\varepsilon_{cu}+\varepsilon_{min}}\right)$ |

균형철근비($\rho_b$), 최대철근비($\rho_{max}$)는 해당되는 철근변형률을 철근비 일반식에 대입하여 계산한다.

4 0 8 0
진 승 현
토 목 설 계

# DAY 04

전단

비틀림을 받는 보

# DAY 04 전단 / 비틀림을 받는 보

**학습 POINT**

○ **전단철근의 목적**
사인장 강도가 부족하기 때문에, 전단철근의 인장응력으로 사인장 응력에 의한 균열을 막기 위해 배치한다. (전단철근의 목적도 결국은 취성파괴를 방지하기 위함이다.)

○ **사인장 균열의 종류**
- 복부전단균열 : 단면 중앙에서 발생하는 균열로 전단력이 휨보다 지배적일 경우 즉, 깊은보($a/d$가 2.5에 가까울 때)에서 발생한다.
- 휨전단균열 : 하부 끝단에서 발생하는 균열로 휨이 전단력보다 지배적일 경우 즉, 얇은보($a/d$가 6에 가까울 때)에서 발생한다.

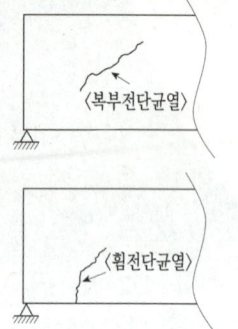

$a$ : 전단지간, $d$ : 유효깊이

○ **사인장 응력, 균열의 역학적 해석**
 **(가벼운 응용역학 DAY 04)**

$\sigma_x = 0$, $\sigma_y = 0$, $\tau_{xy} = -v$

$\tan 2\theta_p = \dfrac{2\tau_{xy}}{\sigma_x - \sigma_y} = \dfrac{-2v}{0-0} = -\infty$

→ $2\theta_p = -90°$ → $\theta_p = -45°$

주응력 $\sigma_1(f_1)$이 '$\theta_p = -45°$'로 발생하는 것을 알 수 있다.

## ① 전단을 받는 보

보는 주로 부재의 축에 수직한 힘을 받는 구조물로, 일반적인 **보는 휨에 지배되므로 휨 설계는 전단설계보다 선행된다**. 보가 휨에 대해 안전하게 설계되었더라도 전단력을 크게 받을 경우 취성파괴가 발생할 수 있다. 따라서 전단 설계가 필요하다.

### (1) 전단 거동

#### (1)-1 사인장 응력과 균열

정모멘트를 받는 콘크리트 단면은 중립축 하단에서 인장균열이 발생하므로 휨 응력이 없다. 그러나 전단응력은 여전히 존재하며 이러한 전단응력은 콘크리트의 균열 때문에 응용역학과는 다른 응력분포를 보인다. (유도는 생략한다.)

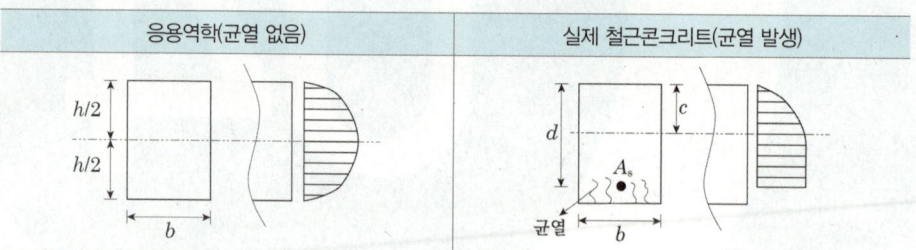

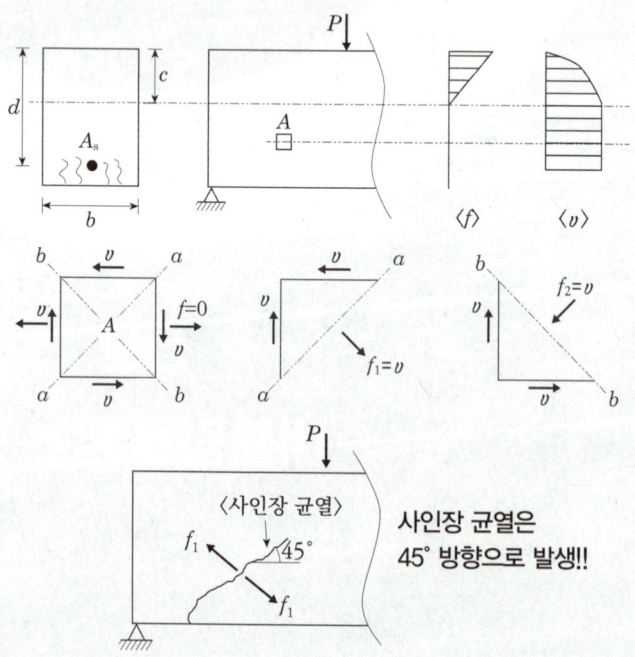

사인장 균열은 45° 방향으로 발생!!

중립축 아랫면에서 휨 인장을 받는 A 점을 보면 순수전단 상태이므로 응용역학에서 배운 지식을 이용하여 주응력의 방향을 계산하면 -45도 방향으로 인장 주응력($f_1$)이 작용하는 것을 알 수 있다. 이러한 인장 주응력을 사인장 응력이라고 하며 사인장 응력 방향의 90도 방향($f_2$)으로 균열이 발생하는데 이를 사인장 균열이라고 한다. 따라서 이러한 전단 균열을 방지하기 위해 전단철근을 배치해야 한다.

### (1)-2 전단력에 대한 위험단면 : 최대 계수 전단력 계산 위치

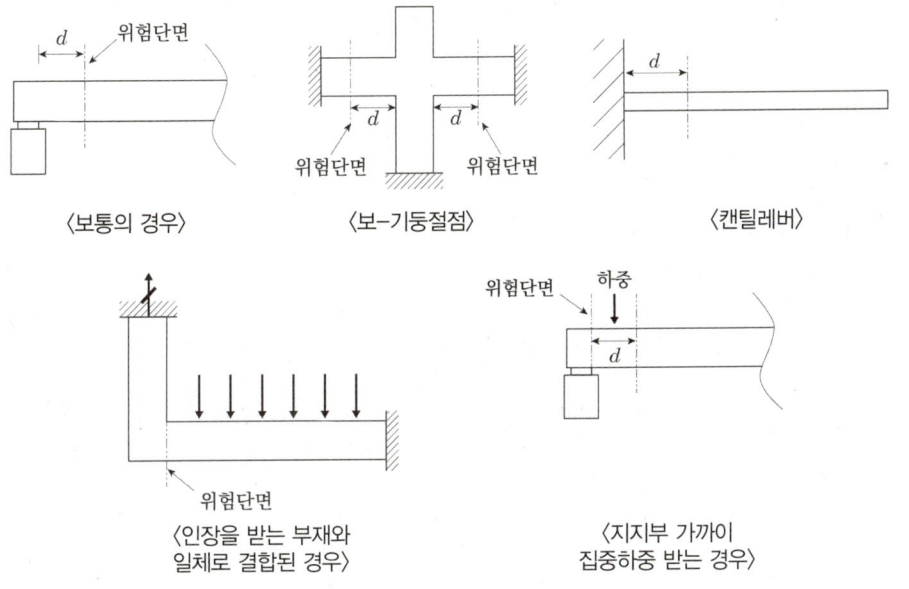

### 학습 POINT

○ **계수전단력($V_u$) 산정**

작용전단력 방향으로 받침부 반력이 부재의 단부를 압축하고 하중은 부재의 윗면 또는 그 근처에 작용하며, 받침부 내면과 아래에서 정의되는 위험단면 사이에 집중하중이 작용하지 않을 경우, 위험단면에서 최대 계수전단력($V_u$)를 산정할 수 있다.

- 철근 콘크리트 : 받침부 내면에서 거리 $d$ 이내에 위치한 단면을 거리 $d$에서 구한 계수전단력 $V_u$의 값
- 프리스트레스트콘크리트 : 받침부 내면에서 $0.5h$ 거리 이내에 위치한 단면을 $0.5h$ 거리에서 구한 것과 동일한 계수전단력 $V_u$의 값

**Quiz. 01**

길이가 $L$인 단순보와 캔틸레버보에 계수 등분포하중($w_u$)이 작용할 때, 위험단면에서 계수전단력은?(단면의 유효깊이는 $d$이다.)

**풀이**

1) 단순보

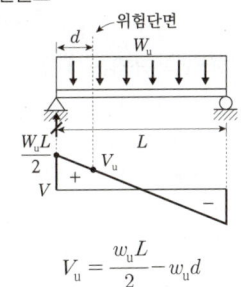

$$V_u = \frac{w_u L}{2} - w_u d$$

2) 캔틸레버보

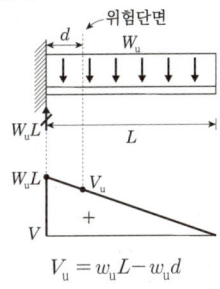

$$V_u = w_u L - w_u d$$

### (1)-3 전단경간비($a/d$)에 따른 파괴형태

$a$를 전단지간 또는 전단경간이라고 하며, $a/d$를 전단경간비라 하고 작을수록 두꺼운 단면을 의미하며 전단력의 영향이 크다. 전단경간비가 클수록 경간이 긴 것을 의미하며 모멘트의 영향이 크다. 전단경간비에 따라 파괴 유형이 달라진다.

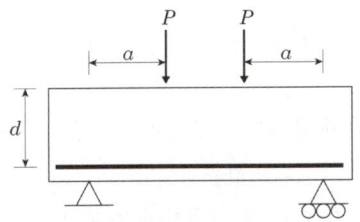

| 전단경간비($a/d$) | 파괴유형 | 강도 결정 |
|---|---|---|
| $a/d \leq 1$(깊은, 짧은 단면) | 아치작용 | 전단강도에 지배적 |
| $1 \leq a/d \leq 2.5$ | 전단파괴 | 전단강도에 지배적 |
| $2.5 \leq a/d \leq 6$ | 사인장균열 | 전단강도+휨 지배적 |
| $6 \leq a/d$ (얇은, 긴 단면) | 휨균열 | 휨강도에 지배적 |

○ **스트럿-타이 모델**

깊은보는 비선형 변형률 분포를 고려하여야 한다. 깊은보의 설계에서 비선형 변형률 분포를 고려하는 대신 스트럿-타이 모델을 적용할 수도 있다.

### 학습 POINT

**Quiz.02**

그림과 같은 보통골재를 사용한 철근콘크리트 단면에서 콘크리트가 부담할 수 있는 공칭전단강도 $V_c$[kN]는? (단, 콘크리트 설계기준 압축강도 $f_{ck}=25$ MPa이다.)

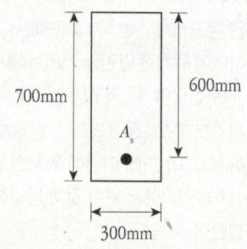

**풀이**

$V_c = \dfrac{1}{6}\lambda\sqrt{f_{ck}}\,b_w d$

$= \dfrac{1}{6}(1)(\sqrt{25}\,\text{MPa})(300\text{mm})$
$\quad (600\text{mm})$

$= 150\text{kN}$

🔺 **80점 목표**

● **원형단면의 전단강도($V_c$)**

원형단면 부재의 $V_c$를 계산하기 위한 단면적을 콘크리트 단면의 유효깊이와 지름의 곱으로 구하여야 한다. 이때 단면의 유효깊이는 부재 단면 지름의 0.8배로 할 수 있다.

---

### (2) 전단철근(복부철근)

전단 설계도 강도설계법으로 다음 조건을 만족해야 한다.

$$V_u \leq V_d = \phi V_n = \phi(V_c + V_s)$$

$V_u$ : 계수 전단력(소요전단강도), $V_d$ : 설계강도, $V_n$ : 공칭강도

### (2)-1 콘크리트가 받는 전단력($V_c$)

① 간편식(전단력과 휨 모멘트만을 받는 부재)

$$V_c = \dfrac{1}{6}\lambda\sqrt{f_{ck}}\,b_w d$$

$\lambda$ : 경량콘크리트 계수

단, $f_{ck} \leq 70\text{MPa}(\sqrt{f_{ck}} \leq 8.4\text{MPa})$으로 한다. 왜냐하면 일정 강도 이상의 콘크리트는 더 이상 전단강도에 기여하는 바가 없기 때문이다.

🔺 **80점 목표**

② 정밀식(전단력과 휨모멘트만을 받는 부재)

정밀식은 $17.6\rho_w\dfrac{V_u d}{M_u}$의 단위를 무차원으로 맞추면 MPa이 되도록 정리된 식이다.

$$V_c = \left(0.16\lambda\sqrt{f_{ck}} + 17.6\rho_w\dfrac{V_u d}{M_u}\right)b_w d < 0.29\lambda\sqrt{f_{ck}}\,b_w d$$

$M_u$ : 전단을 검토하는 단면에서 $V_u$와 동시에 발생하는 계수휨모멘트

$$\left(\text{단, } \rho_w = \dfrac{A_s}{b_w d},\ \dfrac{V_u d}{M_u} < 1\right)$$

### (2)-2 전단철근의 형태

① 다음과 같은 형태의 전단철근을 사용하여야 한다.
- 부재축에 직각인 스터럽
- 부재축에 직각으로 배치한 용접철망
- 나선철근, 원형 띠철근 또는 후프철근
  시험에서는 전단철근 중 스터럽에 대해서만 출제된다.

② 철근콘크리트 부재의 경우 다음과 같은 형태의 전단철근을 사용할 수 있다.
- 주인장 철근에 45° 이상의 각도로 설치되는 스터럽
- 주인장 철근에 30° 이상의 각도로 구부린 굽힘철근
- 스터럽과 굽힘철근의 조합

| 종류 | 배치 | 특징 |
|---|---|---|
| 수직스터럽 | 수직스터럽 / 주철근 | 주철근에 직각으로 배치한 전단철근 |
| 경사스터럽 | 경사스터럽 / 주철근 | 주철근에 45도 이상의 경사로 배치한 전단철근. 사인장응력 방향과 동일하기에 좋으나 시공상 불리해 거의 이용하지 않는다. |
| 굽힘철근 (절곡철근) | 주철근 | 휨모멘트에 대해 필요 없는 주철근을 끊어버리지 않고 30도 이상의 경사로 구부려 올린 전단철근(보통 45도로 한다) |

## 학습 POINT

### ● 수직스터럽

수직스터럽은 보통 그림과 같이 폐쇄스터럽 또는 U형 스터럽 형태로 설치한다.

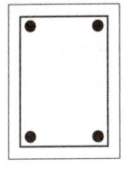 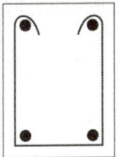

〈폐쇄스터럽〉  〈U형 스터럽〉

**기출**  2012 지방직

전단철근은 시공 상의 이유로 경사스터럽보다는 수직스터럽의 사용이 보편적이다. ○

### 📘 80점 목표

전단철근과 관련되어 다음과 같은 규정들이 보기로 출제되므로 기억해 두면 좋다.

- 전단강도 $V_n$을 결정할 때, 부재에 **개구부가 있는 경우에는 그 영향**을 고려하여야 한다.
- 전단강도 $V_c$를 결정할 때, 구속된 부재에서 **크리프와 건조수축**으로 인한 축방향 인장력의 영향을 고려하여야 하며, 깊이가 일정하지 않은 부재의 **경사진 휨 압축력의 영향**도 고려하여야 한다.
- 종방향 철근을 구부려 전단철근으로 사용할 때는 그 경사 길이의 중앙 3/4만이 전단철근으로서 유효하다고 보아야 한다.
- 여러 종류의 전단철근이 부재의 같은 부분을 보강하기 위해 사용되는 경우의 전단강도 $V_s$는 각 종류별로 구한 $V_s$를 합한 값으로 하여야 한다.
- 전단철근으로 사용하는 스터럽과 기타 철근 또는 철선은 콘크리트 압축연단부터 거리 $d$만큼 연장하여야 한다.

## (2) -3 전단철근이 받는 전단력($V_s$)

### ① 수직스터럽의 전단력($V_s$)

앞에서 설명했듯이 사인장 균열은 45도 각도로 발생한다. 따라서 균열의 폭은 높이($d$)와 같으며 폭을 스터럽의 간격($s$)으로 나눌 경우 균열면을 지나는 수직스터럽의 숫자($N$)를 의미하게 된다.

**기출**  2022 지방직

전단철근의 인장응력에 의해 전단강도를 증가시킨다. ○

**확인** 경사균열을 가로질러 배치된 전단철근이 경사균열폭이 확대되는 것을 인장응력으로 저항한다.

## 학습 POINT

**Quiz.03**

유효깊이 $d = 600\text{mm}$인 단철근 직사각형보에 수직 스터럽을 간격 $s = 250\text{mm}$로 배치하였을 때, 철근의 공칭전단강도 $V_s$ [kN]는? (단, 전단철근의 면적 $A_v = 125\text{mm}^2$이고, 전단철근의 설계기준항복강도 $f_{yt} = 400\text{MPa}$이다.)

**풀이**

$V_s = \dfrac{d}{s} A_v f_{yt}$

$= \dfrac{600\text{mm}}{250\text{mm}}(125\text{mm}^2)(400\text{MPa})$

$= 120\text{kN}$

**80점 목표**

● 전단철근 설계 규정

원형 띠철근, 후프철근 또는 나선철근을 전단철근으로 사용한 경우 $V_s = \dfrac{A_v f_{yt} d}{s}$을 사용하여 $V_s$를 산정하여야 한다. 이때 $d$는 원형 단면 부재에 대하여 부재 단면 지름의 0.8배로 할 수 있다. $A_v$는 종방향 철근과 평행하게 잰 간격 $s$ 내에 배치된 나선철근, 후프철근 또는 원형 띠철근의 두 가닥 면적에 해당한다.

**기출** 2014 지방직

부재축에 직각으로 배치된 전단철근의 간격은 철근콘크리트 부재일 경우와 프리스트레스트 콘크리트 부재일 경우 모두 700mm 이하로 하여야 한다. ✗

확인 RC : $d/2$ or 600mm 이하
PSC : $0.75h$ or 600mm 이하

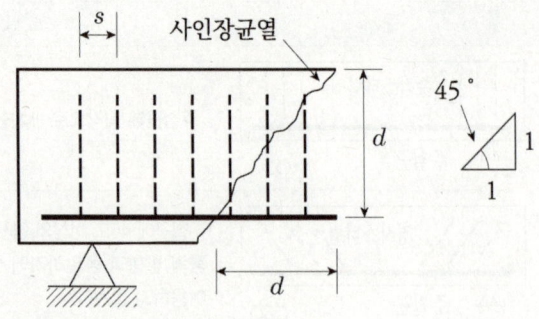

$$V_s = NA_v f_{yt} = \dfrac{d}{s} A_v f_{yt}$$

$A_v$ : 전단철근 면적, $f_{yt}$ : 전단철근 설계기준 항복강도

전단철근의 설계기준항복강도는 $f_{yt} \leq 500\text{MPa}$이다.
(단, 벽체의 전단철근 또는 용접 이형철망을 사용할 경우 $f_{yt} \leq 600\text{MPa}$)

② 경사스터럽의 전단력($V_s$)

서로 다른 거리에서 구부린 일련의 평행한 굽힘철근 또는 여러 조의 평행한 철근도 이 식을 사용한다.

$$V_s = \dfrac{d}{s} A_v f_{yt} (\cos\alpha + \sin\alpha)$$

$\alpha$ : 경사스터럽과 부재축의 사이각

**80점 목표**

③ 1개의 굽힘철근 또는 받침부에서 모두 같은 거리에서 구부린 평행한 1조의 철근의 전단력($V_s$)

$$V_s = A_v f_{yt} \sin\alpha < 0.25\sqrt{f_{ck}} b_w d$$

### (2) -4 전단철근 간격($s$)

① 최소 간격

시공상의 이유로 전단철근은 100mm 이상으로 배치해야 한다.

② 최대 간격

부재축에 직각으로 배치된 전단철근의 최대간격은 $V_c$와 $V_s$ 크기에 따라 다르다.

|  | $V_s \leq 2V_c$ | $2V_c < V_s \leq 0.2 f_{ck}\left(1 - \dfrac{f_{ck}}{250}\right) b_w d$ | $0.2 f_{ck}\left(1 - \dfrac{f_{ck}}{250}\right) b_w d < V_s$ |
|---|---|---|---|
| RC | $d/2$ or 600mm 이하 | $V_s \leq 2V_c$ 의 절반 | 콘크리트 단면을 넓게 다시 설계해야 한다. |
| PSC | $0.75h$ or 600mm 이하 | | |

동시에 전단철근의 면적($A_v$)이 주어진 경우 다음의 조건을 만족시켜야 한다.

$$V_u \leq \phi(V_c + V_s) \rightarrow \frac{V_u - \phi V_c}{\phi} \leq V_s = \frac{d}{s} A_v f_y$$

$$s \leq \frac{\phi d A_v f_y}{V_u - \phi V_c}$$

$$\therefore s \text{ 계산 가능}$$

## (2) -5 최소전단철근

$$V_u \leq V_d = \phi V_n = \phi(V_c + V_s) = \phi V_c + \phi V_s$$

$V_u$ : 계수 전단력(소요전단강도), $V_d$ : 설계강도, $V_n$ : 공칭강도

이론적으로 $V_u \leq \phi V_c$라면 즉, 콘크리트 혼자서 전단력을 부담할 수 있다면 전단철근은 필요하지 않다.

그러나 설계에서는 $\frac{1}{2}\phi V_c < V_u \leq \phi V_c$일 때 최소전단철근 규정을 둔다(프리스트레스 콘크리트도 동일).

$$A_{v,\min} = \frac{0.0625\sqrt{f_{ck}}}{f_{yt}} b_w s \geq \frac{0.35}{f_{yt}} b_w s$$

$f_{yt}$ : 전단철근 설계기준 항복강도 (단, $b_w$와 $s$의 단위는 mm)

그러나 다음의 각 경우에 대해 최소전단철근을 배치하지 않아도 된다.

① 슬래브와 기초판
② KDS 14 20 10(4.3.11)에서 규정한 콘크리트 장선구조
③ 전체 깊이가 250 mm 이하이거나 I형보, T형보에서 그 깊이가 플랜지 두께의 2.5배 또는 복부폭의 1/2 중 큰 값 이하인 보
④ 교대 벽체 및 날개벽, 옹벽의 벽체, 암거 등과 같이 휨이 주거동인 판부재
⑤ 전단철근이 없어도 계수휨모멘트와 계수전단력에 저항할 수 있다는 것을 실험에 의해 확인할 수 있는 경우

> ⑥ 순 단면의 깊이가 315 mm를 초과하지 않는 속빈 부재에 작용하는 계수전단력이 $0.5\phi V_{cw}$를 초과하지 않는 경우
> ⑦ 보의 깊이가 600 mm를 초과하지 않고 설계기준압축강도가 40 MPa을 초과하지 않는 강섬유 콘크리트 보에 작용하는 계수전단력이 $\phi(1/6)\lambda\sqrt{f_{ck}} b_w d$를 초과하지 않는 경우

---

### 학습 POINT

**기출** 2015 지방직

계수전단력 $V_u$가 콘크리트가 부담하는 전단력 $\phi V_c$보다 크지 않은 구간에서는 이론상 전단철근이 필요없으므로, 실제 설계에서도 전단철근을 배근하지 않는다. ✗

**확인** $\frac{1}{2}\phi V_c < V_u \leq \phi V_c$일 때 최소전단철근 규정을 둔다.

**Quiz. 04**

그림과 같은 단면의 철근콘크리트 보에서 전단철근을 사용하지 않고 보통중량 콘크리트만으로 지지하고자 할 때, 위험 단면에 작용하는 계수전단력($V_u$)은 최대 얼마 이하의 값[kN]인가? (단, 콘크리트 설계기준 압축강도 $f_{ck}$ = 36MPa이다.)

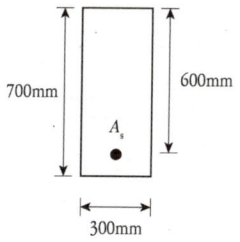

**풀이**

$V_u < \frac{1}{2}\phi V_c$

$= \frac{1}{2}\phi\left(\frac{1}{6}\lambda\sqrt{f_{ck}} b_w d\right)$

$= \frac{1}{2}(0.75)\left(\frac{1}{6}\right)(1)(\sqrt{36}\,\text{MPa})$

$\times (300 \times 600\,\text{mm}^2)$

$= 67.5\,\text{kN}$

### (3) 전단 마찰

깊은보($a/d < 1$)에서 강도는 전단에 지배된다. 이것은 파괴 전에 내력이 재분배되며 힘의 전달기구가 보통 보와 다르기 때문이다. 균열의 기울기는 45도보다 크며 때로는 수직에 가깝다. 따라서 깊은보에서는 수직 스터럽을 배치하는 외에 수평방향으로도 전단철근을 배치한다. $V_u$ 작용방향으로 균열이 발생할 경우 파괴를 일으키기 직전에는 균열을 가로질러 배치된 철근에 항복이 발생하므로 $A_{vf}f_y$가 발생하며 이에 대응하기 위해 콘크리트에 동일한 크기의 힘이 압축력으로 작용한다. 이 압축력이 전단마찰을 발생시킨다. 전단마찰철근은 전단면에 걸쳐 적절하게 배치하여야 한다.

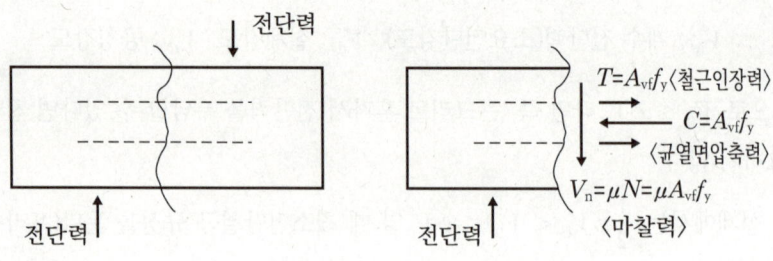

$$V_n = \mu A_{vf} f_y$$

$$V_d = \phi V_n, \ \phi : 0.75(\text{전단에 대한 강도감소계수}), \ \mu : \text{마찰계수}$$

(전단마찰철근의 설계기준항복강도는 $f_y \leq 500\text{MPa}$이다.)

### ● 마찰계수

마찰계수는 경량콘크리트 계수 $\lambda$와 상황에 따라 다르다. 모두 암기하기는 어려우니 '일체로 친 콘크리트'의 마찰계수만 기억해 두자.

$$\mu = 1.4\lambda$$

| 콘크리트 | $\lambda$ |
|---|---|
| 보통중량 | 1 |
| 모래경량 | 0.85 |
| 전경량 | 0.75 |
| $f_{sp}$가 주어진 경우 | $\dfrac{f_{sp}}{0.56\sqrt{f_{ck}}} \leq 1$ |

**80점 목표**

| 조건 | 마찰계수($\mu$) |
|---|---|
| ★ 일체로 친 콘크리트 | $1.4\lambda$ |
| 표면을 거칠게 만든 굳은 콘크리트에 새로 친 콘크리트 | $\lambda$ |
| 일부러 거칠게 하지 않은 굳은 콘크리트에 새로 친 콘크리트 | $0.6\lambda$ |
| 전단연결재에 의하거나 철근에 의해 구조용 강재에 정착된 콘크리트 | $0.7\lambda$ |

이미 굳은 콘크리트에 새로운 콘크리트를 칠 때는 전단전달을 위한 접촉면은 깨끗하고 레이턴스가 없도록 하여야 한다. $\mu$가 $1.0\lambda$와 같다고 가정하는 경우의 접촉면은 그 요철의 크기가 대략 6mm 정도 되도록 거칠게 만들어야 한다.

전단마찰 철근이 전달 면에 경사 배치될 경우 공식도 같이 알아두자.

$$V_n = (\mu \sin\alpha + \cos\alpha) A_{vf} f_y$$

$\alpha$ : 전단마찰 철근과 전단면 사이의 각

전단마찰철근과 관련되어 다음과 같은 규정들이 보기로 출제되므로 기억해 두면 좋다.
- 전단면에 순인장력이 작용할 때는 이에 저항하기 위해서 철근을 추가로 두어야 한다. 한편 소요철근량 $A_{vf}$를 계산할 때, 전단면에 영구적으로 작용하는 순압축력은 전단마찰철근이 저항하는 힘 $A_{vf}f_y$에 추가되는 힘으로 고려할 수 있다.
- 전단마찰철근을 전단면에 걸쳐 적절하게 배치하여야 하며, 철근 양쪽에 정착길이를 확보하거나 갈고리 또는 특수한 장치에 용접하여 철근이 설계기준항복강도를 발휘할 수 있도록 양측에 정착시켜야 한다.

### 학습 POINT

**Quiz. 05**
일체로 친 보통중량콘크리트 단면에 설계기준 항복강도가 400MPa인 전단마찰철근이 2,000mm²이 단면에 수직한 경우 공칭전단강도[kN]는?

**풀이**
$V_n = \mu A_v f_y$
$= (1.4 \times 1)(2000mm^2)(400MPa)$
$= 1120kN$

## (4) 깊은보

깊은보란 한쪽 면이 하중을 받고 반대쪽 면이 지지되어 하중과 받침부 사이에 압축대가 형성되는 구조요소 로서 다음 중 하나에 해당하는 부재이다.
① 순경간 $l_n$이 부재 깊이의 4배 이하인 부재
② 받침부 내면에서 부재 깊이의 2배 이하인 위치에 집중하중이 작용하는 경우는 집중하중과 받침부 사이의 구간

깊은보의 최소 철근량 산정 및 배치는 다음과 같다.
① 휨인장철근과 직각인 수직전단철근의 단면적 $A_v$를 $0.0025 b_w s$ 이상으로 하여야 하며, $s$를 $d/5$ 이하, 또한 300mm 이하로 하여야 한다.
② 휨인장철근과 평행한 수평전단철근의 단면적 $A_{vh}$를 $0.0015 b_w s_h$ 이상으로 하여야 하며, $s_h$를 $d/5$ 이하, 또한 300mm 이하로 하여야 한다.

깊은보와 관련되어 다음과 같은 규정들이 보기로 출제되므로 기억해 두면 좋다.
- 깊은보는 비선형 변형률 분포를 고려하여 설계하거나 스트럿-타이 모델에 따라 설계하여야 하며, 횡좌굴을 고려하여야 한다.
- 깊은보의 $V_n$은 $(5\lambda\sqrt{f_{ck}}/6)b_w d$ 이하이어야 한다.
- 깊은보의 단순 받침부에서 정모멘트 철근은 받침부 전면에서 $f_y$를 발휘할 수 있도록 정착하여야 한다.

- 깊은보의 내부 받침부에서 정모멘트 철근은 연속되거나 인접 경간의 정모멘트 철근과 겹침이음이 되도록 설계하여야 한다.
- 깊은보의 내부 받침부에서 부모멘트 철근은 인접경간의 부모멘트 철근과 연속되도록 설계하여야 한다.

## 학습 POINT

**◉ 비틀림 위험단면**

철근콘크리트 부재에서, 받침부에서 $d$ 이내에 위치한 단면은 $d$에서 계산된 $T_u$보다 작지 않은 비틀림 모멘트에 대하여 설계하여야 한다. 만약 $d$ 이내에서 집중된 비틀림 모멘트가 작용하면 위험단면은 받침부의 안쪽 면으로 하여야 한다.

🔷 80점 목표

**◉ 적합비틀림**

수험생들이 학습하기 어려운 내용이며 간단하게 부정정 구조물에서 균열이 발생하기 전까지 상대적으로 큰 비틀림 모멘트가 유발되나, 균열이 발생하게 되면 강성이 급격히 감소하여 전달되는 **비틀림 모멘트가 증가하지 않고 재분배가 발생**한다. 이러한 거동을 보이는 비틀림을 **적합 비틀림**이라고 한다. 적합 비틀림이 작용할 때, 힘의 재분배에 의하여 전달되는 비틀림 모멘트의 최댓값을 균열 비틀림 모멘트로 하여 계수 비틀림 모멘트를 제한한다.

**Quiz. 06**

$b = 200\text{mm}$이고, $h = 200\text{mm}$인 사각형 단면에서 비틀림의 영향을 무시할 수 있는 계수 비틀림 모멘트($T_u$)의 최대값은? (단, $f_{ck} = 25\text{MPa}$이다.)

**풀이**

$$T_u < \frac{1}{4}\phi T_{cr}$$
$$= \frac{1}{4}\phi \left( \frac{1}{3} \lambda \sqrt{f_{ck}} \frac{A_{cp}^2}{p_{cp}} \right)$$
$$= \frac{1}{12}\phi\lambda \sqrt{f_{ck}} \frac{A_{cp}^2}{p_{cp}}$$
$$= \frac{1}{12}(0.75)(1)(\sqrt{25}\text{MPa})$$
$$\times \left( \frac{(200 \times 200\text{mm}^2)^2}{2 \times 200\text{mm} + 2 \times 200\text{mm}} \right)$$
$$= 625\text{N} \cdot \text{m}$$

# 2 비틀림을 받는 보

비틀림 해석은 종래에는 '경사-휨이론'에 의해 해석했으나 최근에는 '박벽관 입체 트러스 이론'이 사용된다. ★

## (1) 균열 비틀림 모멘트, 최대계수 비틀림 모멘트

'**균열 비틀림 모멘트**' $T_{cr}$이란 콘크리트에 균열이 발생하기 시작하는 비틀림 모멘트를 의미한다.

$$T_{cr} = \frac{1}{3} \lambda \sqrt{f_{ck}} \frac{A_{cp}^2}{p_{cp}}$$

$A_{cp}$ : 단면의 외부둘레로 둘러싸인 콘크리트 단면적

$p_{cp}$ : 콘크리트 단면의 둘레길이

🔷 80점 목표

균열에 의하여 내력의 재분배가 발생하여 비틀림 모멘트가 감소할 수 있는 부정정 구조물의 경우, '**최대계수 비틀림 모멘트**' $T_{u-\max}$는 다음 값으로 감소시킬 수 있다.

$$T_{u-\max} = \phi T_{cr} = \phi \frac{1}{3} \lambda \sqrt{f_{ck}} \frac{A_{cp}^2}{p_{cp}}$$

계수 비틀림 모멘트 $T_u$가 $T_{cr}$의 $\phi/4$배보다 작다면 비틀림의 영향을 무시할 수 있다.

$$T_u < \frac{\phi}{4} T_{cr} = \frac{\phi}{4} \left( \frac{1}{3} \lambda \sqrt{f_{ck}} \frac{A_{cp}^2}{p_{cp}} \right) = \phi \frac{1}{12} \lambda \sqrt{f_{ck}} \frac{A_{cp}^2}{p_{cp}}$$

🔷 80점 목표

## (2) 전단과 비틀림의 조합응력

### ① 속이 빈 단면

비틀림 응력은 성질이 전단응력과 같기 때문에 서로 더하거나 뺄 수 있다.

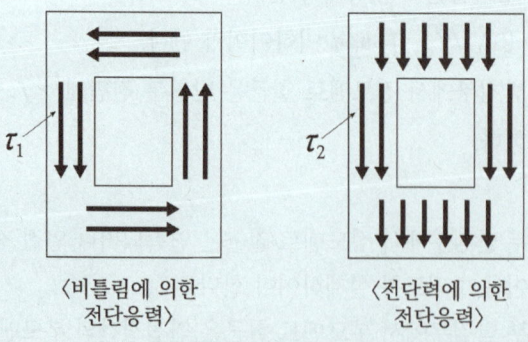

〈비틀림에 의한 전단응력〉　〈전단력에 의한 전단응력〉

응용역학 시간에 배운 지식을 이용하면 $\tau_1, \tau_2$를 계산할 수 있다.

- 비틀림에 의한 전단응력

$$\tau_1 = \frac{T_u}{2tA_m} = \frac{T_u}{2tA_o} = \frac{T_u p_h}{1.7 A_{oh}^2}$$

$p_h$ : 철근 둘레

($\because t = A_{oh}/p_h$, $A_o = 0.85 A_{oh}$ 기억할 필요는 없다.)

- 전단력에 의한 전단응력

$$\tau_2 = \frac{V_u}{b_w d}$$

$$\therefore \tau = \tau_1 + \tau_2 = \frac{T_u p_h}{1.7 A_{oh}^2} + \frac{V_u}{b_w d}$$

② 속이 찬 단면

속이 빈 단면에서 계산한 응력에 루트를 씌워 이용한다.

$$\tau = \sqrt{\left(\frac{T_u p_h}{1.7 A_{oh}^2}\right)^2 + \left(\frac{V_u}{b_w d}\right)^2}$$

### (3) 단면 치수 제한

단면의 치수 제한은 단면에 발생하는 최대응력이 콘크리트와 철근이 견딜 수 있는 최대 응력보다 작게 함으로써 제한할 수 있다. 즉, 아래식에서 좌변은 앞에서 계산한 최대응력 항을 의미하고 우변은 강도를 의미한다.

① 속이 빈 단면 : $\tau = \dfrac{V_u}{b_w d} + \dfrac{T_u p_h}{1.7 A_{oh}^2} \leq \phi\left(\dfrac{V_c}{b_w d} + \dfrac{2}{3}\sqrt{f_{ck}}\right)$

② 속이 찬 단면 : $\tau = \sqrt{\left(\dfrac{V_u}{b_w d}\right)^2 + \left(\dfrac{T_u p_h}{1.7 A_{oh}^2}\right)^2} \leq \phi\left(\dfrac{V_c}{b_w d} + \dfrac{2}{3}\sqrt{f_{ck}}\right)$

만족하지 않을 경우 단면치수를 변경하거나, 보다 큰 $f_{ck}$를 이용해야 한다.

### (4) 비틀림 공칭강도

유도는 생략한다.

$$T_n = \frac{2 A_o A_t f_{yt}}{s} \cot\theta$$

$A_t$ : 횡방향 철근 단면적

비틀림철근의 설계기준항복강도는 $f_{yt} \leq 500\text{MPa}$이다.

---

**학습 POINT**

○ $A_{cp}$, $A_o$, $A_{oh}$

$A_{cp}$ : 콘크리트 단면에서 외부 둘레로 둘러싸인 면적

$A_o (A_m)$ : 중심선으로 둘러싸인 면적

$A_{oh}$ : 철근으로 둘러싸인 면적

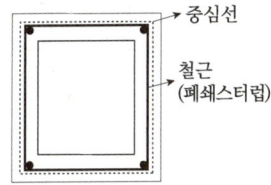

**80점 목표**

○ $A_m$

응용역학에서는 중심선으로 둘러싸인 도형의 면적을 $A_m$이라 하나, 토목설계에서는 $A_o$라 한다.

**80점 목표**

○ $\phi\left(\dfrac{V_c}{b_w d} + \dfrac{2}{3}\sqrt{f_{ck}}\right)$의 이해

$\dfrac{V_c}{b_w d}$는 콘크리트가 부담할 수 있는 응력을 의미한다.

$\dfrac{2}{3}\sqrt{f_{ck}}\, b_w d = 4 V_c$이므로 철근이 부담할 수 있는 응력을 의미한다.

(개정 전 : $V_s > 4 V_c$일 때 단면치수를 재설정)

## 학습 POINT

**● leg 숫자**

U형 또는 폐쇄 스터럽 형태로 철근을 배치할 경우 수평단면을 지나는 철근의 숫자를 의미한다.

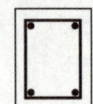 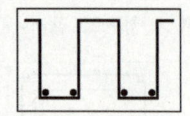

〈폐쇄스터럽〉 〈복U형스터럽〉

위 그림에서 leg 수는 각각 2개, 4개이다.

### (5) 철근의 총 단면적 및 배치

#### (5)-1 횡방향 철근

당연히 강도설계법에 의해 계수하중 $T_u$는 설계강도 $\phi T_n$보다 작아야 한다.

$$T_u \leq \phi T_n = \phi \frac{2A_o A_t f_{yt}}{s}\cot\theta$$

이 식을 정리하면 횡방향 철근 면적을 계산할 수 있다.

$$\frac{sT_u}{2\phi A_o f_{yt}\cot\theta} \leq A_t$$

계산된 $A_t$는 전단철근량 $A_v$와 더해 전체 횡방향 철근량을 계산할 수 있다.

$$A_{v+t} = A_v + N \times A_t$$

$N$ : leg 숫자

#### (5)-2 종방향 철근

유도는 생략한다. $A_t$는 앞에서 계산한 값을 이용한다.

$$A_\ell = \frac{A_t}{s}p_h \frac{f_{yt}}{f_{y\ell}}\cot^2\theta$$

$f_{yt}$ : 횡방향 철근 설계기준 항복강도
$f_{y\ell}$ : 종방향 철근 설계기준 항복강도

---

**기출** 2011 국가직

비틀림에 저항하기 위해서는 폐쇄스터럽만 필요하고 종방향 철근은 고려하지 않는다. ✗

**확인** 폐쇄스터럽(횡방향철근) 뿐만 아니라 종방향 철근도 배치해야 한다.

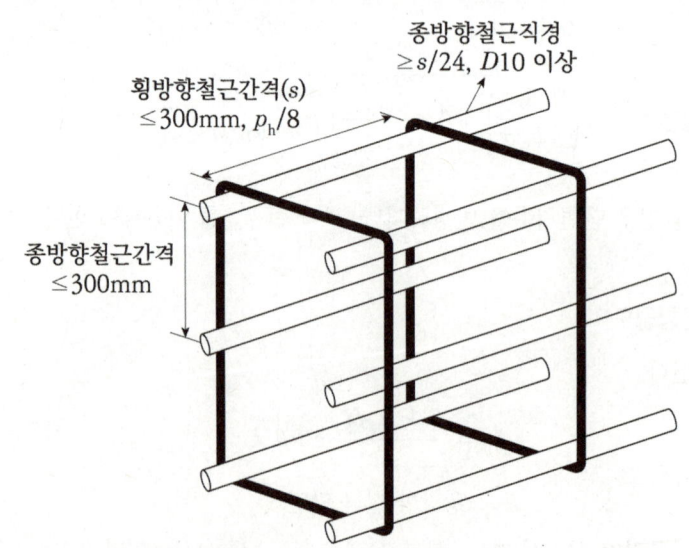

종방향철근직경 $\geq s/24$, D10 이상
횡방향철근간격($s$) $\leq 300mm$, $p_h/8$
종방향철근간격 $\leq 300mm$

비틀림철근과 관련되어 다음과 같은 규정들이 보기로 출제되므로 기억해 두면 좋다.

① 비틀림철근은 **종방향 철근 또는 종방향 긴장재**와 다음의 해당 철근(횡철근)으로 구성하여야 한다.
   - 부재축에 수직인 폐쇄스터럽 또는 폐쇄띠철근
   - 부재축에 수직인 횡방향 강선으로 구성된 폐쇄용접철망
   - 철근콘크리트 보에서 나선철근
② 횡방향 비틀림 철근은 종방향 철근 주위로 135° 표준갈고리에 의하여 정착하여야 한다.
③ 종방향 비틀림철근은 양단에 정착하여야 한다.
④ 횡방향 비틀림철근의 간격은 $p_h/8$보다 작아야 하고, 또한 300mm보다 작아야 한다.
⑤ 비틀림에 요구되는 종방향 철근은 폐쇄스터럽의 둘레를 따라 300 mm 이하의 간격으로 분포시켜야 한다. 종방향 철근이나 긴장재는 스터럽의 내부에 배치시켜야 하며, 스터럽의 각 모서리에 최소한 하나의 종방향 철근이나 긴장재가 있어야 한다. 종방향 철근의 지름은 스터럽 간격의 1/24 이상이어야 하며, 또한 D10 이상의 철근이어야 한다.

⑥ 정밀한 해석을 수행하지 않은 경우, 슬래브에 의해 전달되는 비틀림 하중은 전체 부재에 걸쳐 균등하게 분포하는 것으로 가정할 수 있다.
⑦ 비틀림 모멘트에 의하여 요구되는 철근은 비틀림 모멘트와 조합하여 작용하는 전단력과 휨모멘트 및 축력이 요구하는 철근을 추가하여야 한다. 이때 철근의 간격과 배치는 가장 엄격한 요구 조건을 만족시켜야 한다.
⑧ 비틀림 모멘트를 받는 속빈 단면에서 횡방향 비틀림철근의 중심선부터 내부 벽면까지 거리는 $0.5A_{oh}/p_h$ 이상이 되도록 설계하여야 한다.
⑨ 비틀림철근은 계산상으로 필요한 위치에서 $(b_t + d)$ 이상의 거리까지 연장시켜 배치하여야 한다.
   ($b_t$ : 비틀림 모멘트에 저항하는 폐쇄스터럽을 포함하는 단면의 폭, mm)

### (6) 최소 철근량

#### (6)-1 최소 횡방향 철근량($A_{v+t} = A_v + N \times A_t$)

횡방향 철근량에는 전단 철근도 포함되므로 당연히 전단 철근 최소 철근량 규정보다 많은 철근을 배치해야 한다. (DAY 04 (2)-5. 최소전단철근 참조)

$$\frac{0.0625\sqrt{f_{ck}}}{f_{yt}}b_w s \geq 0.35\frac{b_w s}{f_{yt}}$$

#### (6)-2 최소 종방향 철근량($A_{\ell, \min}$)

암기할 필요는 없다. 단, 문제에서는 최소 횡방향 철근량과 최소 종방향 철근량을 바꿔서 옳지 않은 보기로 출제할 가능성이 매우 높다. 따라서 최소 횡방향 철근량을 정확히 파악하고 혼동하지 않도록 주의하는 것으로 충분하다.

$$A_{\ell, \min} = \frac{0.42\sqrt{f_{ck}}A_{cp}}{f_y} - \left(\frac{A_t}{s}\right)p_h\frac{f_{yt}}{f_y}$$

$$\text{단, } \frac{A_t}{s} \geq 0.175\frac{b_w}{f_{yt}}$$

### SKILL 1
단순보와 캔틸레버보의 위험단면에서 계수전단력을 지점반력과 같이 비교하면 기억하기 쉽다.

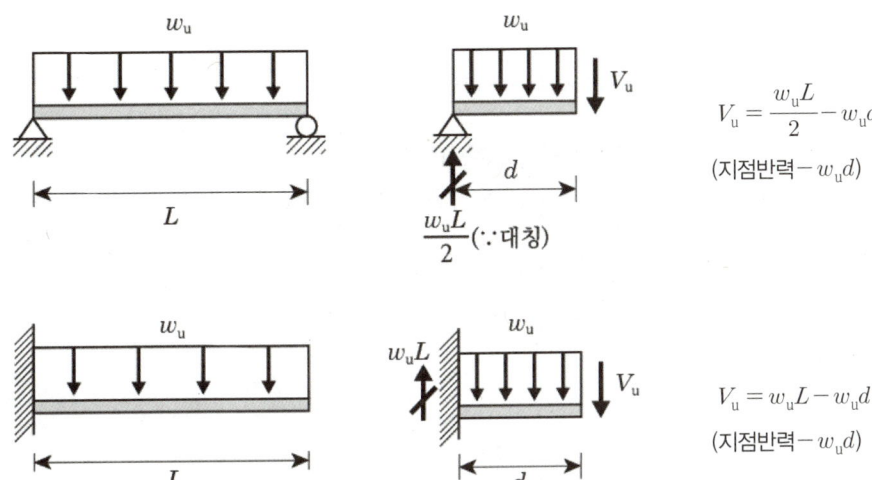

### SKILL 2
문장으로 표현된 사인장균열면을 그림으로 이해하면 암기하지 않아도 된다.

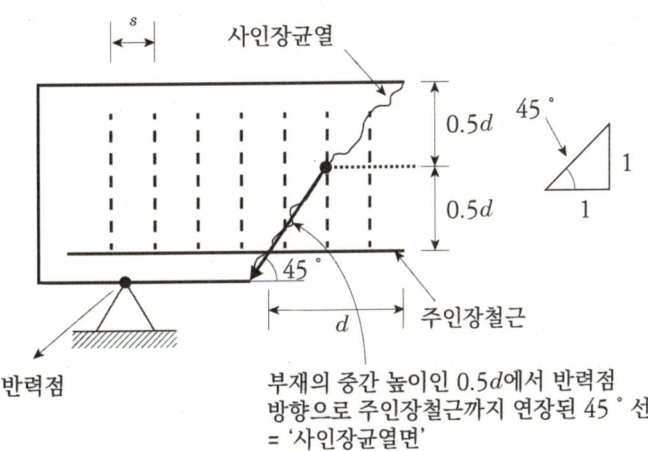

## SKILL 3 전단철근 간격을 묻는 문제는 먼저 전단철근 면적($A_v$)이 주어졌는지 확인하여 기계적으로 풀이한다.

① 전단철근 면적($A_v$)이 주어지지 않은 경우(표만 고려해서 2개 간격 고려)

|  | $V_s \leq 2V_c$ | $2V_c < V_s \leq 0.2f_{ck}\left(1-\dfrac{f_{ck}}{250}\right)b_w d$ | $0.2f_{ck}\left(1-\dfrac{f_{ck}}{250}\right)b_w d < V_s$ |
|---|---|---|---|
| RC | $d/2$ or 600mm 이하 | $V_s \leq 2V_c$ 의 절반 | 콘크리트 단면을 넓게 다시 설계해야 한다. |
| PSC | $0.75h$ or 600mm 이하 | | |

② 전단철근 면적($A_v$)가 주어진 경우(표 2개 + 공식 1개 간격 고려)

전단철근 면적이 주어지지 않은 경우에 더하여 공식을 이용하여 1개 간격을 추가로 고려한다.

$$V_u \leq \phi(V_c + V_s) \;\Rightarrow\; \frac{V_u - \phi V_c}{\phi} \leq V_s = \frac{d}{s}A_v f_y$$

$$s \leq \frac{\phi d A_v f_y}{V_u - \phi V_c}$$

∴ $s$ 계산 가능

# DAY 05

슬래브

# 슬래브

슬래브란 판과 같이 평평한 구조물로 지붕이나 바닥에 이용된다. 토목설계에서는 슬래브를 폭이 매우 넓은 보라고 표현하는 경우가 많다. 슬래브는 보와 결합되어 T형 단면의 플랜지 역할을 할 수 있다.

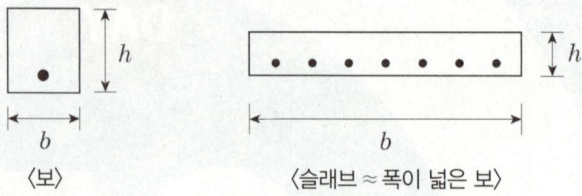

## 1 1방향 슬래브, 2방향 슬래브 구분

슬래브는 주철근이 1방향으로 배치되었는지 2방향으로 배치되었는지에 따라 1방향 슬래브, 2방향 슬래브로 구분한다. 슬래브의 주철근은 슬래브의 짧은 변 방향(지간방향, 경간방향)으로 배치된다.

**○ 지간, 경간방향**
지간이란 지점 사이의 거리를 의미하고, 경간이란 지점 사이의 서로 마주보는 면 사이의 거리를 의미하므로 거의 동일하다.

**○ 짧은 변 방향**
여타 책에서 짧은 변 방향을 지간방향 또는 경간방향이라고 표현하는 경우가 있는데 이는 슬래브 관점에서 지간방향을 의미한다.

**기출** 2012 지방직
1방향 슬래브는 슬래브의 지간방향으로 주철근을 배치한다. ○

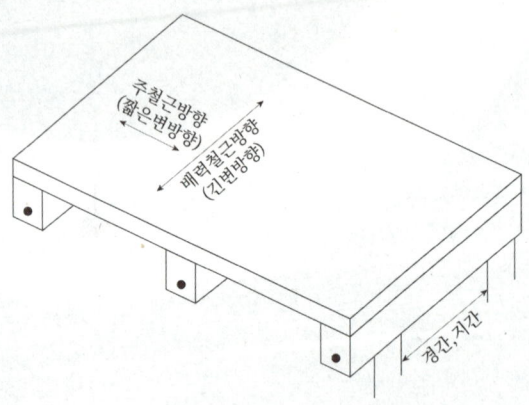

주철근의 직각방향으로 배력철근, 수축·온도철근을 배치한다.

**○ 수축·온도철근, 배력철근**
**수축·온도철근**은 수축과 온도에 의한 균열을 방지하고, **배력철근**은 주철근의 수직방향 응력에 저항하는 철근으로 정의된다. 그러나 둘의 배치 방향이 같기 때문에 동일한 단어로 쓰이는 경우가 종종 있다.

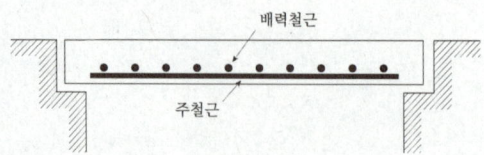

배력철근 배치의 목적은 다음과 같다.
① 주철근에 수직방향에 대한 응력 재분배하는 데 사용된다.
② 주철근의 위치를 고정(간격을 조정)하는 데 사용된다.
③ 건조수축, 온도변화에 따른 균열을 방지한다.

그러나 2방향 슬래브라도 아래 조건 중 하나라도 해당되는 경우 1방향 슬래브로 해석할 수 있다.
① 1변 지지된 경우
② 마주보는 2변 지지된 경우
③ 장변과 단변의 비가 2를 넘는 경우

## 2 슬래브 해석방법

① 슬래브는 판이론에 의해 설계하는 것이 원칙이지만 너무 복잡해 근사해법에 의해 설계한다.
② 1방향 슬래브는 폭이 넓은 보와 같다고 생각하고 폭이 1m인 직사각형 보로 설계한다.
③ 2방향 슬래브는 허용응력 설계법에서는 근사해법을 이용하였으나, 강도설계법에서는 직접설계법 또는 등가골조법에 의해 설계한다.

④ 직접설계법, 근사해법을 적용할 수 있는 조건은 다음과 같다.

| 직접설계법 적용 조건 | 근사해법 적용 조건 |
| --- | --- |
| • 각 방향으로 3경간 이상 연속되어야 한다. | • 2경간 이상인 경우 |
| • 연속한 기둥 중심선을 기준으로 기둥의 어긋남은 그 방향 경간의 10% 이하이어야 한다. | • 인접 2경간의 차이가 짧은 경간의 20% 이하인 경우 |
| • 모든 하중은 슬래브 판 전체에 걸쳐 등분포된 연직하중이어야 하며, 활하중은 고정하중의 2배 이하이어야 한다. | • 등분포 하중이 작용하는 경우, 활하중이 고정하중의 3배를 초과하지 않는 경우 |
| • 슬래브 판들은 단변 경간에 대한 장변 경간의 비가 2 이하인 직사각형이어야 한다.<br>• 각 방향으로 연속한 받침부 중심간 경간 차이는 긴 경간의 1/3 이하이어야 한다. ($l_2 - l_1 \leq l_2/3$)<br>• 모든 변에서 보가 슬래브를 지지할 경우 직교하는 두 방향에서 보의 상대강성은 아래 식을 만족하여야 한다.<br>$$0.2 \leq \frac{\alpha_1 l_2^2}{\alpha_2 l_1^2} \leq 5.0$$<br>• 규정을 만족하는 해석으로 입증한다면 제한 사항을 다소 벗어나더라도 직접설계법을 적용할 수 있다.<br>• 직접설계법으로 설계한 슬래브 시스템은 휨모멘트 재분배를 적용할 수 없다. | • 부재의 단면 크기가 일정한 경우 |

### 학습 POINT

**Quiz.01**
다음 그림은 슬래브 평면과 고정지지된 변(빗금 그은 부분)을 나타낸 것이다. 2방향 슬래브로 설계되어야 하는 것은?

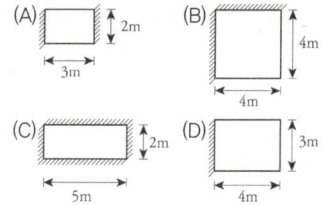

**풀이**
(A) : 마주보는 2변 지지된 경우
(C) : 장변과 단변의 비가 2를 넘는 경우
(D) : 1변 지지된 경우
∴ (B)

### 해석방법
• 연속보 또는 1방향 슬래브(프리스트레스 콘크리트 구조물 제외) : 근사해법
• 2방향 슬래브 : 직접설계법, 등가골조법

### 직접설계법 적용 조건

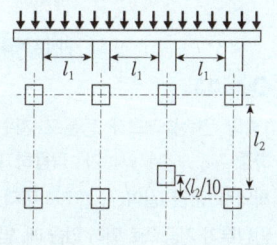

## 학습 POINT

### Quiz.02
직접설계법에 의한 2방향 슬래브의 내부 경간 설계에서 전체 정적계수휨모멘트($M_o$)가 200kN·m일 때, 정계수휨모멘트[kN·m]는?

**풀이**

$M_+ = 0.35 M_o$
$= 0.35(200\text{kN} \cdot \text{m})$
$= 70\text{kN} \cdot \text{m}$

### Quiz.03 (80점 목표)
1방향 연속슬래브에 등분포 계수하중 $w_u = 32\text{kN/m}$가 작용하고 최외측 경간 길이 $l_n = 10\text{m}$이다. 받침부가 기둥으로 되어 있을 때, 받침부와 일체로 된 최외단 받침부 내면의 단위 폭당 발생하는 부모멘트[kN·m]는?

**풀이**

$M = \dfrac{w_u l_n^2}{16}$
$= \dfrac{(32\text{kN/m})(10\text{m})^2}{16}$
$= 200\text{kN} \cdot \text{m}$

---

⑤ 직접설계법의 전체 정적 계수휨모멘트, 정 및 부계수휨모멘트는 다음에 따라 계산할 수 있다.

- 정계수휨모멘트와 평균 부계수휨모멘트의 절댓값의 합은 어느 방향에서나 다음 값 이상으로 하여야 한다.

$$M_o = \frac{w_u l_2 l_n^2}{8}$$

$l_n$ : 순경간은 $0.65 l_1$ 이상으로 하여야 한다.

- 내부 경간에서는 전체 정적 계수휨모멘트 $M_o$를 오른쪽 표와 같은 비율로 분배하여야 한다.

| 구분 | 내부 경간 |
|---|---|
| 부계수휨모멘트 | 0.65 |
| 정계수휨모멘트 | 0.35 |

- 단부 경간에서는 전체 정적 계수휨모멘트 $M_o$를 표에 따라 분배하여야 한다.

| 구분 | 구속되지 않은 외부 받침부 | 모든 받침부 사이에 보가 있는 슬래브 | 내부 받침부 사이에 보가 없는 슬래브 테두리보가 없는 경우 | 내부 받침부 사이에 보가 없는 슬래브 테두리보가 있는 경우 | 완전 구속된 외부 받침부 |
|---|---|---|---|---|---|
| 내부 받침부의 부계수휨모멘트 | 0.75 | 0.70 | 0.70 | 0.70 | 0.65 |
| 정계수휨모멘트 | 0.63 | 0.57 | 0.52 | 0.50 | 0.35 |
| 외부 받침부의 부계수휨모멘트 | 0 | 0.16 | 0.26 | 0.30 | 0.65 |

⑥ 근사해법을 적용할 경우 연속보 또는 1방향 슬래브의 휨모멘트와 전단력은 다음에 따라 계산할 수 있다.

| | | | |
|---|---|---|---|
| ⓐ 정 모멘트 | 최외측 경간 | 불연속 단부가 구속되지 않은 경우 | $w_u l_n^2 / 11$ |
| | | 불연속 단부가 받침부와 일체로 된 경우 | $w_u l_n^2 / 14$ |
| | 내부 경간 | | $w_u l_n^2 / 16$ |
| ⓑ 부 모멘트 | 가. 첫 번째 내부 받침부 외측면 부모멘트 | 2개의 경간일 때 | $w_u l_n^2 / 9$ |
| | | 3개 이상의 경간일 때 | $w_u l_n^2 / 10$ |
| | 가. 이외의 내부 받침부의 부모멘트 | | $w_u l_n^2 / 11$ |
| | 모든 받침부면의 부모멘트로서 경간 3m 이하인 슬래브와 경간의 각 단부에서 보 강성에 대한 기둥 강성의 합의 비가 8 이상인 보 | | $w_u l_n^2 / 12$ |
| | 받침부와 일체로 된 부재의 최외단 받침부 내면 | 받침부가 테두리보인 경우 | $w_u l_n^2 / 24$ |
| | | 받침부가 기둥인 경우 | $w_u l_n^2 / 16$ |
| ⓒ 전단력 | 가. 첫 번째 내부 받침부 외측면에서 전단력 | | $1.15 w_u l_n / 2$ |
| | 가. 이외의 받침부면에서 전단력 | | $w_u l_n / 2$ |

## ③ 1방향 슬래브

① 1방향 슬래브 두께는 최소 100mm 이상으로 하여야 한다.(과다한 처짐이 발생하지 않을 정도의 두께가 되어야 한다.)

② 보통중량콘크리트($m_c = 2,300 \text{kg/m}^3$)와 설계기준항복강도($f_y$) 400MPa 철근을 사용한 부재에 대하여 처짐을 계산하지 않는 경우 최소두께는 표와 같다.(단, 큰 처짐에 의하여 손상되기 쉬운 칸막이벽이나 기타 구조물을 지지하지 않은 1방향 구조물에 적용한다.)

| 부재 | 최소 두께 또는 깊이 | | | |
|---|---|---|---|---|
| | 단순지지 | 일단연속 | 양단연속 | 캔틸레버 |
| 보, 리브가 있는 1방향 슬래브 | $L/16$ | $L/18.5$ | $L/21$ | $L/8$ |
| 1방향 슬래브 | $L/20$ | $L/24$ | $L/28$ | $L/10$ |

단, $f_y$가 400MPa 이외인 경우는 계산된 $h$값에 $\left(0.43 + \dfrac{f_y}{700}\right)$을 곱하여야 한다.

③ 정모멘트 철근 및 부모멘트 철근의 중심 간격은 위험단면에서는 슬래브 두께의 2배 이하, 또한 300mm 이하로 하고, 기타 단면에서는 슬래브 두께의 3배 이하, 또한 450mm 이하로 하여야 한다.

④ 수축·온도철근의 간격은 슬래브 두께의 5배 이하, 또한 450mm 이하로 한다.

⑤ 수축·온도철근은 설계기준항복강도 $f_y$를 발휘할 수 있도록 정착되어야 한다.

⑥ 수축·온도철근 비는 아래 표를 따른다. 단, 전체 면적의 0.0014배 이상으로 배치한다. (= 철근비를 0.0014 이상, 단면적은 단위폭 m당 $1800\text{mm}^2$ 이하로 한다.)

| 항복강도 | 수축·온도철근비 |
|---|---|
| 400MPa 이하 | 0.002 이상 |
| 400MPa 초과 | $0.002 \times \dfrac{400}{f_y}$ 이상 |

⑦ 정모멘트 철근 및 부모멘트 철근에 직각방향으로 균열을 방지하기 위한 수축·온도철근을 배치하여야 한다.

⑧ 슬래브 끝의 단순받침부에서도 내민슬래브에 의하여 부모멘트가 일어나는 경우에는 이에 상응하는 철근을 배치하여야 한다.

⑨ 슬래브의 단변방향 보의 상부에 부모멘트로 인해 발생하는 균열을 방지하기 위하여 슬래브의 장변방향으로 슬래브 상부에 철근을 배치하여야 한다.

---

### 학습 POINT

**Quiz.04**

보통 중량 콘크리트를 사용한 5m 길이 캔틸레버보의 리브가 없는 1방향 슬래브에서 처짐을 계산하지 않는 경우, 슬래브의 최소 두께[mm]는? (단, 철근의 설계기준항복강도 $f_y = 350\text{MPa}$이다.)

**풀이**

$$\dfrac{L}{10}\left(0.43 + \dfrac{f_y}{700}\right)$$
$$= \dfrac{5m}{10}\left(0.43 + \dfrac{350}{700}\right)$$
$$= 0.5m(0.93)$$
$$= 465\text{mm} \geq 100\text{mm}$$

**80점 목표**

○ **구조용 경량콘크리트 최소 두께**
$1,500 \sim 2,000 \text{ kg/m}^3$ 범위의 단위질량을 갖는 구조용 경량콘크리트에 대해서는 계산된 $h$ 값에 $(1.65 - 0.00031 m_c)$를 곱하여야 하나, 1.09 이상이어야 한다.

○ **철근간격 설계 규정**
- 철근의 최대 간격은 슬래브 또는 기초판 두께의 3배와 450 mm 중 작은 값을 초과하지 않도록 하여야 한다. (KDS 14 20 20 4.2.2)
- 벽체 또는 슬래브에서 휨 주철근의 간격은 벽체나 슬래브 두께의 3배 이하로 하여야 하고, 또한 450mm 이하로 하여야 한다. 다만, 콘크리트 장선구조의 경우 이 규정이 적용되지 않는다. (KDS 14 20 50)

**기출** 2012 지방직

1방향 슬래브의 부모멘트 철근에는 직각방향으로 수축·온도 철근을 배치할 필요가 없다. ✗

**확인** 정모멘트 철근 및 부모멘트 철근에 직각방향으로 수축·온도 철근을 배치한다.

## 학습 POINT

### ◉ 하중분배
응용역학 시간에 배운 처짐 공식 중 집중하중, 등분포하중이 들어가는 공식을 떠올려보자.

ex) $\dfrac{PL^3}{48EI}$, $\dfrac{5wL^4}{384EI}$

집중하중 $P$는 $L^3$과 등분포하중 $w$는 $L^4$과 같이 곱해진다는 것을 기억하면 암기하기 쉽다. 실제로 공식도 같은 과정으로 유도된다.

### Quiz. 05
그림과 같은 슬래브 중앙에 집중하중 $P$가 작용하고, 슬래브 전체에 등분포하중 $w$가 작용할 때, cd 방향에 분배되는 하중은?

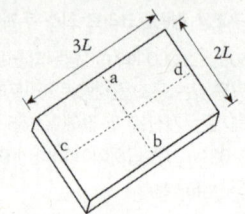

풀이
$S = 2L,\ L = 3L$
cd 방향(장변 방향);

$P_L = \dfrac{S^3}{S^3 + L^3}P = \dfrac{2^3}{2^3 + 3^3}P = \dfrac{8}{35}P$

$w_L = \dfrac{S^4}{S^4 + L^4}w = \dfrac{2^4}{2^4 + 3^4}w = \dfrac{16}{97}w$

### ◉ 슬래브 지판

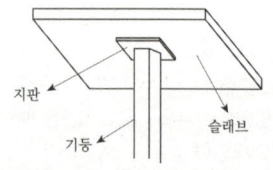

지판이란 기둥-슬래브 연결부에서 슬래브의 뚫림 전단을 방지하는 구조를 의미한다. 수험생들은 간단하게 슬래브를 떠받치는 판 정도로 이해하면 된다.

## ④ 2방향 슬래브

### ① 하중 분배
유도는 생략한다.

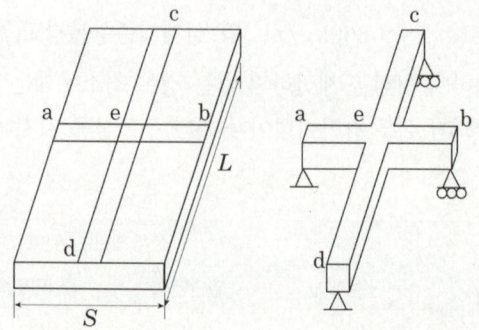

- 집중하중

$$P_S = \dfrac{L^3}{L^3 + S^3}P,\ P_L = \dfrac{S^3}{L^3 + S^3}P$$

- 등분포하중

$$w_S = \dfrac{L^4}{L^4 + S^4}w,\ w_L = \dfrac{S^4}{L^4 + S^4}w$$

② 슬래브 두께는 100mm 이상으로 한다. 단, 지판이 없을 경우 120mm 이상으로 한다.
③ 위험단면의 철근 간격은 슬래브 두께의 2배 이하, 또한 300 mm 이하로 하여야 한다. 다만 와플구조나 리브구조로 된 부분은 예외로 한다.
④ 짧은 경간의 하중 부담이 크기 때문에 짧은 경간방향의 철근을 긴 경간방향의 철근보다 슬래브 표면에 가깝게 배치해야 한다.

## ⑤ 슬래브-기둥의 전단

① 1방향 슬래브는 보와 같이 해석하기 때문에 기둥 전면으로부터 $d$ 만큼 떨어진 위치에서 위험단면으로 한다.
② 2방향 슬래브는 기둥 전면으로부터 $0.5d$ 만큼 떨어진 위치에서 위험단면으로 한다.

| 1방향 슬래브 | 2방향 슬래브 |
|---|---|
| 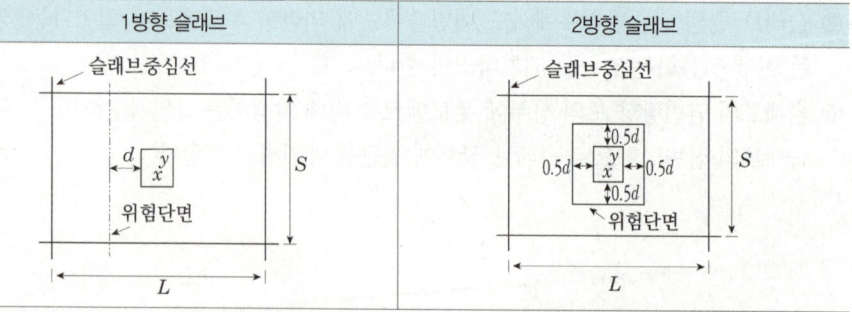 | |

## 6 강교량(도로교)의 바닥판 설계 (전통적 설계법)

① 집중하중으로 작용하는 윤하중을 수평 방향으로 분산시키기 위해 정모멘트에 발생되는 바닥판 하부에는 주철근의 직각 방향으로 배력 철근을 배치하여야 한다. 이때 철근량은 정모멘트에 의해 소요되는 주철근량에 대해 다음과 같이 계산한 백분율을 적용한 값으로 한다. 여기서 $L$은 바닥판의 지간(m)이다.

| 주철근 방향 | 배력철근 비율 |
|---|---|
| 주철근이 차량 진행 방향에 직각인 경우 | $120/\sqrt{L}$과 67% 중 작은 값 이상 |
| 주철근이 차량 진행 방향에 평행한 경우 | $55/\sqrt{L}$과 50% 중 작은 값 이상 |

$L$ : 바닥판 지간

② 주철근이 차량 및 열차 진행 방향에 직각인 경우 위에서 산정한 배력철근을 바닥판 지간 중앙부 1/2 구간에 배치하며, 나머지 구간에는 산정된 배력철근량의 50% 이상 배치한다.

③ 배치할 배력철근량은 온도 및 건조수축에 소요되는 철근량 이상이어야 한다.

**학습 POINT**

● **강교량의 바닥판 설계 규정 근거**
KDS 24 14 31 강교 설계기준 (한계상태설계법)
4.10.6 콘크리트 바닥판
(1) 콘크리트 바닥판의 설계는 KDS 24 14 21(4.6.5)의 해당규정을 따른다.

KDS 24 14 21 콘크리트교 설계기준 (한계상태설계법)
4.6.5.3 전통적 설계법

## 7 같이 알아두기

① 슬래브의 종류는 많으나 무량판 슬래브(보가 없는 슬래브) 중 플랫 슬래브와, 플랫 플레이트 슬래브의 차이를 기억해 둘 필요가 있다.

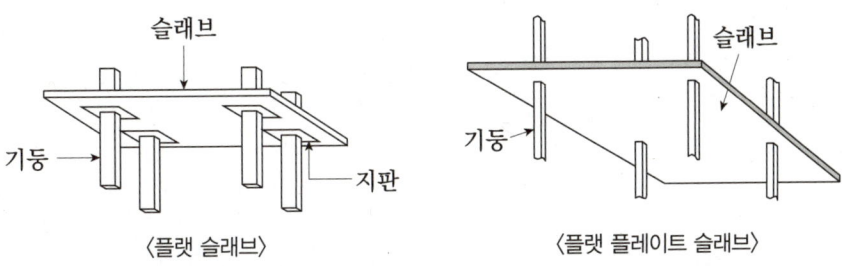

〈플랫 슬래브〉    〈플랫 플레이트 슬래브〉

- 플랫(평) 슬래브 : 보 없이 지판 또는 주두(기둥머리)에 의해 하중이 기둥으로 전달되며, 2방향으로 철근이 배치된 콘크리트 슬래브
- 플랫 플레이트(평판) 슬래브 : 보나 지판이 없이 하중이 기둥으로 전달되며, 2방향으로 철근이 배치된 콘크리트 슬래브

● **기둥머리(Column capital)**
2방향 슬래브인 플랫 슬래브나 플랫 플레이트를 지지하는 기둥의 상단에서 단면적이 증가된 부분

### 학습 POINT

🔵 **80점 목표**

○ **연속슬래브**
연속슬래브는 정의상 동일한 방향으로 3개 이상의 보(2개 경간)로 지지된 슬래브를 의미하나, 이러한 정의보다 구조적으로 슬래브 단부에 상부철근이 부모멘트에 저항할 수 있게 인접경간에 연속되는 슬래브로 파악하는 것이 좋다.

🔵 **80점 목표**

○ **긴장재 간격, 콘크리트 압축응력 비교**

KDS 14 20 50 : 콘크리트구조 철근상세
4.6 수축·온도철근
4.6.3 1방향 프리스트레스트콘크리트 슬래브
- 수축·온도 보강용으로 긴장재를 배치하는 경우 다음의 규정을 따라야 한다.
- 유효프리스트레스에 의해 콘크리트 전체 단면적에 생기는 **평균 압축응력이 0.7 MPa 이상**이 되도록 긴장재를 배치하여야 하며, **긴장재 간격은 1.8 m 이하**로 하여야 한다.
- 긴장재 간격이 1.3 m를 초과하는 경우 규정에 따라 수축·온도철근을 추가로 배치하여야 한다. 이때 추가 보강철근은 긴장재 사이에 배치하되 슬래브 단부부터 슬래브 내측으로 긴장재 간격과 같은 길이만큼 연장 배치하여야 한다.

KDS 14 20 60 : 프리스트레스트 콘크리트구조
4.7 슬래브 설계
4.7.2 긴장재와 철근의 배치
- 등분포하중에 대하여 배치하는 **긴장재의 간격**은 최소한 1방향으로는 **슬래브 두께의 8배 또는 1.5 m 이하**로 하여야 한다.
- 유효프리스트레스에 의한 **콘크리트의 평균 압축응력이 0.9 MPa 이상** 되도록 긴장재의 간격을 정하여야 한다.

---

🔵 **80점 목표**

② 철근콘크리트 보와 일체로 만든 연속 슬래브의 휨모멘트 및 전단력을 구하기 위하여, 단순받침부 위에 놓인 연속보로 가정하여 탄성해석 또는 근사적인 계산 방법을 사용할 수 있다. 이때, 산정되는 휨모멘트는 다음과 같이 수정하여 설계하여야 한다. (KDS 14 20 70 : 4.1.1.2)
- 활하중에 의한 경간 중앙의 부모멘트는 산정된 값의 1/2만 취할 수 있다.
- 경간 중앙의 정모멘트는 양단 고정으로 보고 계산한 값 이상이어야 한다.
- 순경간이 3.0m를 초과할 때 순경간 내면의 휨모멘트를 사용할 수 있다. 그러나 이 값들이 순경간을 경간으로 하여 계산한 고정단 휨모멘트 이상으로 하여야 한다.

③ 슬래브에서 긴장재와 수축온도·온도철근 비교

|  | 긴장재 간격 | 콘크리트 압축응력 |
|---|---|---|
| 수축온도·온도철근<br>(KDS 14 20 50) | 1.8m 이하 | 0.7MPa 이상 |
| 긴장재와 철근<br>(KDS 14 20 60) | 1.5m or 슬래브 두께의 8배 이하 | 0.9MPa 이상 |

④ **연속 휨부재의 모멘트 재분배**(KDS 14 20 10 : 4.3.2.)
- 근사해법에 의해 휨모멘트를 계산한 경우를 제외하고, 어떠한 가정의 하중을 적용하여 탄성이론에 의하여 산정한 연속 휨부재 받침부의 부모멘트는 20% 이내에서 $1{,}000\,\varepsilon_t$ % 만큼 증가 또는 감소시킬 수 있다.
- 경간 내의 단면에 대한 휨모멘트의 계산은 수정된 부모멘트를 사용하여야 하며, 휨모멘트 재분배 이후에도 정적 평형은 유지되어야 한다.
- 휨모멘트의 재분배는 휨모멘트를 감소시킬 단면에서 최외단 인장철근의 순인장변형률 $\varepsilon_t$ 가 0.0075 이상인 경우에만 가능하다.

### SKILL 1
철근의 간격을 묻는 문제는 주철근, 수축·온도 철근에 대한 규정을 순서대로 떠올려 보는 것이 실수를 방지할 수 있다.

$$2배\ 300mm,\ 3배\ 450mm,\ 5배\ 450mm$$

### SKILL 2
2방향 슬래브의 하중분배 문제는 주어진 수치를 각각 '$S$(짧은 길이)', '$L$(긴 길이)'의 문자로 표현하고 공식에 대입하는 것이 실수를 방지할 수 있다.

ex
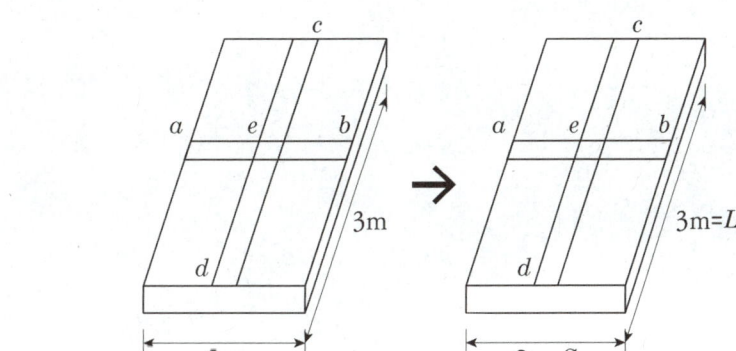

4 0 8 0
진 승 현
토 목 설 계

# DAY 06 부착 / 정착 / 이음

학습 POINT

## 1 부착

철근과 콘크리트는 일체로 작용해야 한다. 철근과 콘크리트의 경계면에서 활동에 저항하는 것을 부착이라고 한다.

### (1) 부착의 메커니즘
① **교착작용** : 시멘트풀이 경화하면서 얻어지는 작용으로 영향이 가장 작다.
② **마찰작용** : 마찰력에 의한 저항을 의미한다.
③ **기계적작용** : 콘크리트와 철근마디의 맞물림으로 발생한다.

### (2) 부착에 영향을 주는 요인
① **철근의 표면상태** : 이형철근이 원형철근보다 크며 이형철근도 직각마디가 경사마디보다 크다.★ 약간 녹이 슬어 거친 표면을 가진 철근은 부착강도가 조금 커진다.
② **철근의 위치와 방향** : 수평철근 하면에는 콘크리트의 블리딩으로 인해서 수막이나 공극이 생기므로 연직철근보다 부착강도가 작다. 또 같은 수평철근이라도 상부 철근의 부착강도가 하부 철근보다 작다.
③ **철근의 지름** : 동일한 철근량을 사용할 경우 지름이 작은 철근을 사용하는 것이 부착에 유리하다.(접촉면적이 넓어진다.)
④ **철근의 간격** : 철근의 간격이 넓은 경우 부착에 유리하다.
⑤ **콘크리트 강도** : 콘크리트 강도에 따라 커지나 비례하는 것은 아니다.(철근의 항복강도가 아님에 주의하자.★)
⑥ **피복두께** : 충분한 피복두께가 확보되어야 부착이 크다.
⑦ **다지기** : 콘크리트 다지기가 불충분한 경우에도 강도가 저하된다.

### (3) 부착응력

#### (3)-1 휨부착
휨 부착응력은 인장응력의 변화가 가장 큰 곳에서 일어난다.

$$\tau = \frac{V}{\sum \pi d_b z}$$

$z$ : 내력 $C$와 $T$의 모멘트팔 길이

---

○ **블리딩**
덜 굳은 콘크리트에서 재료가 분리될 때 수분이 빠져나와 윗면으로 상승하는 현상을 의미한다.

■ 기출  2017.12 지방직
일반적으로 콘크리트의 압축강도나 인장강도가 증가할수록 부착강도는 증가한다.

○ **피복 두께**(Cover thickness)
철근 콘크리트 또는 철골철근 콘크리트 단면에서 최외측의 철근, 긴장재, 강재표면과 콘크리트부재 표면까지의 최단거리

해당 식은 허용응력 설계법에서 주로 이용되었으나 실제의 부착응력과 다른 평균부착응력이므로 강도설계법에서는 잘 이용되지 않는다.

### (3) -2 정착부착

철근의 부착응력($\tau$)은 철근의 양끝이 묻힌 길이에 영향을 받을 것이다.

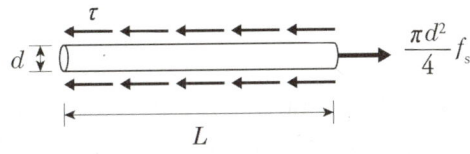

$$\tau \pi d L = \frac{\pi d^2}{4} f_s \rightarrow \tau = \frac{f_s d}{4L}$$

$L$ : 철근 묻힘 길이, $f_s$ : 철근 응력

> **Quiz. 01**
> 보통중량콘크리트에 D30 철근이 기능을 발휘하기 위한 최소 정착길이[mm]는? (단, 부착응력 $u = 5\text{MPa}$, 철근의 항복강도 $f_y = 400\text{MPa}$이다.)
>
> **풀이**
> $\tau \pi d L = \frac{\pi d^2}{4} f_s$
> $\rightarrow L = \frac{f_s d}{4\tau}$
> $= \frac{(400\text{MPa})(30\text{mm})}{4(5\text{MPa})}$
> $= 600\text{mm}$

## ★ 2 정착

철근이 압축이나 인장을 부담하기 위해서는 단부가 콘크리트 속에서 빠져나오지 않도록 해야 하며 이를 정착이라고 한다.

### (1) 정착방법

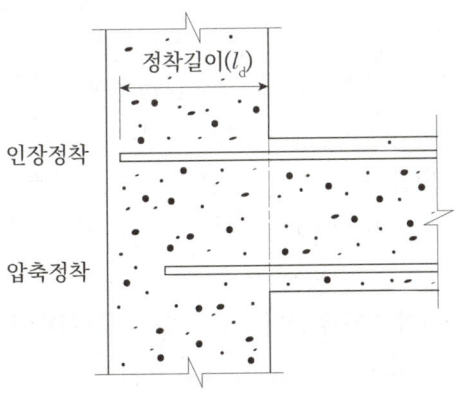

① **묻힘길이($\approx$정착길이)에 의한 정착** : 철근을 직선인 채로 콘크리트 속에 묻어 넣는 방법으로 콘크리트와의 부착에 의해 정착하는 방법이다. 원형철근에는 사용되지 않고 이형철근에만 사용된다. 묻힘길이를 정착길이라고 하며, 정착길이는 철근의 피복두께가 두꺼울수록, 철근의 간격이 클수록 짧아진다.

> **80점 목표**
>
> ● **단부 인장철근, 압축철근 위치**
> 연직하중을 받는 양단 고정보의 모멘트 부호를 보면 단부의 인장철근, 압축철근의 위치를 이해할 수 있다. 단부가 부모멘트를 받으므로 상부가 휨인장, 하부가 휨압축을 받는다.
>
>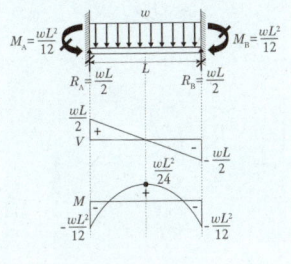
>
> ● **묻힘길이(Embedment length), 정착길이(Development length)**
> • 묻힘길이 : 철근이 뽑히는 것을 방지하기 위하여 위험단면부터 연장된 철근의 연장길이
> • 정착길이 : 위험단면에서 철근 또는 긴장재의 설계기준항복강도를 발휘하는 데 필요한 최소 묻힘길이

## 학습 POINT

**○ 기계적 정착(Mechanical anchorage)**
철근 또는 긴장재의 끝부분에 여러 형태의 정착장치를 설치하여 콘크리트에 정착하는 것

**📋 기출**    2009 지방직
철근의 정착방법에는 묻힘길이에 의한 정착, 갈고리에 의한 정착, 겹이음길이에 의한 정착, 기계적 정착 또는 이들의 조합에 의한 정착이 있으며, 갈고리에 의한 정착은 압축철근의 정착에 유효하다. ✗

[확인] 갈고리, 확대머리 이형철근은 인장철근의 정착에 유효하다.

**🔷 80점 목표**

**○ 확대머리 이형철근 설계규정**
철근의 설계기준항복강도가 발휘될 수 있는 어떠한 확대머리 이형철근도 정착방법으로 사용할 수 있다. 이 경우 확대머리 이형철근의 적합성을 보증하는 실험과 해석결과를 책임구조기술자에 제시하여 승인을 받아야 한다. 정착내력은 확대머리 정착판의 지압력과 최대 응력점부터 확대머리 정착판까지 부착력의 합으로 이루어질 수 있다.

---

② **갈고리에 의한 정착** : 철근 끝에 갈고리를 만들어 정착하는 방법이다. 압축철근에는 적용할 수 없고 인장철근에만 적용한다. 일반적으로 원형철근의 정착에는 반드시 갈고리를 두어야 하며, 중요한 부재에서는 이형철근에서도 갈고리를 두어야 한다. (표준갈고리의 정착길이는 위험단면부터 갈고리의 외측단까지 최단 길이로 나타낸다.)

③ **기계적 정착 또는 이들의 조합에 의한 정착** : 확대머리 이형철근 등을 이용한다. 확대머리 이형철근도 갈고리와 같이 압축철근에는 적용할 수 없고 인장철근에만 적용한다.

### (2) 설계 상세

① 휨부재에서 '**최대 응력점**'과 경간 내에서 '**인장철근이 끝나거나**', '**굽혀진 위험단면**'에서 철근의 정착에 대한 안전을 검토하여야 한다.

② 휨철근은 휨모멘트를 저항하는 데 더 이상 철근을 요구하지 않는 점에서 부재의 유효깊이 $d$ 또는 $12\,d_b$ 중 큰 값 이상으로 더 연장하여야 한다. 다만, 단순경간의 받침부와 캔틸레버의 자유단에서 이 규정은 적용되지 않는다.

**🔷 80점 목표**

③ 연속철근은 구부러지거나 절단된 인장철근이 휨을 저항하는 데 더 이상 필요하지 않은 점에서 정착길이 $l_d$ 이상의 묻힘길이를 확보하여야 한다.

④ 인장철근은 구부려서 복부를 지나 정착하거나 부재의 반대 측에 있는 철근 쪽으로 연속하여 정착시켜야 한다.

⑤ 철근응력이 직접적으로 휨모멘트에 비례하지 않는 휨부재의 인장철근은 직접한 정착을 마련하여야 한다. 이와 같은 부재는 경사형, 계단형 또는 변단면 기초판, 브래킷, 깊은보 또는 인장철근이 압축면에 평행하지 않은 부재들이다.

⑥ 휨철근은 다음 조건 중 하나를 만족하지 않는 한 인장구역에서 절단할 수 없으며, 원칙적으로 전체 철근량의 50%를 초과하여 한 단면에서 절단할 수 없다.

- 절단점에서 $V_u$가 $(2/3)\phi V_n$을 초과하지 않는 경우
- 절단점에서 $(3/4)d$ 이상의 구간까지 절단된 철근 또는 철선을 따라 전단과 비틀림에 대해 필요한 양을 초과하는 스터럽이 배치되어 있는 경우. 이때 초과되는 스터럽의 단면적 $A_v$는 $0.42\,b_w s/f_y$ 이상이어야 하고 간격 $s$는 $d/(8\beta_b)$ 이내이어야 한다.
- D35 이하의 철근이며, 연속철근이 절단점에서 휨모멘트에 필요한 철근량의 2배 이상 배치되어 있고, $V_u$가 $(3/4)\phi V_n$을 초과하지 않는 경우

⑦ <u>단순부재에서 정모멘트 철근의 1/3 이상, 연속부재에서 정모멘트 철근의 1/4 이상을 부재의 같은 면을 따라 받침부까지 연장하여야 한다. 보의 경우는 이러한 철근을 받침부 내로 150 mm 이상 연장하여야 한다.</u>

## 3 이음

철근은 잇지 않는 것을 원칙으로 하나 제한된 길이로 제작되므로 부득이하게 이어야 한다. 이를 이음이라고 한다.

### (1) 이음 방법
철근의 이음방법에는 겹침이음, 용접이음, 커플러(≈ 너트) 등을 이용하는 기계적인 이음이 있으나 겹침이음을 가장 많이 사용한다.

| 겹침이음 | 용접이음 | 기계적이음(커플러,너트 등) |
|---|---|---|

### (2) 설계 상세
① 철근은 설계도 또는 시방서에서 요구하거나 허용한 경우 또는 책임구조기술자가 승인하는 경우에만 이음을 할 수 있다.
② D35를 초과하는 철근은 겹침이음을 할 수 없다.(단, D41과 D51 철근은 D35 이하 철근과의 겹침이음을 할 수 있다.)
③ 서로 다른 크기의 철근을 인장 겹침이음하는 경우 이음길이는 크기가 큰 철근의 정착길이와 크기가 작은 철근의 겹침이음길이 중 큰 값 이상이어야 한다.
④ 이음부를 한 단면에 집중시키지 말고 엇갈리게 두는 것이 좋다.

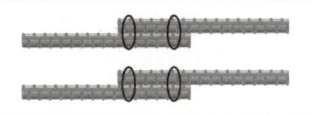
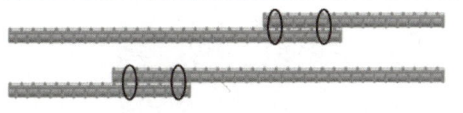

⑤ 다발철근
- 두 다발철근을 개개 철근처럼 겹침이음을 할 수 없다.
- 다발철근의 겹침이음은 다발 내의 개개 철근에 대한 겹침이음길이를 기본으로 하여 결정하여야 한다.
- 3개의 철근으로 구성된 다발철근의 겹침이음, 정착길이는 다발 내의 철근에 대하여 다발철근이 아닌 경우의 각 철근의 겹침이음, 정착길이보다 20% 증가시킨다. 4개의 철근으로 구성된 다발철근의 경우는 33% 증가시킨다.
- 다발철근의 한 다발 내에서 각 철근의 이음은 한 군데에서 중복하지 않아야 한다.
- 다발철근의 정착길이 $l_d$를 계산할 때 순간격, 피복 두께 및 도막계수, 그리고 구속효과 관련 항을 계산할 경우에는 다발철근 전체와 동등한 단면적과 도심을 가지는 하나의 철근으로 취급하여야 한다.

---

**학습 POINT**

**기출** 2012 지방직
D35를 초과하는 철근끼리는 겹침이음을 할 수 있다. ✕

**확인** 겹침이음을 할 수 없고, 용접에 의한 맞댐 이음을 해야 한다.

**기출** 2018 국가직
압축부에서 이음길이 조건을 만족하면, D41과 D51 철근은 D35 이하 철근과의 겹침이음을 할 수 있다. ○

○ **다발철근 규정**(KDS 14 20 50 : 4.2.2)
- 2개 이상의 철근을 묶어서 사용하는 다발철근은 이형철근으로, 그 개수는 4개 이하이어야 하며, 이들은 스터럽이나 띠철근으로 둘러싸여져야 한다.
- 휨부재의 경간 내에서 끝나는 한 다발철근 내의 개개 철근은 $40d_b$ 이상 서로 엇갈리게 끝나야 한다.

≥$40d_b$  ≥$40d_b$

- 다발철근의 간격과 최소 피복 두께를 철근지름으로 나타낼 경우, 다발철근의 지름은 등가단면적($A_1$)으로 환산된 한 개의 철근지름($d_1$)으로 보아야 한다.

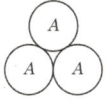
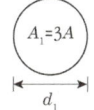

〈다발철근〉 〈등가단면적〉

- 보에서 D35를 초과하는 철근은 다발로 사용할 수 없다.

⑥ 휨부재에서 서로 직접 접촉되지 않게 겹침이음된 철근은 횡방향으로 소요 겹침이음 길이의 1/5 or 150 mm 중 작은 값 이상 떨어지지 않아야 한다.

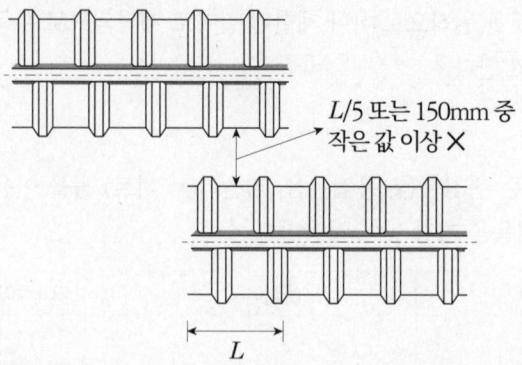

⑦ 용접이음은 (KS D 3504의) 용접용 철근을 사용해야 하며, 철근의 설계기준항복강도 $f_y$의 125 % 이상을 발휘할 수 있어야 한다.
⑧ 기계적이음은 철근의 설계기준항복강도 $f_y$의 125% 이상을 발휘할 수 있어야 한다.
⑨ 철근이 굽혀진 부위에서는 용접이음할 수 없으며, 굽힘이 시작되는 부위에서 철근 지름의 2배 이상 떨어진 곳에서부터 용접이음을 시작할 수 있다.

## ④ 정착길이($l_d$)와 이음길이($l_s$)

| | 정착 ($\frac{소요 A}{배근 A_s}$ 감소보정) | 이음(300mm 이상) |
|---|---|---|
| 인장이형철근,<br>인장이형철선 | $\frac{0.6f_y}{\lambda\sqrt{f_{ck}}}d_b \times \alpha \times \beta$<br>단, 300mm 이상 | 인장이형철근 정착길이<br>× A급, B급 이음보정<br>단, 인장이형 철근 정착길이는 왼쪽 박스 값을 그대로 이용한다. |
| 확대머리<br>이형철근<br>(인장) | ① 최상층을 제외한 부재 접합부에 정착된 경우<br>$\frac{0.22\beta d_b f_y}{\psi\sqrt{f_{ck}}}$<br>② 외의 부위에 정착된 경우<br>$\frac{0.24f_y}{\sqrt{f_{ck}}}d_b \times \beta$ (1.0, 1.2)<br>단, $8d_b$ 이상, 150mm 이상 | × |
| 표준갈고리<br>(인장) | $\frac{0.24f_y}{\lambda\sqrt{f_{ck}}}d_b \times \beta$ (1.0, 1.2)<br>×복잡한 보정계수(0.7, 0.8)<br>단, $8d_b$ 이상, 150mm 이상 | × |
| 압축<br>이형<br>철근 $f_y \leq 400$MPa<br><br>400MPa $< f_y$ | $\frac{0.25f_y}{\lambda\sqrt{f_{ck}}}d_b \geq 0.043f_y d_b$<br>× 보정계수(0.75)<br>단, 200mm 이상 | $\left(\frac{1.4f_y}{\lambda\sqrt{f_{ck}}}-52\right)d_b \leq 0.072f_y d_b$<br>단, $f_{ck}$가 21MPa 미만인 경우 1/3 증가시켜야 한다.<br>$\left(\frac{1.4f_y}{\lambda\sqrt{f_{ck}}}-52\right)d_b \leq (0.13f_y - 24)d_b$<br>단, $f_{ck}$가 21MPa 미만인 경우 1/3 증가시켜야 한다. |

$d_b$ : 철근의 공칭지름, $\lambda$ : 경량 콘크리트계수

이 기준에서 사용하는 $\sqrt{f_{ck}}$ 값은 8.4 MPa을 초과할 수 없다.

- 압축이형철근 최소 정착길이 규정($0.043f_y d_b$)만 **기본 정착길이**에 적용한다. 나머지 최소 정착길이 규정(300mm 이상, $8d_b$ or 150mm 이상, 200mm 이상)은 모두 **정착길이**에 적용한다.
- 압축철근의 겹침이음길이는 인장철근의 겹침이음길이보다 길 필요는 없다.
- 용접이형철망의 겹침이음길이를 계산하는 경우를 제외하고 감소시킨 정착길이는 200mm 이상이어야 한다.
- 용접이형철망을 겹침이음하는 최소 길이는 두 장의 철망이 겹쳐진 길이가 $1.3\, l_d$ 이상 또한 200 mm 이상이어야 한다.

---

### 학습 POINT

**🔶 80점 목표**

● $\left(\frac{소요 A}{배근 A_s}\right)$ 감소 보정

$f_y$를 발휘하도록 정착을 특별히 요구하는 경우에는 이를 적용하지 않는다.

● 기본정착길이 $l_{db}$

보정하기 전 정착길이를 기본정착길이라고 한다. 확대머리이형철근, 표준갈고리는 특이하게 기본정착길이에 $\beta$ 보정이 들어간다.

EX) $\frac{0.6f_y}{\lambda\sqrt{f_{ck}}}d_b$, $\frac{0.25f_y}{\lambda\sqrt{f_{ck}}}d_b$,

$\frac{0.24f_y}{\lambda\sqrt{f_{ck}}}d_b \times \beta$

**🔶 80점 목표**

● 측면피복과 횡보강철근에 의한 영향계수($\psi$)

$\psi = 0.6 + 0.3\frac{c_{so}}{d_b} + 0.38\frac{K_{tr}}{d_b}$

$\leq 1.375$

$c_{so}$ : 철근표면에서의 측면 피복 두께

$K_{tr}$ : 횡방향 철근지수

**🔶 80점 목표**

● $\frac{0.24f_y}{\sqrt{f_{ck}}}d_b \times \beta$ 적용 조건

① 확대머리의 순지압면적($A_{brg}$)은 $4A_b$ 이상이어야 한다.
② 확대머리 이형철근은 경량콘크리트에 적용할 수 없으며, 보통중량 콘크리트에만 사용한다.
③ 순피복두께는 $2d_b$ 이상이어야 한다.
④ 철근 순간격은 $4d_b$ 이상이어야 한다.

## 학습 POINT

**Quiz.02**

이형철근을 보통골재 콘크리트에 정착시키는 경우, 인장을 받는 철근의 기본 정착길이[mm]는? (단, 철근의 $d_{db} = 20$mm, $f_y = 400$MPa이고, 콘크리트의 $f_{ck} = 25$MPa이다.)

**풀이**

$$l_{db} = \frac{0.6 f_y}{\lambda \sqrt{f_{ck}}} d_b$$

$$= \frac{(0.6)(400\text{MPa})}{(1)(\sqrt{25}\,\text{MPa})}(20\text{mm})$$

$$= 960\text{mm}$$

**Quiz.03**

휨부재에서 $f_{ck} = 36$MPa, $f_y = 400$MPa일 때 인장 이형철근(D30)의 겹침 이음 길이[mm]는? (단, 철근은 도막되지 않았으며, 하부에 위치하고, $\frac{\text{배근철근량}}{\text{소요철근량}} = 1$로 한다.)

**풀이**

$\alpha$(하부철근) : 1, $\beta$(도막되지 않음) : 1
골재에 대한 언급이 없으면 $\lambda$는 1로 한다.

$$\frac{0.6 f_y}{\lambda \sqrt{f_{ck}}} d_b \times \alpha \times \beta$$

$$= \frac{(0.6)(400\text{MPa})}{(1)(\sqrt{36}\,\text{MPa})}(30\text{mm})(1)(1)$$

$$= 1200\text{mm}$$

$\frac{\text{배근철근량}}{\text{소요철근량}} = 1 < 2$ 이므로 B급 이음이다.

$\therefore l_s = 1.3 \times 1200\text{mm}$
$\qquad = 1560\text{mm} \geq 300\text{mm}$

---

### ① 인장이형철근 $\alpha, \beta$

철근의 위치와 도막(코팅)에 따른 보정을 실시한다.

🔼 **80점 목표**

| 조건 \ 철근지름 | D19 이하의 철근과 이형철선 | D22 이상의 철근 |
|---|---|---|
| 정착되거나 이어지는 철근의 순간격이 $d_b$ 이상이고, 피복 두께도 $d_b$ 이상이면서 $l_d$ 전 구간에 이 기준에서 규정된 최소 철근량 이상의 스터럽 또는 띠철근을 배치한 경우 또는 정착되거나 이어지는 철근의 순간격이 $2d_b$ 이상이고 피복 두께가 $d_b$ 이상인 경우 | $0.8\alpha\beta$ | $\alpha\beta$ |
| 기타 | $1.2\alpha\beta$ | $1.5\alpha\beta$ |

| 계수 | 조건 | 보정계수 |
|---|---|---|
| $\alpha$ (위치계수) | 상부철근(정착길이 또는 겹침이음부 아래 300mm 초과되게 굳지 않은 콘크리트에 묻힌 수평철근) | 1.3 |
| | 기타 | 1 |
| $\beta$ (도막계수, 표면처리계수) | 피복두께 $3d_b$ 미만 또는 순간격이 $6d$ 미만인 에폭시 도막철근 혹은 아연-에폭시 이중 도막 철근 또는 철선 | 1.5 |
| | 기타 에폭시 도막 혹은 아연-에폭시 이중도막 철근 또는 철선 | 1.2 |
| | 아연도금 혹은 도막되지 않은 철근 또는 철선 | 1 |

※ 단, 에폭시 도막철근이 상부철근인 경우에는 $\alpha\beta$ 값이 1.7보다 클 필요는 없다.

### ② 인장이형철근 A급, B급 이음

| 종류 | 조건 |
|---|---|
| A급 이음(1) | $\frac{\text{배근}\,A_s}{\text{소요}\,A_s} \geq 2$ 이고 $\frac{\text{겹침이음된}\,A_s}{\text{전체}\,A_s} \leq \frac{1}{2}$<br>배치된 철근량이 이음부 전체 구간에서 해석결과 요구되는 소요철근량의 2배 이상이고, 소요 겹침이음길이 내 겹침이음된 철근량이 전체 철근량의 1/2 이하인 경우 즉, 반수이음인 경우가 A급 이음이다. |
| B급 이음(1.3) | A급 이음에 해당되지 않는 경우 |

🔼 **80점 목표**

### ③ 복잡한 보정계수

표준갈고리를 갖는 인장 이형철근의 기본정착길이 $l_{hb}$에 대한 보정계수는 다음과 같다.

ⓐ D35 이하 철근에서 갈고리 평면에 수직방향인 측면 피복 피복 두께($t_1$)가 70mm 이상이며, 90° 갈고리에 대해서는 갈고리를 넘어선 부분의 철근 피복 두께($t_2$)가 50mm 이상인 경우 → 0.7

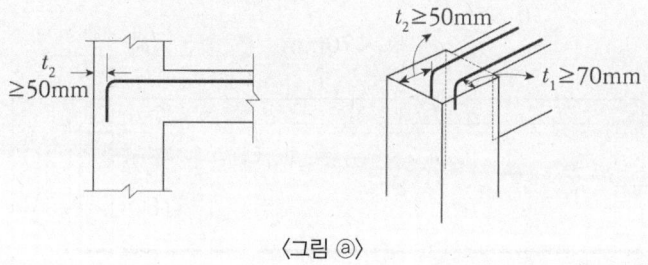

〈그림 ⓐ〉

ⓑ D35 이하 90° or 180° 갈고리 철근에서 정착길이 $l_{dh}$ 구간을 $3d_b$ 이하 간격으로 띠철근 또는 스터럽이 정착되는 철근을 수직으로 둘러싼 경우(그림 ⓑ-1, ⓑ-2) 또는 D35 이하 90° 갈고리 끝 연장부와 구부림부의 전 구간을 $3d_b$ 이하 간격으로 띠철근 또는 스터럽이 정착되는 철근을 평행하게 둘러싼 경우(그림 ⓑ-3) → 0.8
단, ⓑ에서 첫 번째 띠철근 또는 스터럽 갈고리의 구부러진 부분 바깥면부터 $2d_b$ 이내에서 갈고리의 구부러진 부분을 둘러싸야 한다.
단, 설계기준 항복강도가 550MPa을 초과하는 경우에는 상기 ⓑ의 보정계수 0.8을 적용할 수 없다.

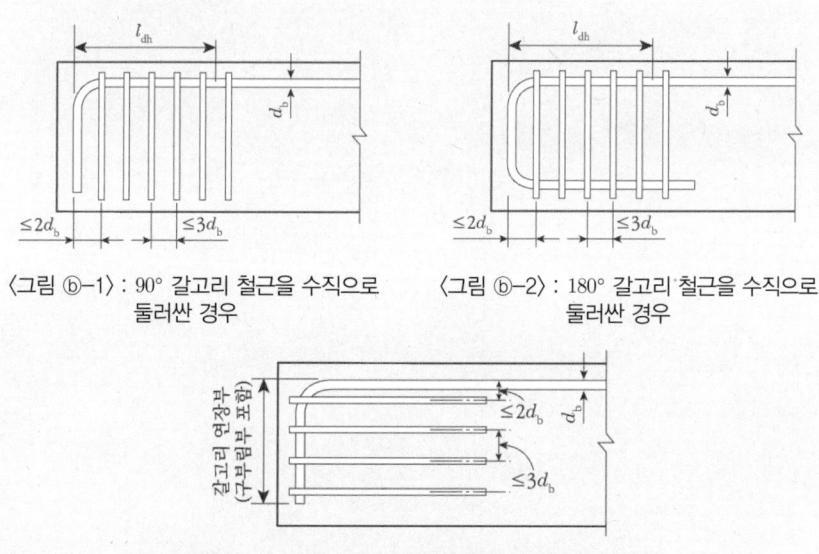

〈그림 ⓑ-1〉 : 90° 갈고리 철근을 수직으로 둘러싼 경우

〈그림 ⓑ-2〉 : 180° 갈고리 철근을 수직으로 둘러싼 경우

〈그림 ⓑ-3〉 : 90° 갈고리 철근을 평행하게 둘러싼 경우

ⓒ 부재의 불연속단에서 갈고리 철근의 양 측면과 상부 또는 하부의 피복 두께($t_3$)가 70mm 미만으로 표준갈고리에 의해 정착되는 경우에 전 정착길이 $l_{dh}$ 구간에 $3d_b$ 이하 간격으로 띠철근이나 스터럽으로 갈고리 철근을 둘러싸야 한다. 이때 첫 번째 띠철근 또는 스터럽은 갈고리의 구부러진 부분 바깥 면부터 $2d_b$ 이내에서 갈고리의 구부러진 부분을 둘러싸야 한다. 이때 상기 ⓑ의 보정계수 0.8을 적용할 수 없다.

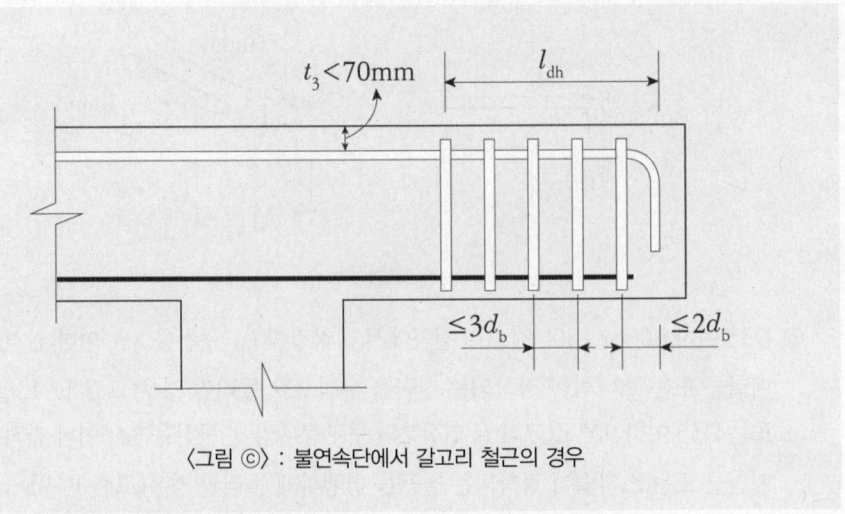

〈그림 ⓒ〉 : 불연속단에서 갈고리 철근의 경우

④ **압축이형철근 보정계수**

지름이 6mm 이상이고 피치가 100mm 이하인 나선철근 or 설계기준의 조건에 맞는 D13 띠철근의 중심간격이 100mm 이하인 경우 : 0.75

# DAY 07

기둥

# 기둥

## 학습 POINT

**○ 기둥의 주철근**
기둥은 주로 축력을 부담하므로 기둥의 주철근이란 축방향 철근을 의미한다.

**80점 목표**

**○ 압축부재의 설계단면치수**
- 둘 이상의 맞물린 나선철근을 가진 독립 압축부재의 유효단면의 한계는 나선철근의 최외측에서 요구되는 콘크리트 최소 피복 두께에 해당하는 거리를 더하여 취하여야 한다.
- 콘크리트 벽체나 교각구조와 일체로 시공되는 나선철근 또는 띠철근 압축부재 유효단면 한계는 나선철근이나 띠철근 외측에서 40mm보다 크지 않게 취하여야 한다.
- 정사각형, 8각형 또는 다른 형상의 단면을 가진 압축부재 설계에서 전체 단면적을 사용하는 대신에 실제 형상의 최소 치수에 해당하는 지름을 가진 원형 단면을 사용할 수 있다. 이 경우 고려되는 부재의 전체 단면적, 요구되는 철근비 및 설계강도는 위의 원형 단면을 기준으로 하여야 한다.
- 하중에 의해 요구되는 단면보다 큰 단면으로 설계된 압축부재의 경우 감소된 유효단면적을 사용하여 최소 철근량과 설계강도를 결정할 수 있다. 이때 감소된 유효단면적은 전체 단면적의 1/2 이상이어야 한다.

**○ 나선철근**
보강용 철근은 이형철근을 사용하여야 한다. 다만, 나선철근이나 강선으로 원형 철근을 사용할 수 있다.

##  1 기둥과 횡방향 철근

토목설계에서 기둥이란 높이가 단면 평균 최소 치수의 3배 이상인 구조를 의미한다. (3배 이하는 주각이라고 한다.)

응용역학에서 기둥이란 축력만 받는 구조라고 학습하였으나 실제 기둥에서는 축력만 받는 것은 아니다. 제작하는 과정에서 예상치 못한 편심으로 모멘트가 발생할 수 있기 때문이다. 그럼에도 기둥이 부담하는 주된 외력은 축력이므로 축력에 저항하기 위해 축방향 철근(주철근)을 설치한다. 축방향 철근은 횡방향 철근을 이용하여 위치를 고정하게 되며 이러한 방식에 따라 크게 3종류로 분류할 수 있다.

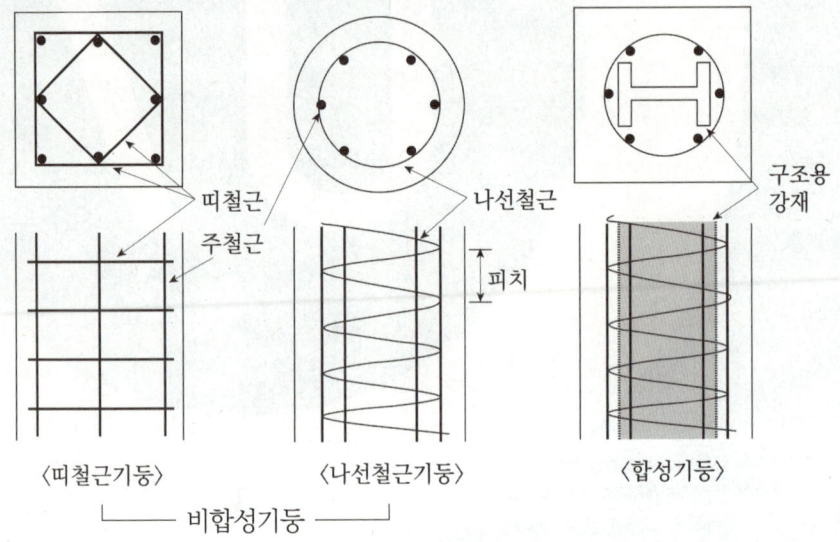

횡방향 철근의 역할은 다음과 같다.

① 주철근(축방향 철근, 종방향 철근)의 위치를 고정한다.
② 주철근의 좌굴을 방지한다.
③ 심부 콘크리트의 횡변형을 구속하여 축방향 강도를 증가시킨다.
④ 전단철근 역할도 수행하여 전단강도를 증가시킨다.

## ❷ 띠철근, 나선철근 (비합성)기둥 설계 상세

띠철근 기둥과 나선철근 기둥이 가장 많이 이용된다. 띠철근 기둥과 나선철근 기둥의 **강도는 비슷하나 파괴시 나선철근 기둥의 연성이 더 크다.**

| | 띠철근 기둥 상세 | 나선철근 기둥 상세 |
|---|---|---|
| 축방향 주철근비 | ① 비합성 압축부재의 철근이 겹침이음 하지 않은 경우 : $0.01 \leq \rho \leq 0.08$<br>② 주철근이 겹침이음 한 경우 : $0.01 \leq \rho \leq 0.04$ | |
| 축방향 주철근 순간격 | ① 40mm 이상<br>② 철근 공칭 지름의 1.5배 이상<br>③ 굵은 골재 최대 치수의 4/3배 이상 | |
| 축방향 주철근 최소 개수 | 삼각형 : 3개 / 사각형이나 원형 : 4개 | 6개 |
| 횡철근 지름 | ① 주철근 D32 이하 : D10 이상<br>② D35 이상 : D13 이상<br>(띠철근 대신 등가단면적의 이형철선 또는 용접철망 사용 가능) | 현장치기 콘크리트 공사에서 10mm 이상 |
| 횡철근 간격 | ① 축방향철근(주철근) 지름 16배 이하<br>② 띠철근이나 철선 지름 48배 이하<br>③ 기둥 단면 최소 치수 이하<br>단, 기둥이 바닥층이나 보와 접합되는 부위(첫번째 띠철근)는 간격을 1/2로 한다. | ① 순간격은 25mm 이상, 75mm 이하이어야 한다.<br>② 나선철근비에 의한 제한<br>$\rho = \dfrac{4A}{d_c s} > \rho_{\min} \rightarrow \dfrac{4A}{d_c \rho_{\min}} > s$<br>(표 아래 Ⓐ 설명) |
| 기타 | ① 모든 모서리 축방향 철근과 하나 건너 위치하고 있는 축방향 철근들은 135° 이하로 구부린 띠철근의 모서리에 의해 횡지지되어야 한다. (표 아래 Ⓑ 그림(a))<br>② 띠철근을 따라 횡지지된 인접한 축방향 철근의 순간격이 150mm 이상 떨어진 경우에는 추가 띠철근을 배치하여 축방향 철근을 횡지지하여야 한다. (표 아래 Ⓑ 그림(b))<br>③ 축방향 철근이 원형으로 배치된 경우에는 원형 띠철근을 사용할 수 있다. 이때 원형 띠철근을 150mm 이상 겹쳐서 표준갈고리로 기둥주근을 감싸야 한다. | ① 나선철근 정착은 나선철근의 끝에서 추가로 1.5회전만큼 더 확보해야 한다.<br>② 나선철근의 이음 규정<br>나선철근의 이음은 아래 규정을 따르며 최소 300mm 이상으로 한다.<br>• '**이형**'철근, '**이형**'철선, '**표준갈고리**'를 갖는 비도막 원형 철근 또는 철선, '**표준갈고리**'를 갖는 에폭시 도막 이형철근 또는 철선 (단, 갈고리는 나선철근으로 형성되는 심부콘크리트에 정착되어야 함) : $48d$<br>• '**원형**'철근, '**원형**'철선, '**에폭시 도막**'이형철근 또는 철선 : $72d$<br>• 기계적 이음 또는 용접 이음도 가능<br>③ 나선철근은 확대기초판 또는 기초 슬래브의 윗면에서 그 위에 지지된 부재의 최하단 수평철근까지 연장되어야 한다. |

---

### 학습 POINT

**📋 기출** 　2022 국가직

나선철근 기둥은 지진구역과 같이 연성의 증가가 필요한 곳에 주로 사용된다. ⭕

**○ 축방향 주철근비($\rho$)**

$$\rho = \frac{A_s}{A_g}$$

$\rho$ : 축방향 주철근비
$A_s$ : 축방향 주철근 단면적, $A_g$ : 전체 단면적

**○ 주철근비**
• 최소 한도를 두는 이유
　① 예상외의 휨 대비
　② 콘크리트 크리프 및 건조수축 영향 대비
• 최대 한도를 두는 이유
　① 콘크리트 작업 방해
　② 비경제적

**🔺 80점 목표**

**○ 나선철근 간격**
'순간격은 25mm 이상, 75mm 이하이어야 한다. 단, 내진 설계된 교각에는 적용하지 않는다'
콘크리트 학회지 제 22권 4호 2010.7월에는 위와 같이 적혀 있다. 이는 교각은 축력을 주로 받는 구조가 아니므로 횡철근 최대 간격을 제한하지 않아도 된다는 내용이다.

### Quiz.01

띠철근으로 D10을 사용하는 기둥에서 축방향 철근으로 D25를 4가닥 사용하고, 기둥단면의 크기가 450mm, 500mm일 때 시방서 규정에 따른 띠철근의 최대 수직간격[mm]은?

**풀이**

① 축방향철근(주철근) 지름 16배 이하 :
　$16 \times 25mm = 400mm$ 이하
② 띠철근이나 철선 지름 48배 이하 :
　$48 \times 10mm = 480mm$ 이하
③ 기둥 최소 치수 이하 :
　450mm 이하

∴ ① 400mm 이하

**학습 POINT**

### Ⓐ 나선철근비, 최소(소요) 나선철근비

• 나선철근비

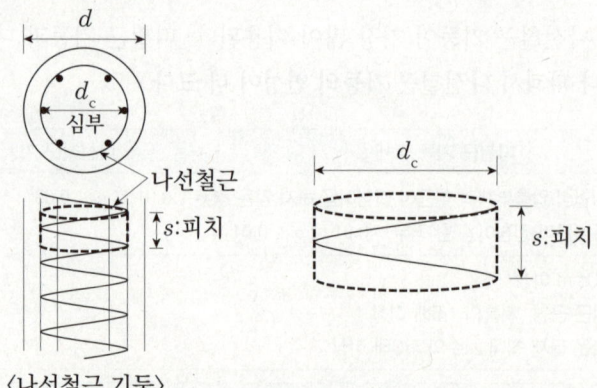

〈나선철근 기둥〉

$$\rho = \frac{\text{나선철근 체적}}{\text{심부 체적}} = \frac{A \times \pi d_c}{\frac{\pi d_c^2}{4} \times s} = \frac{4A}{d_c s}$$

$A$ : 나선철근 면적, $d_c$ : 나선철근 바깥선 지름(심부 지름)

• 최소(소요) 나선철근비

$$\rho_{\min} = 0.45\left(\frac{A_g}{A_c} - 1\right)\frac{f_{ck}}{f_{yt}} = 0.45\left(\frac{d^2}{d_c^2} - 1\right)\frac{f_{ck}}{f_{yt}}$$

$A_g$ : 전체 단면적, $A_c$ : 심부 면적

$d$ : 기둥 지름, $d_c$ : 나선철근 바깥선 지름(심부 지름)

$f_{ck}$ : 콘크리트 설계기준 압축강도

$f_{yt}$ : 나선철근의 설계기준 항복강도로 700MPa 이하로 한다.
(단, 400MPa을 초과하는 경우 겹침이음(81p 참조)할 수 없다.)

### Ⓑ 띠철근으로 횡지지된 기둥의 배근상세

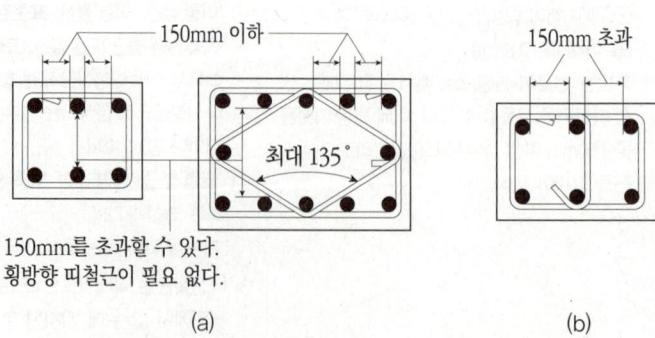

**Quiz.02**

그림과 같은 단면을 갖는 나선철근 기둥의 최소 나선철근비[%]는? (단, 나선철근의 설계기준항복강도 $f_{yt} = 500$MPa, 콘크리트의 설계기준압축강도 $f_{ck} = 50$MPa 이다.)

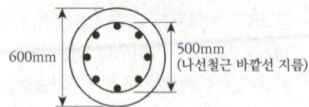

**[풀이]**

$\rho_{\min} = 0.45\left(\frac{d^2}{d_c^2} - 1\right)\frac{f_{ck}}{f_{yt}}$

$= 0.45\left(\frac{600^2}{500^2} - 1\right)\left(\frac{50\text{MPa}}{500\text{MPa}}\right)$

$= 0.0198$

∴ $0.0198 \times 100 = 1.98\%$

○ 나선철근의 간격($s$ : 피치)

계산된 나선철근비($\rho$)와 최소(소요) 나선철근비($\rho_{\min}$)의 관계를 이용하여 나선철근의 간격을 계산할 수 있다.

$\rho = \frac{4A}{d_c s} \geq \rho_{\min}$

→ $\frac{4A}{d_c \rho_{\min}} > s$

## ③ 합성콘크리트 부재(합성 기둥) 설계 상세

구조용 강재를 횡방향 철근으로 보강한 경우에 대한 설명이다. 지금까지 설명한 주철근을 횡방향 철근으로 보강한 경우와 다르기 때문에 내용이 상이하며 출제빈도가 매우 낮아 이 부분을 학습하는 것은 효율이 좋지 않아 생략한다. 보기로 출제된 것만 정리하도록 하자.

① 띠철근, 나선철근 내측에 배치되는 축방향 철근비는 $0.01 \leq \rho \leq 0.08$로 한다.
② 띠철근, 나선철근 배치 시 콘크리트 설계기준 압축강도는 21MPa 이상이어야 한다.
③ 횡방향 띠철근의 수직간격은 축방향 철근 지름의 16배, 띠철근 지름의 48배, 합성부재 단면의 최소 치수의 1/2 이하가 되도록 하여야 한다.(비합성 기둥에서는 최소치수 이하가 되도록 한다. 수험생들은 혼동하지 말자.)
④ 띠철근의 지름은 합성부재 단면의 가장 긴 변의 1/50배 이상이어야 하지만, D10 철근 이상이고 D16 철근 이하로 하여야 한다.
⑤ 띠철근 보강 시 축방향 철근은 직사각 단면의 모서리마다 배치하여야 하며, 축방향 철근의 중심 간격은 합성부재 단면의 최수 치수의 1/2 이하가 되도록 하여야 한다.

### 학습 POINT

**기출** 2016 지방직
띠철근 내측에 배치되는 축방향 철근량은 전체 단면적의 0.1배 이상, 0.8배 이하로 하여야 한다. ✗

확인 축방향 철근량은 전체 단면적의 0.01배 이상, 0.08배 이하

## ④ $P$-$M$ 상관도(기둥강도 상관도)

앞서 설명했듯이 실제 기둥 구조는 축력 뿐만 아니라 예상치 못한 힘을 같이 받게 된다. 따라서 기둥의 축강도는 모멘트 크기에 따라 변화하므로 한개의 단면에 대하여 무수히 많은 축강도와 모멘트 강도의 짝이 있을 것이다. 이러한 축강도와 휨강도의 관계를 보인 것을 $P$-$M$상관도 or 기둥강도 상관도라 한다. **$P$-$M$상관도 곡선 내부는 안전함을 나타내고 바깥은 파괴를 의미한다.** 응용역학에서 배운 지식을 이용하면 $M = Pe \rightarrow e = M/P$ 이므로 기울기의 크기는 편심을 의미한다. $P$-$M$ 상관도를 보면 휨을 받지 않고 축력만 받을 경우 축 강도가 가장 큰 것을 확인할 수 있다.

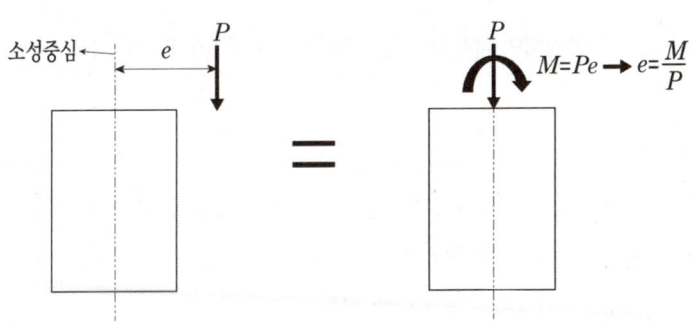

**기울기, $e$**

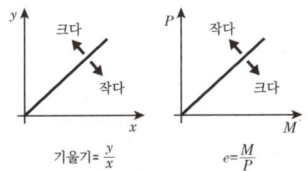

기울기 $= \dfrac{y}{x}$ ， $e = \dfrac{M}{P}$

우리가 일반적으로 사용하는 기울기는 가로축인 $x$축을 기준으로 한다. 그러나 편심($e$)은 기울기와 개념은 비슷하나 세로축인 $P$축을 기준으로 한다.

**압축지배구역**

균형변형률 상태를 기준으로 위쪽인 압축지배구역에서는 모멘트가 증가함에 따라 축강도가 작아지는 것을 확인할 수 있다.

**기출** 2021 지방직
$e_{min} < e < e_b$인 경우, 부재의 강도는 철근의 압축으로 지배된다. ✗

확인 콘크리트의 압축으로 지배된다.

### 학습 POINT

**기출**  2021 국가직

$e > e_b$이면, $P_d$와 $M_d$ 조합하중에 대해 설계해야 되지만, 이때의 부재강도는 철근의 강도(인장)로 지배된다. ○

### 최소편심거리

띠철근 기둥과 나선철근 기둥의 최소편심거리는 대략 다음과 같다.

| 종류 | $e_{min}$ |
|---|---|
| 띠철근 | $0.1h$ |
| 나선철근 | $0.05h$ |

### Quiz.03

단면이 400mm×400mm인 띠철근 압축부재가 있다. 이 압축부재에는 고정하중에 의한 축력 600kN, 활하중에 의한 축력 550kN, 활하중에 의한 휨모멘트 30kN·m가 작용한다. 다음 설명 중 옳지 않은 것은?(단, 최소 편심은 $0.1h$로 본다.)

① 단면에 작용하는 계수축력은 1,600 kN이다.
② 단면에 작용하는 계수휨모멘트는 48 kN·m이다.
③ 축하중 편심거리는 약 30mm이다.
④ 이 부재는 축력과 모멘트를 동시에 고려하여 해석해야 한다.

**풀이**

① $P_u = 1.2P_d + 1.6P_l \geq 1.4P_d$
   $= 1.2(600kN) + 1.6(550kN)$
   $\geq 1.4(600kN)$
   $= 1600kN \geq 840kN \,(ok)$

② $M_u = 1.6M_l = 1.6(30kN\cdot m)$
   $= 48kN\cdot m$

③ $e = \dfrac{M}{P} = \dfrac{48kN\cdot m}{1600kN} = 30mm$

④ $e_{min} = 0.1h = 0.1(400mm)$
   $= 40mm > e = 30mm$

이므로 휨 없이 압축만 받는다고 해석할 수 있다.

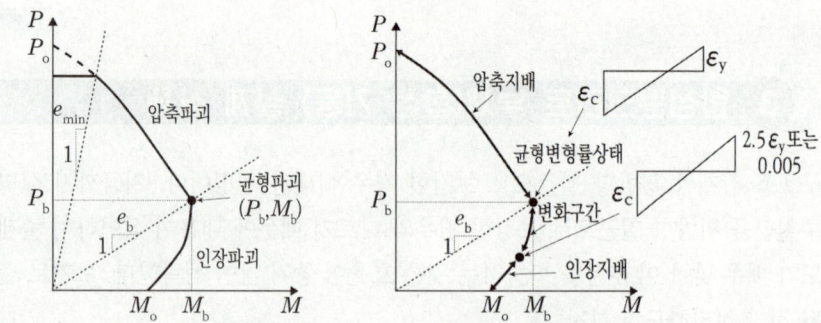

힘을 받는 보에서 배운 개념과 동일하게 콘크리트가 극한변형률($\varepsilon_c$)에 도달함과 동시에 철근이 항복변형률($\varepsilon_y$)에 도달하는 상태를 균형변형률 상태라고 하며 이때의 편심거리 $e_b$를 균형 편심이라 한다. 균형 편심보다 작은 편심일 때 즉 균형변형률 상태를 기준으로 위쪽을 압축지배구간, 균형 편심보다 큰 편심일 때 즉 균형변형률 상태를 기준으로 아래쪽을 변화구간, 인장지배구간으로 분류한다. 강도감소 계수 $\phi$는 힘을 받는 보에서 배운 개념과 같다.

| 부재, 단면 또는 하중(단면력)의 종류 | | 강도감소계수 $\phi$ |
|---|---|---|
| 인장지배단면 | | 0.85 |
| 변화구간 ★ | | 직선보간 ★ |
| 압축지배단면 | 나선철근부재 | 0.7 |
| | 그 이외의 부재(띠철근) | 0.65 |

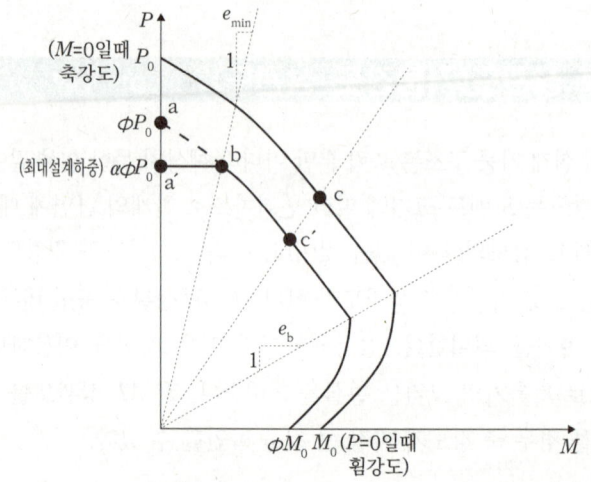

기둥 설계에서는 강도설계법이 적용되며 앞서 배운 것과 동일하게 설계강도를 계산할 수 있다.

$$P_d = \phi P_n, \ M_d = \phi M_n$$

위 그림에서 바깥 곡선은 공칭강도($P_n, M_n$) 곡선이고, 안쪽 곡선은 설계강도($P_d, M_d$) 곡선이다. a점은 $M=0$일 때 축강도 $P_o$에 강도감소계수를 곱한 설계 축강도지만 실제 기둥에서는 예상치 못한 휨(편심)이 발생할 수 있으므로 다시 보정계수 $\alpha$를 곱해 설계 기준으로 이용한다.

| | $\phi$ | $\alpha$ |
|---|---|---|
| 띠철근 기둥 | 0.65 | 0.8 |
| 나선철근 기둥 | 0.7 | 0.85 |

$e < e_{min}$ 일 경우 ab 곡선을 따르나 설계에서는 a′에서 수평선을 그어 a′b으로 즉, $M = 0$인 중심축하중을 받는다고 해석한다.

## ⑤ 소성중심

> **80점 목표**

우선 응용역학시간에 배운 소성중립축과는 개념적으로 많이 다르다는 것을 인지하자. 기둥의 소성중심이란 콘크리트 압축파괴와 모든 철근이 압축 항복에 도달하기 위한 하중작용점이다. 따라서 소성중심은 콘크리트 압축파괴와 모든 철근이 압축 항복에 도달하였다고 가정하고 응용역학 시간에 배운 것처럼 도심이나 중립축을 구하는 방식으로 소성중심을 계산할 수 있다. 단, 콘크리트 압축력($C$) 계산시 철근의 면적은 무시하는 것이 일반적이다.($bh - A_s' - A_s$가 아니라 $bh$를 이용하겠다는 의미이다.)

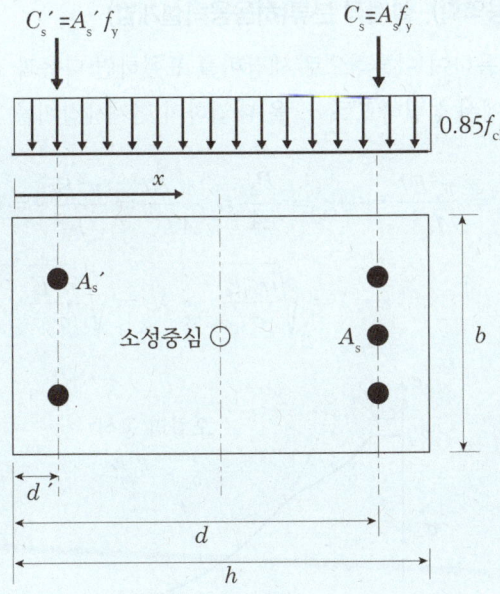

$C$(콘크리트 압축력) : $0.85 f_{ck} bh$
$C_s$(인장측 철근 압축력) : $A_s f_y$
$C_{s'}$(압축측 철근 압축력) : $A_s' f_y$

### 학습 POINT

○ **전단중심**
응용역학 시간에 배운 단면에 비틀림을 발생시키지 않고 전단력만 발생시키는 하중 작용점을 전단중심이라고 하였다. 비교하면서 기억하자.

> **80점 목표**

○ **$0.85 f_{ck}$**
앞서 우리는 $f_{ck}$를 재령 28일 강도로 이용하는 이유가 현장 양생 조건이 실험실의 양생 조건보다 척박하기 때문이라고 배웠다.
그런데 강도설계법에서는 다시 0.85를 곱해 콘크리트가 $0.85 f_{ck}$의 압축력을 받는다고 간주한다. 이러한 이유는 현장의 재하속도는 실험실의 재하속도보다 느리기 때문에 낮은 강도가 발현되는 것을 고려한 것이다.

## 학습 POINT

※ $C_s$(인장측 철근 압축력)은 오타가 아니다. 소성중심을 계산할 때는 인장측 철근도 압축력을 받는다고 가정하여 계산한다는 것에 주의하자. ★

$$x = \frac{\sum P_n x_n}{\sum P_n} = \frac{C(h/2) + C_{s'}(d') + C_s(d)}{C + C_{s'} + C_s}$$

소성중심에 하중이 작용한다는 것은 콘크리트와 철근에 최대 압축력만 발생한다는 것이며 모멘트가 발생하지 않는다는 것이다. 즉, **편심거리란 소성중심으로부터 거리를 의미한다.**

## 6 단주, 장주의 구분

### (1) 한계세장비 정의 $\lambda = (kl/r)_{\min}$

세장비의 개념은 응용역학에서 배운 것과 동일하다. 한계세장비란 단주(or 중간주)와 장주를 나누는 기준으로 한계세장비 보다 큰 기둥은 장주로 구분한다.

### (2) 이론적 분류(응용역학), 설계적 분류(허용응력설계법)

응용역학 지식을 이용하여 이론적으로 세장비를 표현하면 다음과 같다. 오일러 공식은 비례한도($\sigma_{pl}$) 이하에서 성립하므로 $\sigma_{pl}$을 대입하여 한계세장비를 계산할 수 있다.

$$P_{cr} = \frac{\pi^2 EI}{L_e^2} \rightarrow \sigma_{cr} = \frac{P_{cr}}{A} = \frac{\pi^2 EI}{AL_e^2} = \frac{\pi^2 Er^2}{L_e^2} = \frac{\pi^2 E}{\lambda^2}$$

$$\rightarrow \lambda = \sqrt{\frac{\pi^2 E}{\sigma_{cr}}} \rightarrow \lambda_c = \sqrt{\frac{\pi^2 E}{\sigma_{pl}}}$$

---

**기출** 2020 지방직

하중이 임계좌굴하중에 도달하면 기둥은 세장비가 가장 작은 주축에 대해 좌굴이 발생한다. ✗

(확인) 세장비가 커야 좌굴응력이 작아진다. 따라서 세장비가 큰 주축에 대해 좌굴이 발생한다.

**기출** 2011 지방직

기둥의 세장비가 클수록 지진시 전단파괴가 발생하기 쉽다. ✗

(확인) 기둥의 세장비가 클수록 좌굴파괴가 발생하기 쉽다.

● 완전-탄소성

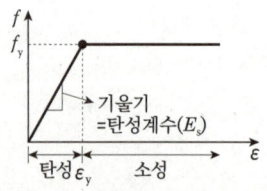

재료가 완전-탄소성을 따를 경우 $\sigma_y = \sigma_{pl}$로 해석 가능하다. 이해가 안되는 학생들은 응용역학 DAY 02에서 배운 항복응력($\sigma_y$)과 비례한도($\sigma_{pl}$)의 정의를 상기해보자.

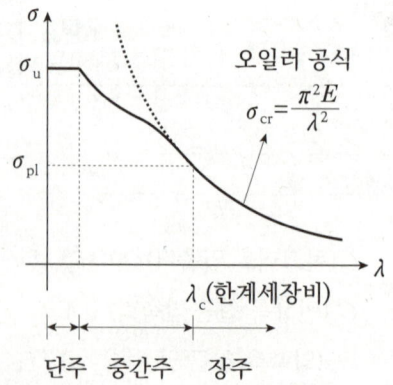

(★ 해당 그래프는 실제 역학적 거동을 표현한 것으로 중간주를 비탄성 곡선으로 표현한다. 허용응력설계법을 이용할 경우 중간주 구간을 직선으로 해석하나 불필요하므로 그림은 생략한다. 수험생들은 무시해도 좋다.)

이때, 비례한도($\sigma_{pl}$)는 두 가지 해석이 대표적이다.

| | ① 응용역학적 해석 (완전-탄소성 가정) | ② 허용응력설계법(KDS 14 30 10) |
|---|---|---|
| $\sigma_{pl}$ | $\sigma_y$ | $0.5\sigma_y$ |
| $\lambda_c$ | $\lambda_c = \sqrt{\dfrac{\pi^2 E}{\sigma_y}}$ | $\lambda_c = \sqrt{\dfrac{\pi^2 E}{0.5\sigma_y}} = \sqrt{\dfrac{2\pi^2 E}{\sigma_y}}$ |

### (3) 설계적 분류(강도설계법 KDS 14 20 20) ★

앞에서 설명한 것처럼 한계세장비를 계산할 수 있으나 실제 기둥은 다양한 영향으로 인하여 계산된 값과 다르다. 따라서 강도설계법에서는 다음과 같은 한계세장비 기준을 제시하고 있다.

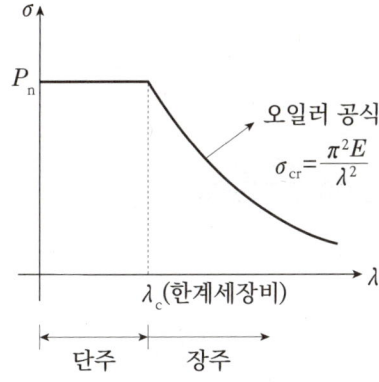

① 횡방향 상대변위가 없는 압축부재('**횡구속 골조**'의 압축부재)

$$\frac{kl_u}{r} \leq \left(34 - 12\frac{M_1}{M_2}\right) < 40$$

$l_u$ : 비지지길이

단, $M_1/M_2$의 값은 기둥이 단일 곡률일 때 양(+), 이중 곡률일 때 음(-)

② 횡방향 상대변위가 있는 압축부재('**비횡구속 골조**'의 압축부재)

$$\frac{kl_u}{r} < 22$$

- 직사각형 단면 : $r = 0.3h$ ($h$는 좌굴안정성이 고려되는 방향의 단면치수)
- 원형 단면 : $r = 0.25d$
- 그 이외의 형상에 대한 회전반지름 $r$은 콘크리트 전체 단면적에 대하여 계산할 수 있다.

---

### 학습 POINT

● $\sigma_{pl} = 0.6f_y$

2005년도에 허용응력 설계법이 개정되면서 기존에 사용되던 비례한도 규정 $\sigma_{pl} = 0.6\sigma_y$가 $\sigma_{pl} = 0.5f_y$로 개정되었다. 아직도 시중에 개정 전의 내용이 적혀 있는 책들이 많으니 수험생들은 주의하자.

● $kl_u$

응용역학에서는 기둥의 지점 조건에 따라 암기한 숫자를 곱해 유효길이($L_e$)로 기둥을 해석했다.(가벼운 응용역학 DAY 06 4. 좌굴 참조)
토목설계 규정에서는 이를 $kl_u$라고 표현하고, $k$는 문제에서 주어지는 경우가 많다. 수험생들은 $L_e = kl_u$라고 생각하면 된다.

#### 80점 목표

● 비지지길이 $l_u$

① 압축부재의 비지지길이 $l_u$는 바닥 슬래브, 보, 기타 고려하는 방향으로 횡지지할 수 있는 부재들 사이의 순길이로 취하여야 한다.
② 기둥머리나 헌치가 있는 경우의 비지지길이는 검토하고자 하는 면에 있는 기둥머리나 헌치의 최하단까지 측정된 거리로 하여야 한다.

#### 80점 목표

● 횡구속골조와 비횡구속 골조의 구분

설계기준에서는 '횡변위에 저항하는 구조요소 중 기둥을 제외한 구조요소의 전체 총 강성이 해당 층에 있는 기둥 전체 강성의 12배보다 큰 골조는 횡구속 골조로 간주할 수 있다'고 규정되어 있으나 모든 학습을 종료하고 학습하도록 한다.

#### 기출     2010 국가직

압축부재의 유효세장비를 구할 때, 회전반지름 $r$은 직사각형의 경우 좌굴안정성이 고려되는 방향에 관계없이 단면치수에 0.3배로 사용할 수 있다.

확인 좌굴이 고려되는 방향의 단면치수를 이용한다.

## 7 단주, 장주의 해석

### (1) 단주 해석

#### (1)-1 중심축하중을 받는 단주의 강도($e < e_{\min}$)

$e < e_{\min}$일 경우 편심 없이 중심축하중을 받는다고 해석한다. 편심이 없으므로 콘크리트와 철근이 모두 압축력을 받으며 기둥의 축강도는 다음과 같이 계산가능하다. 축강도는 명칭이 굉장히 다양하므로 앞에 '순수~', '공칭~', '설계~'라는 단어를 보고 구분해야 한다.

① '순수'축하중강도 : $P_o = f_c A_c + f_s A_s = 0.85 f_{ck}(A_g - A_s) + f_y A_s$
② '공칭'축강도 : $P_n = \alpha P_o$
③ '설계'축강도 : $P_d = \phi P_n = \alpha \phi P_o$

|  | $\phi$ | $\alpha$ |
| --- | --- | --- |
| 띠철근 기둥 | 0.65 | 0.8 |
| 나선철근 기둥 | 0.7 | 0.85 |

> 80점 목표

#### (1)-2 편심하중을 받는 단주의 강도(균형하중 $P_b$)

휨을 받는 보에서 해석한 바와 같이 휨을 받는 기둥은 균형변형이 주된 관심사이다. 균형변형률 상태란 압축측 콘크리트가 극한변형률($\varepsilon_c$)에 도달하고 인장측 철근이 항복변형률($\varepsilon_y$)에 이른 상태를 의미한다. 이러한 상태를 발생시키는 하중을 균형하중 $P_b$라 한다. 균형 변형률 상태에서는 복철근보와 마찬가지로 압축측 철근이 항복할 수도 항복하지 않을 수도 있으므로 이를 판정해야 한다.(아래 식에서 $f_y A_s{'}$이 아니라 $f_s{'} A_s{'}$이라는 의미이다.)

$$P_b = \eta(0.85 f_{ck} ab) - A_s f_y + A_s{'} f_s{'}$$

편심하중은 모멘트를 발생시키므로 인장측 철근에서는 인장력이 발생하여 공칭강도에서 이 값($f_y A_s$)을 빼주어야 한다.

균형하중을 계산하는 순서는 다음과 같다.

$$c \to a \to \varepsilon_s{'} \to P_b \to M_b$$

---

**Quiz. 04**

다음 그림과 같은 띠철근 기둥의 설계중심축하중 $P_d$[kN]는? (단, 압축철근의 총단면적 $A_{st} = 20{,}000\,\text{mm}^2$, 콘크리트 설계기준 압축강도 $f_{ck} = 50\,\text{MPa}$, 철근의 항복강도 $f_y = 400\,\text{MPa}$이다.)

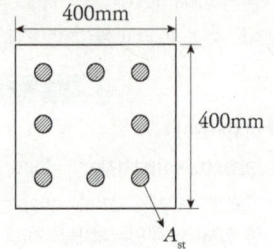

**풀이**
$P_d = \alpha \phi P_o$
$= \alpha \phi [0.85 f_{ck}(A_g - A_{st}) + f_y A_{st}]$
$= (0.8)(0.65)[(0.85 \times 50\,\text{MPa})$
$\quad (400^2\,\text{mm}^2 - 20000\,\text{mm}^2)$
$\quad + (400\,\text{MPa})(20000\,\text{mm}^2)]$
$= 7254\,\text{kN}$

● **편심하중을 받는 단주의 강도** ★
편심하중을 받는 단주도 모멘트를 받는 구조이므로 $0.85 f_{ck}$에 $\eta$를 곱해야 한다.

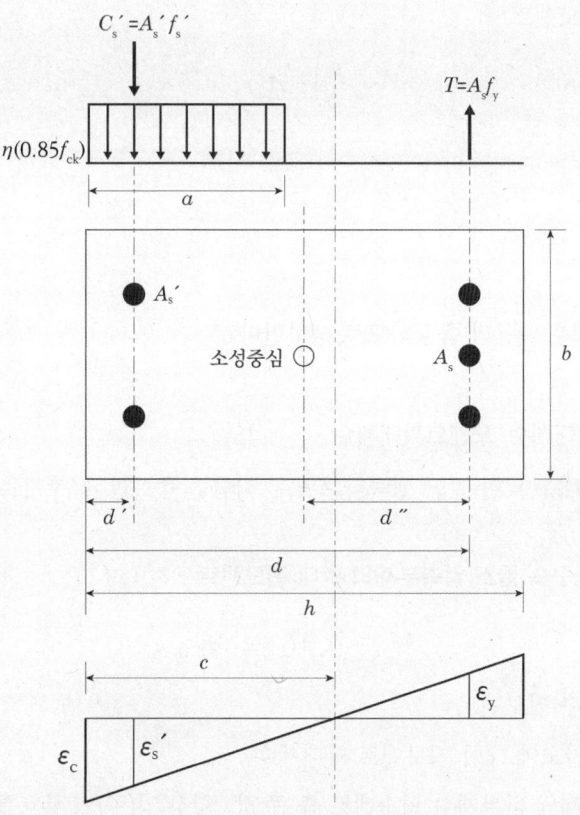

① $c$(중립축)

$$\frac{\varepsilon_s}{\varepsilon_c} = \frac{d-c}{c} \rightarrow \frac{\varepsilon_y}{\varepsilon_c} = \frac{(f_y/E_s)}{\varepsilon_c} = \frac{d-c}{c} \rightarrow c \text{ 계산 가능}$$

② $a$(등가응력블록깊이)

$$c = \frac{a}{\beta_1} \rightarrow a \text{ 계산 가능}$$

③ $\varepsilon_s'$(압축측 철근 변형률)

$$\frac{\varepsilon_s'}{\varepsilon_c} = \frac{c-d'}{c} \rightarrow \varepsilon_s' = \frac{c-d'}{c}\varepsilon_c \rightarrow \varepsilon_s' \text{ 계산 가능}$$

$\varepsilon_s'$이 계산되면 $\varepsilon_y$와 비교하여 항복여부를 파악할 수 있다.

④ $P_b$ (균형 축하중)
- $\varepsilon_s' < \varepsilon_y$ : $P_b = \eta(0.85f_{ck}ab) - A_s f_y + A_s' f_s'$
  ($f_s' = \varepsilon_s' E_s$)
- $\varepsilon_y \leq \varepsilon_s'$ : $P_b = \eta(0.85f_{ck}ab) - A_s f_y + A_s' f_y$

## 학습 POINT

**○ $\varepsilon_s'$, $f_s'$**

압축철근도 철근이다. 따라서 철근의 응력은 다음과 같다.

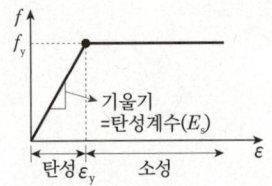

| $\varepsilon_s' < \varepsilon_y$ | $f_s' = \varepsilon_s' E_s$ |
|---|---|
| $\varepsilon_y \leq \varepsilon_s'$ | $f_s' = f_y$ |

### Quiz.05

중심 축하중을 받는 길이 $L=20\text{m}$, 직사각형 단면의 크기 $400\text{mm} \times 500\text{mm}$인 양단고정 기둥의 오일러 좌굴하중 [kN]은? (단, $\pi=3$으로 계산하며, 기둥의 탄성계수 $E=20,000\text{MPa}$이다.)

**풀이**

$P_{cr} = \dfrac{\pi^2 E I_{min}}{L_e^2} = \dfrac{\pi^2 E I_{min}}{(0.5L)^2}$

$(L_e = 0.5L \because 양단고정)$

$= \dfrac{(3^2)(20,000\text{MPa})\left(\dfrac{500 \times 400^3}{12}\text{mm}^4\right)}{(0.5 \times 20\text{m})^2}$

$= 4800\text{kN}$

### 🔼 80점 목표

**○ 확대계수 휨모멘트의 최소값**

$M_{2,min} = P_u e_{min}$

$M_{2,min}$ : $M_2$의 최솟값
$P_u$ : 계수축력
$e_{min}(=15+0.03h)$ : 최소 편심
(단, 15와 $h$는 mm 단위이다.)

그러나 $M_{2,min}$이 $M_2$보다 큰 부재에 대해서 $C_m$값은 1.0으로 취하거나 계산된 단부 휨모멘트 $M_1$과 $M_2$의 비를 이용하여 구하여야 한다.

---

⑤ $M_b$(균형 모멘트)

$$M_b = \eta 0.85 f_{ck} ab\left(d - d'' - \dfrac{a}{2}\right) + A_s f_y (d'') + A_s' f_s' (d - d'' - d')$$

### (2) 장주 해석

#### (2)-1 좌굴응력

응용역학에서 배운 내용과 동일하므로 생략한다.

### 🔼 80점 목표

#### (2)-2 수정확대계수, 모멘트확대계수

출제 빈도가 매우 낮아 일단 생략하고 모든 학습을 종료한 후 추가로 학습한다.

#### (2)-2-1 비횡구속 골조 압축부재의 확대 휨모멘트

$$M_c = \delta_{ns} M_2 \geq M_{2,min}$$

$M_c$ : 확대계수 휨모멘트
$\delta_{ns}$ : 횡구속골조에 대한 휨모멘트 확대계수
$M_2$ : 압축부재의 단부계수 휨모멘트 중 큰 값 : 항상 양(+)의 부호를 가짐.

$$\delta_{ns} = \dfrac{C_m}{1 - \dfrac{P_u}{0.75 P_c}} \geq 1.0$$

$\delta_{ns}$ : 횡구속골조에 대한 휨모멘트 확대계수
$C_m$ : 실제 휨모멘트도를 등가 균일 분포 휨모멘트도로 치환하는 데 관련된 계수
$P_u$ : 계수축력, $P_c$ : 임계하중 또는 좌굴하중

$$C_m = 0.6 + 0.4 \dfrac{M_1}{M_2}$$

$C_m$ : 실제 휨모멘트도를 등가 균일 분포 휨모멘트도로 치환하는 데 관련된 계수
$M_1$ : 압축부재의 단부계수 휨모멘트 중 작은 값 : 단일 곡률로 휜 경우에는 양(+), 이중 곡률로 휜 경우에는 음(−)의 부호를 짐.
$M_2$ : 압축부재의 단부계수 휨모멘트 중 큰 값 : 항상 양(+)의 부호를 가짐.
(단, $M_1/M_2$는 기둥이 단일 곡률로 변형될 때는 양(+)의 값을 취하고, 기둥의 양단 사이에 횡하중이 있는 경우에는 $C_m$을 1.0으로 취하여야 한다.)

# DAY 08

확대기초

옹벽

암거

# DAY 08 확대기초 / 옹벽 / 암거

**학습 POINT**

○ 기둥과 확대기초

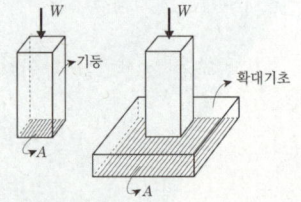

## 1 확대기초

구조물은 지반 위에 건설된다. 구조물의 무게($W$)가 발생시키는 응력($q$)을 지반이 견디지 못한다면 구조물이 지반과 맞닿는 면적($A$)을 확대시킴으로 응력을 감소시킬 수 있다. 이를 확대기초라 한다.

$$q = \frac{W}{A}$$

### (1) 확대기초의 종류

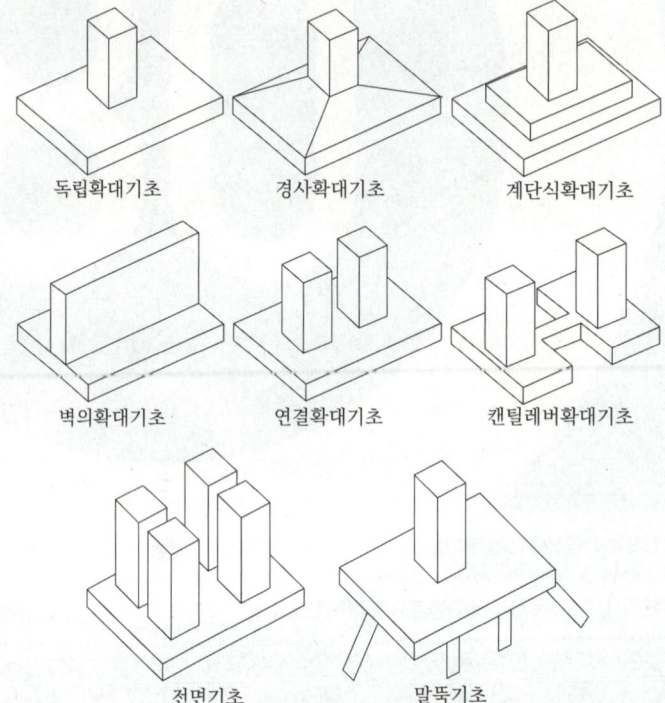

독립확대기초    경사확대기초    계단식확대기초

벽의확대기초    연결확대기초    캔틸레버확대기초

전면기초    말뚝기초

① **독립 확대기초** : 하나의 기둥을 지지하는 기초이다. 경사 확대기초, 계단식 확대기초 등이 있다.
② **벽의 확대기초** : 벽체를 지지하는 확대기초이다.
③ **전면 확대기초(매트기초)** : 모든 기둥을 하나의 연속된 확대기초로 만든 기초이다.
④ **말뚝기초** : 하중을 말뚝에 의해 지반에 전달하는 기초이다.
⑤ **연결확대기초, 캔틸레버 확대기초** : 연결확대기초란 1개의 기초에 2개의 기둥이 연결된 것이고 캔틸레버 확대기초란 2개의 기초를 연결한 기초이다. 혼동할 수 있어 주의가 필요하다.

## (2) 지반 응력 해석

### (2)-1 지반에 작용하는 외력

기초에 작용하는 외력에 의한 응력은 응용역학 지식을 이용하여 계산할 수 있다.

☞ **KDS 14 20 70 4.2.1. 설계일반 (1)**★

기초판은 '**계수하중**'과 그에 의해 발생되는 반력에 견디도록 설계하여야 한다.

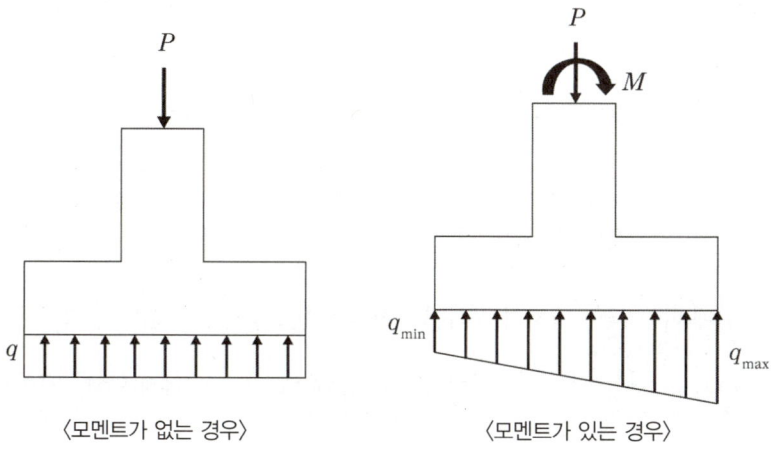

⟨모멘트가 없는 경우⟩     ⟨모멘트가 있는 경우⟩

모멘트가 없는 경우 : $q = -\dfrac{P}{A}$

모멘트가 있는 경우 : $q_{max} = -\dfrac{P}{A} - \dfrac{M}{S}$, $q_{min} = -\dfrac{P}{A} + \dfrac{M}{S}$

### (2)-2 지반의 지지력(극한지지력)

외력과 무관하게 지반이 견딜 수 있는 최대응력은 정해져 있다. 지반 반력의 최대값을 극한지지력($q_u$)이라고 한다.

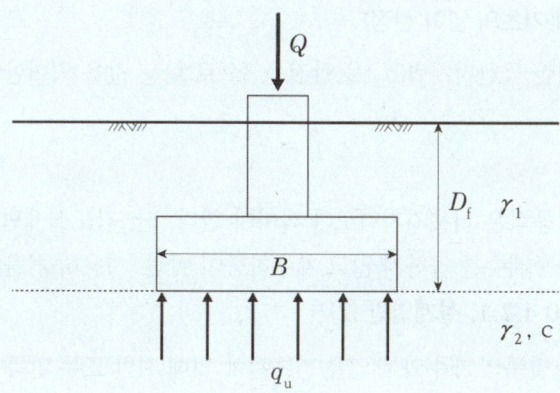

$$q_u = cN_c + qN_q + \frac{1}{2}\gamma BN_\gamma = cN_c + (\gamma_1 D_f)N_q + \frac{1}{2}\gamma_2 BN_\gamma$$

---

### 학습 POINT

**● 응력 부호**

응용역학에서는 인장력을 '+'로 하나 토목설계에서는 압축력을 '+'로 한다. 여러 가지 부호기준으로 학습하는 것은 수험생들을 혼란시키므로 우리는 응용역학 부호기준으로 답을 구한 뒤 결과 값에 마이너스를 붙이는 방식으로 학습하자. (여담으로 토질역학에서는 또 다른 부호기준을 이용한다.)

**Quiz. 01**

그림과 같이 연직하중 $P$와 휨모멘트 $M$이 바닥판과 기둥의 중심에 작용하는 철근콘크리트 확대기초의 최소, 최대 지반응력[kPa]은? (단, 기초의 자중은 무시한다.)

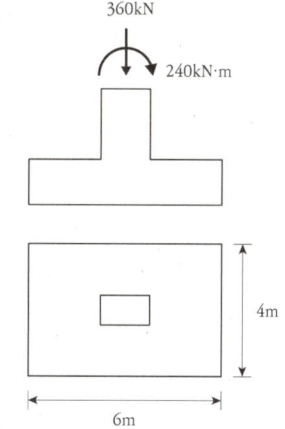

**풀이**

$b = 4\text{m}, h = 6\text{m}$

$\sigma_{max} = -\dfrac{P}{A} - \dfrac{M}{S} = -\dfrac{P}{bh} - \dfrac{M}{\left(\dfrac{bh^2}{6}\right)}$

$= -\dfrac{360\text{kN}}{(4 \times 6\text{m}^2)} - \dfrac{240\text{kN} \cdot \text{m}}{\left(\dfrac{4 \times 6^2}{6}\text{m}^3\right)}$

$= -15\text{kPa} - 10\text{kPa}$

$= -25\text{kPa}$

$\sigma_{min} = -\dfrac{P}{A} + \dfrac{M}{S}$

$= -15\text{kPa} + 10\text{kPa}$

$= -5\text{kPa}$

## 학습 POINT

극한 지지력은 총 세 항으로 구성되어 있다. 세 항에 포함된 $N_c$, $N_q$, $N_\gamma$를 지지력 계수라고 한다. 지지력 계수는 흙의 내부마찰각 $\phi$에 대한 함수이다.
- $c$항 : 점착력($c$)에 대한 항이다.(기초 하부 흙의 영향 고려)
- $q$항 : 상재하중에 대한 항이다.(기초 상부 흙의 영향 고려: $\gamma_1$)
- $\gamma$항 : 단위중량에 대한 항이다.(기초 하부 흙의 영향 고려: $\gamma_2$)

흙의 단위중량은 다음과 같다.

| 흙이 물에 침수되지 않은 경우 | 흙이 물에 침수된 경우 |
|---|---|
| $\gamma_t$ or $\gamma_d$ <br> $\gamma_t$ : 습윤단위중량(자연상태) <br> $\gamma_d$ : 건조단위중량(건조상태) | $\gamma' = \gamma_{sat} - \gamma_w$ <br> $\gamma'$ : 침수, 수중단위중량 <br> $\gamma_{sat}$ : 포화단위중량, $\gamma_w$ : 물의 단위중량 |

지하수위에 따른 극한 지지력 공식에 적용되는 단위중량은 다음과 같다.

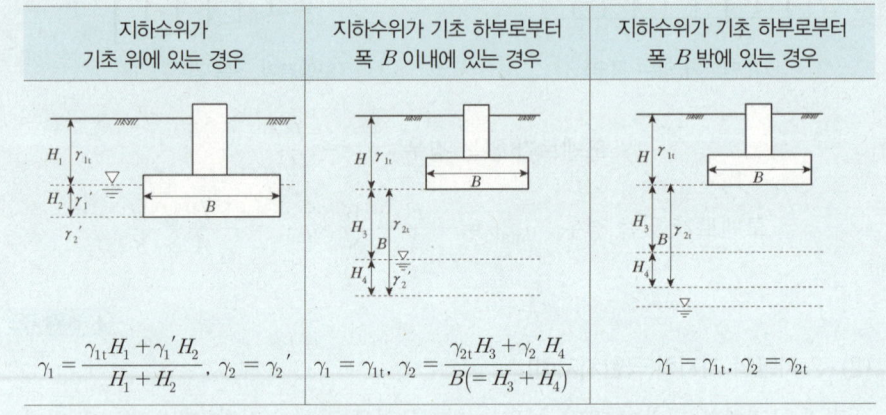

| 지하수위가 기초 위에 있는 경우 | 지하수위가 기초 하부로부터 폭 $B$ 이내에 있는 경우 | 지하수위가 기초 하부로부터 폭 $B$ 밖에 있는 경우 |
|---|---|---|
| $\gamma_1 = \dfrac{\gamma_{1t}H_1 + \gamma_1'H_2}{H_1 + H_2}$, $\gamma_2 = \gamma_2'$ | $\gamma_1 = \gamma_{1t}$, $\gamma_2 = \dfrac{\gamma_{2t}H_3 + \gamma_2'H_4}{B(=H_3 + H_4)}$ | $\gamma_1 = \gamma_{1t}$, $\gamma_2 = \gamma_{2t}$ |

### Quiz.02

기둥으로부터 전달되는 사용 고정하중 3,000kN과 사용 활하중 1,800kN을 지지할 수 있는 정사각형 독립확대기초를 설계할 때, 정사각형 기초판의 한 변 길이의 최솟값[$m$]은? (단, 기초 지반의 허용지지력 $q_a = 300$kPa이고, 기초판의 자중은 무시한다.)

**풀이**

$$q_{\max} = -\frac{P}{A} = -\frac{D+L}{A}$$
$$= -\frac{3000\text{kN} + 1800\text{kN}}{a^2}$$
$$= -\frac{4800\text{kN}}{a^2}$$

$q_{\max} \le q_a$ ;

$\dfrac{4800\text{kN}}{a^2} \le 300\text{kPa}$

→ $\dfrac{4800\text{kN}}{300\text{kPa}} = 16m^2 \le a^2$

∴ $4m \le a$

### (2)-3 허용지지력(기초의 넓이 산정)

허용지지력($q_a$)이란 극한지지력($q_u$)을 안전율 3으로 나눈 값을 의미한다.

$$q_a = \frac{q_u}{3}$$

지반에 작용하는 응력은 허용지지력보다 작아야 한다. 단, 강도설계법임에도 불구하고 하중($P$, $M$)은 하중계수를 곱하지 않고 계수하중이 아닌 '사용하중'을 이용한다.

☞ **KDS 14 20 70 4.2.1. 설계일반 (2)** ★

기초판의 밑면적, 말뚝의 개수와 배열은 기초판에 의해 지반 또는 말뚝에 전달되는 힘과 휨모멘트, 그리고 토질역학의 원리에 의하여 계산된 지반 또는 말뚝의 허용지지력을 사용하여 산정하여야 한다. 이때 힘과 휨모멘트는 하중계수를 곱하지 않은 **'사용하중'**을 적용하여야 한다.

## (3) 기초 응력 해석

### (3)-1 휨 위험단면, 계수모멘트

① 휨 위험단면

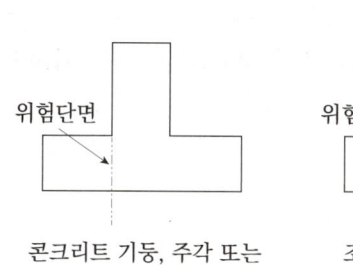

콘크리트 기둥, 주각 또는
벽체를 지지하는 확대기초

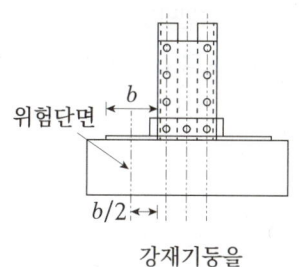

조적조벽체(석공벽)를
지지하는 확대기초

강재기둥을
지지하는 확대기초

- 콘크리트 기둥, 주각 또는 벽체를 지지하는 기초판은 기둥, 주각 또는 벽체의 외면
- 조적조벽체(석공벽)를 지지하는 기초판은 벽체 중심부와 단부의 중간
- 강재 밑판을 갖는 기둥을 지지하는 기초판은 기둥 외측면과 강재 밑판 단부의 중간

② 계수모멘트($M_u$)

계수모멘트($M_u$)는 위험단면을 고정단으로 하는 캔틸레버로 해석하여 구할 수 있다.

☞ 기초판 각 단면에서의 휨모멘트는 기초판을 자른 수직면에서 그 수직면의 한쪽 전체면적에 작용하는 힘에 대해 계산하여야 한다. ★

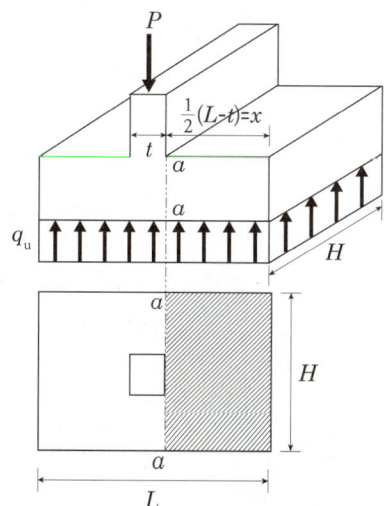

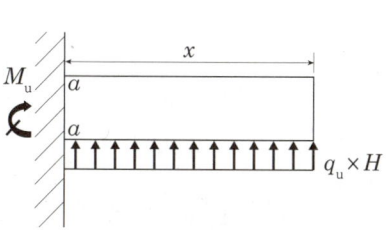

$$M_u = (q_u H \times x) \times \frac{x}{2}$$

### 학습 POINT

**○ 주각**

기둥의 최하부로 기둥이 받는 힘을 기초로 전달하는 부분이다. 크게 중요하지 않다.

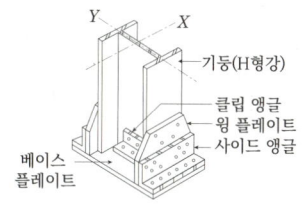

### Quiz. 03

다음 그림과 같은 정방향 독립확대기초에 $P_u = 980\text{kN}$ 이 작용할 때, 위험단면에서 계수휨모멘트 $M_u[\text{kN} \cdot \text{m}]$는?

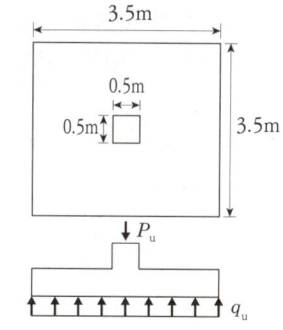

**풀이**

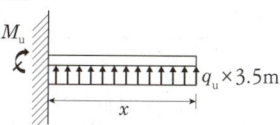

$$q_u = \frac{P_u}{A} = \frac{980\text{kN}}{3.5^2\text{m}^2}$$
$$= 80\text{kN/m}^2$$
$$x = \frac{3.5\text{m} - 0.5\text{m}}{2}$$
$$= 1.5\text{m}$$
$$M_u = (q_u \times 3.5\text{m})(x)\left(\frac{x}{2}\right)$$
$$= (80\text{kN/m}^2 \times 3.5\text{m})(1.5\text{m})$$
$$\times \left(\frac{1.5\text{m}}{2}\right)$$
$$= 315\text{kN} \cdot \text{m}$$

### (3) -2 전단 위험단면, 계수전단력

☞ **KDS 14 20 70 4.2.2.2 전단력에 대한 설계(1)**

흙이나 암반에 지지된 기초판의 전단강도는 슬래브와 기초판에 대한 규정에 따라야 한다.

① 전단 위험단면

슬래브와 기초판이 폭이 넓은 보와 같이 휨거동을 할 때 전단 위험단면은 동일하다.★

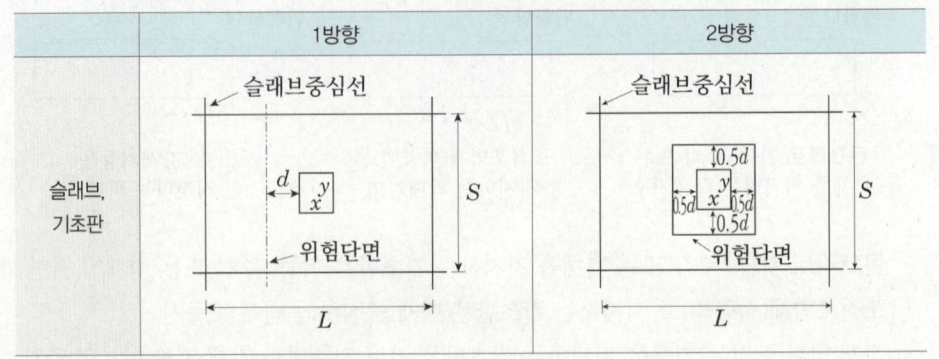

> 기둥, 주각 또는 벽체를 지지하는 기초판, 강재 밑판을 갖는 기둥 또는 주각을 지지하는 기초판의 위험단면은 휨 위험단면에 규정된 위치를 기준으로 결정하여야 한다.

② 계수전단력 ($V_u$)

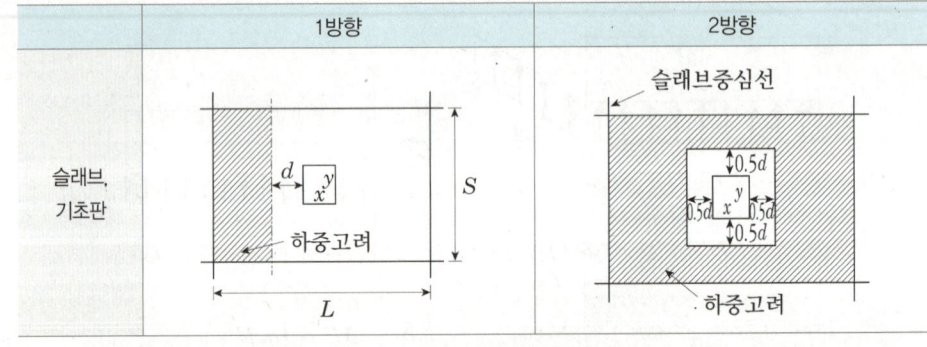

$$V_u = q_u \times 하중고려영역$$

★ $q_u$가 극한지지력이 아님에 주의

---

**학습 POINT**

○ $V_c$, $V_u$

기초에서도 강도설계법이 적용된다. $V_c$, $V_s$는 계산식이 복잡하기 때문에 출제되지 않는다.

$$V_u < V_d = \phi V_n = \phi(V_c + V_s)$$

**Quiz.04**

그림과 같은 2방향 확대기초에서 계수하중 $P_u = 900\text{kN}$이 작용할 때, 위험단면에 작용하는 계수전단력 $V_u[\text{kN}]$는?

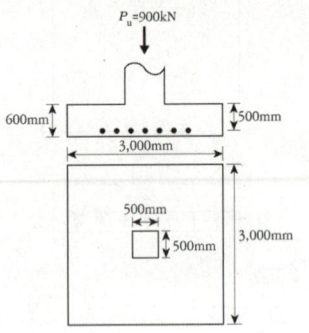

**[풀이]**

$q_u = \dfrac{P_u}{A} = \dfrac{900\text{kN}}{(3\text{m})^2} = 100\text{kN/m}^2$

위험구역 $= SL - (x+d)(y+d)$
$= (3\text{m})^2 - (0.5\text{m} + 0.5\text{m})^2$
$= 8\text{m}^2$

$V_u = q_u \times$ 위험구역
$= (100\text{kN/m}^2)(8\text{m}^2)$
$= 800\text{kN}$

☞ KDS 14 20 22 : 4.11.2 2방향 거동에 대한 전단강도 ★

슬래브-기둥 접합부에서 계수전단력 $V_u$를 계산할 때에는 각 기둥면에서 $0.5d$ 내에 재하되는 등분포하중의 영향을 무시할 수 있다. 기초판-기둥 접합부의 경우에는 기둥면에서 $0.75d$ 내에 재하되는 등분포 지반력의 영향을 무시할 수 있다.

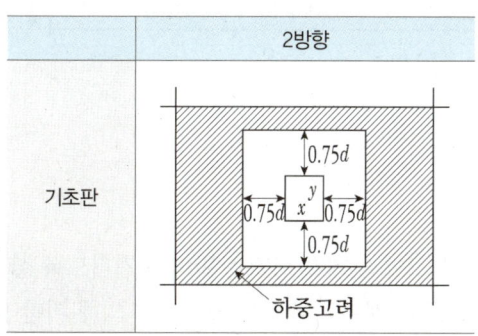

$V_u = q_u \times$ 하중고려영역

> **학습 POINT**
>
> ● 기초판-기둥 계수전단력
> $0.75d$ 규정은 설계에는 명시되어 있으나 문제에서 잘 적용되지 않는 경우가 많다. 따라서 수험생들은 기초판-기둥 구조도 $0.5d$로 계산한 뒤 답이 없다면 $0.75d$로 다시 계산해 보자.

### (3)-3 휨 철근의 배치

① 1방향 기초판 또는 2방향 정사각형 기초판의 철근은 전체 폭에 걸쳐 균등하게 배치한다.

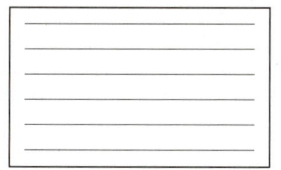 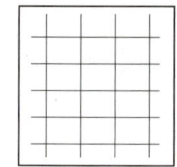

② 2방향 직사각형 기초판의 각 방향 철근 배치는 다음과 같다.
- 장변방향의 철근은 폭 전체에 균등하게 배치한다.
- 단변방향의 철근은 전체 철근량에서 식에서 산출한 비율만큼 유효폭(단변길이) 내에 균등하게 배치한 후, 나머지 철근량을 이 유효폭 이외의 부분에 균등히 배치시킨다.

$$A_{sc} = \frac{2}{\beta + 1} A_{ss}$$

$A_{sc}$ : 유효폭 내에 배치되는 철근량
$A_{ss}$ : 단변방향의 전체 철근량
$\beta$ : 긴변과 짧은 변의 비. $\beta = \dfrac{L}{S}$

● 유효폭
유효폭은 기둥이나 주각의 중심선이 유효폭의 중심이 되도록 하며 기초판의 단변길이로 취한다.

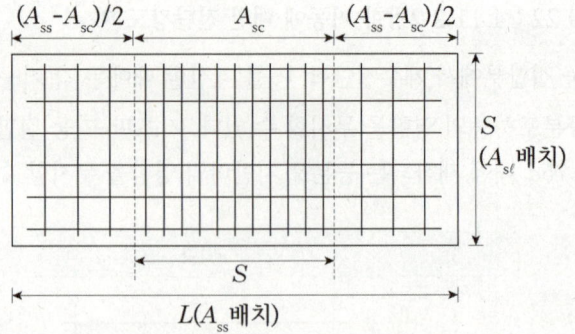

### (4) 기초판 설계 상세

① 기초판은 계수하중과 그에 의해 발생되는 반력에 견디도록 설계하여야 한다.
② 기초판의 밑면적, 말뚝의 개수와 배열은 기초판에 의해 지반 또는 말뚝에 전달되는 힘과 휨모멘트, 그리고 토질역학의 원리에 의하여 계산된 지반 또는 말뚝의 허용지지력을 사용하여 산정하여야 한다. 이때 힘과 휨모멘트는 하중계수를 곱하지 않은 사용하중을 적용하여야 한다.
③ 기초판에서 휨모멘트, 전단력 그리고 철근정착에 대한 위험단면의 위치를 정할 경우, 원형 또는 정다각형인 콘크리트 기둥이나 주각은 같은 면적의 정사각형 부재로 취급할 수 있다.

> 📘 80점 목표
>
> ④ 말뚝기초의 기초판 설계에서 말뚝의 반력은 각 말뚝의 중심에 집중된다고 가정하여 휨모멘트와 전단력을 계산할 수 있다.
> ⑤ 기초판 윗면부터 하부철근까지 깊이는 직접기초의 경우는 150 mm 이상, 말뚝기초의 경우는 300 mm 이상으로 하여야 한다.
> ⑥ 말뚝에 지지되는 기초판에서 임의 단면에 대한 전단력은 다음 규정에 따라 계산하여야 한다.
> - 말뚝의 중심이 그 단면에서 $d_{pile}/2$ 이상 외측에 있는 말뚝에 의한 반력 전체는 그 단면에 전단력으로 작용하는 것으로 하여야 한다.
> - 말뚝의 중심이 그 단면에서 $d_{pile}/2$ 이상 내측에 있는 말뚝에 의한 반력은 전단력으로 작용하지 않는 것으로 보아야 한다.
> - 말뚝의 중심이 위에서 규정한 중간에 위치하는 경우, 단면의 외측 $d_{pile}/2$의 위치에서 말뚝 반력 전체를, 단면의 내측 $d_{pile}/2$의 위치에서 반력을 영(0)으로 하여 직선보간으로 말뚝중심에서 산정한 반력이 기초판 단면에 전단력으로 작용하는 것으로 보아야 한다.

## ② 옹벽

### (1) 옹벽의 종류

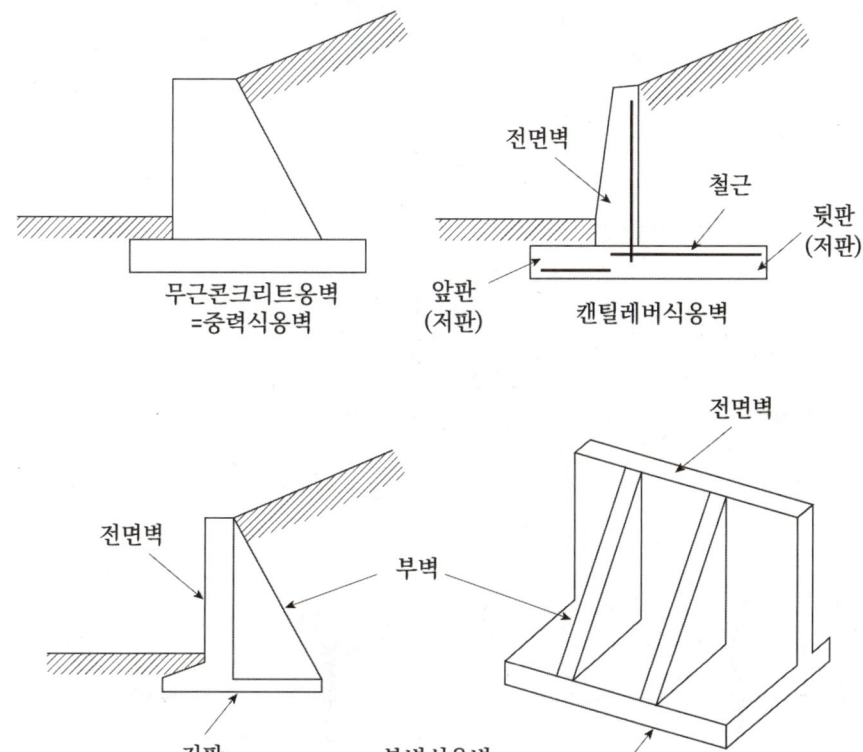

① **중력식 옹벽** : 철근이 들어가지 않아 무근콘크리트 옹벽이라고도 부르며, 자중에 의하여 안정을 유지한다.

② **캔틸레버식 옹벽** : 철근 콘크리트로 만들며 역T형 옹벽이라고도 부른다. 중력식 옹벽보다 높이가 높은 경우 사용된다.

③ **부벽식 옹벽** : 캔틸리버식 옹벽에 부벽을 이용하여 보강한 옹벽으로 부벽의 위치에 따라 앞부벽, 뒷부벽식 옹벽으로 분류한다. 뒷부벽은 자리를 차지하지 않기 때문에 앞부벽식 옹벽보다 많이 사용된다.

### (2) 토압

#### (2)-1 토압계수

토압이란 방향에 따라 연직토압($\sigma_v$)과 수평토압($\sigma_h$)으로 구분할 수 있다. 한 점에 작용하는 연직토압은 위에 쌓여있는 흙의 무게와 상재하중의 합이며, 수평토압은 연직토압에 토압계수를 곱해 계산한다.

---

**○ 무근콘크리트 옹벽**
KDS 14 20 70 4.1.1.1 일반사항
(2) 무근콘크리트 옹벽은 자중에 의하여 저항력을 발휘하는 중력식 형태로 설계하여야 한다.

**기출** 2016 국가직
무근콘크리트 옹벽은 자중에 의하여 저항력을 발휘하는 중력식 형태로 설계하여야 한다.

**학습 POINT**

● 수평토압($\sigma_h$)의 분포도

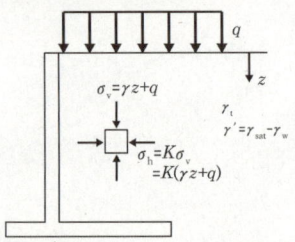

미소요소가 받는 토압은 그림과 같다. 상재하중 $q$가 없다면 삼각형 형상을, 상재하중 $q$가 있다면 사다리꼴 형상을 보인다.

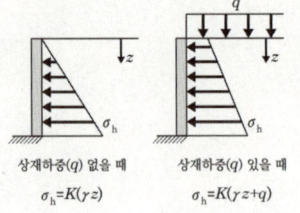

**기출**   2013 국가직

옹벽설계에 있어 강성옹벽에 작용하는 토압은 일반적으로 정지토압을 사용한다. 다만 변위가 허용되지 않는 구조물의 경우에는 주동토압을 사용한다. ✗

확인  자연상태에서는 주동상태가 일반적이므로 주동토압을 사용한다. 변위가 없다면 정지토압을 사용한다.

① **연직토압** : $\sigma_v = \gamma z + q$

흙의 단위중량은 다음과 같다.

| 흙이 물에 침수되지 않은 경우 | 흙이 물에 침수된 경우 |
|---|---|
| $\gamma_t$ or $\gamma_d$<br>$\gamma_t$ : 습윤단위중량(자연상태)<br>$\gamma_d$ : 건조단위중량(건조상태) | $\gamma' = \gamma_{sat} - \gamma_w$<br>$\gamma'$ : 침수, 수중단위중량<br>$\gamma_{sat}$ : 포화단위중량, $\gamma_w$ : 물의 단위중량 |

② **수평토압** : $\sigma_h = K\sigma_v = K(\gamma z + q)$

토압계수는 흙의 거동에 따라 다르다.

| 토압계수 | 흙의 거동 | 계산방법 |
|---|---|---|
| 정지토압계수($K_o$) | 수평변위가 없음 | $1 - \sin\phi$ |
| 주동토압계수($K_a$) | 수평 구속이 작아지는 방향으로 수평변위 발생 | $\dfrac{1 - \sin\phi}{1 + \sin\phi}$ |
| 수동토압계수($K_p$) | 수평 구속이 커지는 방향으로 수평변위 발생 | $\dfrac{1 + \sin\phi}{1 - \sin\phi}$ |

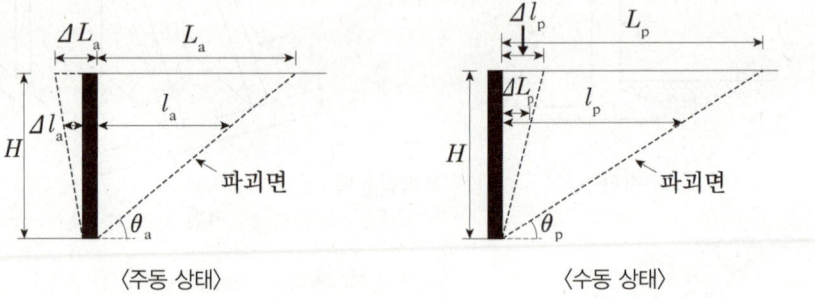

〈주동 상태〉　　　　　　　〈수동 상태〉

### (2) -2 다양한 지반 조건에 따른 토압 산정하기

출제빈도는 매우 낮은 데 비해 학습해야 하는 양이 조금 많다. 추후에 기출에서 학습하도록 하자.

### (3) 옹벽의 안정(활동, 전도, 지지력)

안전율이란 저항력/외력으로 정의된다. 콘크리트 '**옹벽의 안정검토**'를 할 때에는 하중계수를 고려하지 않은 '**사용하중**'을 사용하여 안전율 기준에 의한 '**허용응력설계법**'을 적용하고, '**단면설계**'를 할 때에는 '**강도설계법**'에 의한 '**계수하중**'을 적용한다.

### (3)-1 활동에 대한 안전율 : 1.5

전도 및 지지력에 대한 안정조건은 만족하지만, 활동에 대한 안정조건만을 만족하지 못할 경우에는 활동방지벽(shear key) 혹은 횡방향 앵커 등을 설치하여 활동저항력을 증대시킬 수 있다.

$$\frac{저항력}{외력} = \frac{마찰력}{수평토압} \geq 1.5$$

### (3)-2 전도에 대한 안전율 : 2

$$\frac{저항력}{외력} = \frac{저항 모멘트}{외력 모멘트} \geq 2$$

### (3)-3 침하(지지력)에 대한 안전율

설계 기준에서는 별도의 안전율 언급이 없으나 3이라 할 수 있다.

$$\frac{저항력}{외력} = \frac{극한지지력(q_u)}{최대지반반력(q_{max})} \geq 3$$

설계 기준에서 지반의 침하에 대한 안정성 검토는 다음의 두 가지 중 하나로 검토할 수 있다.

① $q_a \geq q_{max}$ : 지반반력의 분포경사가 비교적 작은 경우에는 최대 지반반력 $q_{max}$이 지반의 허용지지력 $q_a$ 이하가 되도록 하여야 한다.

② $q_a = \frac{1}{3}q_u$ : 지반의 지지력은 지반공학적 방법 중 선택하여 적용할 수 있으며, 지반의 내부마찰각, 점착력 등과 같은 특성으로부터 지반의 극한지지력을 추정할 수 있다. 다만, 이 경우에 허용지지력 $q_a$는 $q_u/3$이어야 한다.

> 이를 정리하면 다음과 같다.
> 
> $$q_a \geq q_{max} \;\rightarrow\; \frac{1}{3}q_u \geq q_{max} \;\rightarrow\; \frac{q_u}{q_{max}} \geq 3$$

## 학습 POINT

**활동방지벽, 횡방향앵커, 보강재 (지오그리드)**

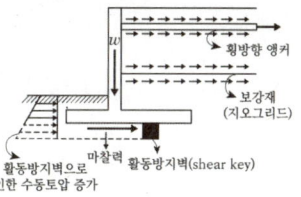

- 활동방지벽이란 수동토압으로 수평토압에 저항하는 부분을 의미한다.
- 횡방향앵커란 옹벽의 활동을 방지하기 위한 보조장치(말뚝)를 의미한다.
- 보강재(지오그리드)란 천, 비닐 등을 이용하여 횡방향 앵커와 동일한 역할을 하는 보조장치를 의미한다.

### Quiz. 05

그림과 같이 옹벽의 무게 $W = 90\text{kN}$일 때, 전도와 활동에 대해 안정하려면 수평력 $H$의 최댓값은? (단, 콘크리트와 흙 사이의 마찰계수는 0.4이다.)

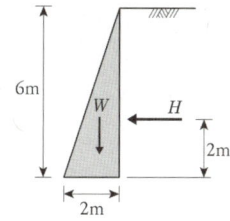

**풀이**

1) 전도안전율 고려

$$전도안전율 = \frac{저항 M}{외력 M}$$

$$= \frac{(W)\left(2\text{m} \times \frac{2}{3}\right)}{(H)(2\text{m})}$$

$$= \frac{(90\text{kN})\left(2\text{m} \times \frac{2}{3}\right)}{(H)(2\text{m})}$$

$$\geq 2$$

→ $30\text{kN} \geq H$

2) 활동안전율 고려

$$활동안전율 = \frac{마찰력}{수평토압} = \frac{(\mu)(W)}{H}$$

$$= \frac{(0.4)(90\text{kN})}{H} \geq 1.5$$

→ $24\text{kN} \geq H$

∴ $H_{max} = 24\text{kN}$

### 학습 POINT

**○ 옹벽의 설계 상세**
그림으로 파악하면 설계 상세를 기억하기 쉽다.

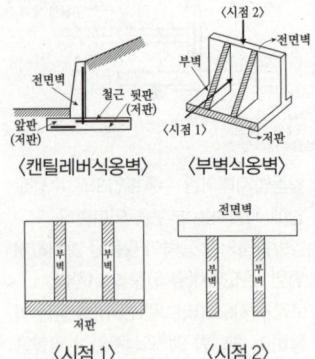

⟨캔틸레버식옹벽⟩  ⟨부벽식옹벽⟩

⟨시점 1⟩  ⟨시점 2⟩

## (4) 옹벽의 설계 상세

### (4)-1 기타 콘크리트구조 구조상세(KDS 14 20 74)

① 옹벽은 상재하중, 뒤채움 흙의 중량, 옹벽의 자중 및 옹벽에 작용되는 토압, 필요에 따라서는 수압에 견디도록 설계하여야 한다.

② 무근콘크리트 옹벽은 자중에 의하여 저항력을 발휘하는 중력식 형태로 설계하여야 한다.

③ 토압의 계산은 토질역학의 원리에 의거하여 필요한 지반특성계수를 측정하여 정하여야 한다.

④ 저판의 설계는 기초판 설계 규정에 따라야 한다.

⑤ 저판의 뒷굽판은 정확한 방법이 사용되지 않는 한, 뒷굽판 상부에 재하되는 모든 하중을 지지하도록 설계하여야 한다.

⑥ 캔틸레버식 옹벽의 저판은 전면벽과의 접합부를 고정단으로 간주한 캔틸레버로 가정하여 단면을 설계할 수 있다.

⑦ 부벽식 옹벽의 저판은 정밀한 해석이 사용되지 않는 한, 부벽 사이의 거리를 경간으로 가정한 고정보 또는 연속보로 설계할 수 있다.

⑧ 캔틸레버식 옹벽의 전면벽은 저판에 지지된 캔틸레버로 설계할 수 있다.

⑨ 부벽식 옹벽의 전면벽은 3변 지지된 2방향 슬래브로 설계할 수 있다.

⑩ 뒷부벽은 T형보로 설계하여야 하며, 앞부벽은 직사각형보로 설계하여야 한다.

⑪ 부벽식 옹벽은 전면벽과 저판에 의해서 부벽에 전달되는 응력을 저항할 수 있도록 필요한 철근을 부벽에 규정에 따라 정착시켜야 한다.

⑫ 활동에 대한 효과적인 저항을 위하여 저판의 밑면에 활동방지벽을 설치하는 경우 활동방지벽과 저판을 일체로 만들어야 한다.

> **80점 목표**
> ⑬ 옹벽을 설계할 때, 콘크리트의 수화열, 온도변화, 건조수축 등 부피변화에 대한 별도의 구조해석이 없는 경우 신축이음을 설치할 수 있으며, 부피변화에 대한 구조해석을 수행한 경우는 신축이음을 두지 않고 수평철근을 연속으로 배치할 수 있다.

### (4)-2 콘크리트옹벽 구조상세(KDS 11 80 05)

① 콘크리트 옹벽에 작용하는 토압은 벽체의 변위에 따라서 주동토압, 수동토압, 정지토압이 있으며, 실제 옹벽의 변형조건에 따라 적절한 토압을 적용한다.

② 토압 계산방법은 Coulomb 토압이론, Rankine 토압이론을 적용할 수 있다. 일반적인 경우는 Coulomb 토압이론을 사용하고, 캔틸레버 옹벽과 같이 가상배면에 토압을 작용시키는 경우는 Rankine 토압이론을 이용하여 계산할 수 있다.

---

**80점 목표**

**○ 구조물 기초 설계기준**
강성 옹벽에 작용하는 토압은 일반적으로 주동토압을 사용한다. 다만, 변위가 허용되지 않는 구조물의 경우에는 정지토압을 사용한다.
(해당 설계 기준은 삭제된 규정이나, 역학적으로 옳은 문장이므로 기억해두면 좋다)

③ 뒷부벽식 옹벽에서는 전면벽과 기초 슬래브에 의해 부벽에 전달되는 응력을 지지하기 위해 필요한 철근을 부벽에 배근해야 한다. 또 전면벽과 기초슬래브에는 인장철근의 20% 이상의 배력철근을 두어야 한다.
④ 앞부벽식 옹벽의 전면벽에는 인장철근의 20% 이상의 배력철근을 두어야 한다.
⑤ 활동에 대한 효과적인 저항을 위하여 저판에 활동방지벽을 적용하는 경우 저판과 일체로 설치해야 한다.

**80점 목표**

⑥ 별도의 계산을 하지 않더라도, 하중저항계수설계법에서는 다음 기준을 만족하면 전도에 대해 안정한 것으로 간주한다.
- 기초지반이 흙인 경우, 힘의 합력이 기초중심에서 $1/4\,B$ 이내에 있는 경우
- 기초지반이 암인 경우, 힘의 합력이 기초중심에서 $3/8\,B$ 이내에 있는 경우

⑦ 피복두께는 벽의 노출면에서는 50mm 이상, 콘크리트가 흙에 접하는 면에서는 50mm 이상, 직접 흙 중에 묻히는 기초 슬래브에서는 80mm 이상으로 해야 한다.
⑧ 부벽식 옹벽의 경우에는 수평방향의 철근량이 많으므로 수축이음을 설치하지 않아도 좋다.
⑨ 신축이음 설치 간격은 중력식 옹벽의 경우는 10 m 이하, 캔틸레버식 및 부벽식옹벽에서는 15~20m 이하의 간격으로 설치하여야 한다. 신축이음에서는 철근이 끊겨야 한다.

학습 POINT

## 3 암거

암거란 물이 지나는 통수로 또는 사람이나 차량의 통행을 목적으로 도로 밑을 가로질러 설치하는 구조물을 의미한다.

### (1) 작용하중

#### (1)-1 고정하중(DC, DW)

고정하중의 단위중량은 KDS 24 12 21 (4.2)를 참고한다. 단, 고정하중의 크기를 정확하게 산정할 수 있는 경우에는 그 값을 적용한다.

#### (1)-2 연직토압(EV)

① 연직토압은 암거상부에 있는 토사의 중량으로 연직방향하중 성분이다.
② 기초지반이 양호하고 양질의 토사인 경우에 연직토압은 다음 식에 따라 산정한다. 다만, 기초지반상태에 따라 측면 토피의 침하에 따른 마찰의 영향을 고려할 수 있다.

$$P_v = \gamma_t D$$

$P_v$ : 연직토압($kN/m^2$)
$\gamma_t$ : 흙의 단위중량($kN/m^3$)
$D$ : 암거 상면의 토피두께(m)

#### (1)-3 활하중(LL)

차량활하중은 KL-510을 적용한다.

#### (1)-4 수평토압(EH)

① 암거에 작용하는 수평토압은 암거의 강성을 고려하여 정지토압으로 적용한다.
② 일반토사인 경우에는 내부마찰각($\phi$)=30°를 적용한다. 단, 시험을 하였을 경우에는 시험값을 적용한다.

#### (1)-5 수압(WA)

① 암거의 쌓기 재료는 배수가 용이한 재료를 적용하고, 접속날개벽에서 배수처리토록 할 경우 수압에 의한 영향은 미미하므로 수압작용을 무시한다.
② 수압의 영향을 배제할 수 없을 경우에는 수압의 영향을 검토한다.

---

### 학습 POINT

○ 상부, 저판 슬래브 및 측벽에 작용하는 토압

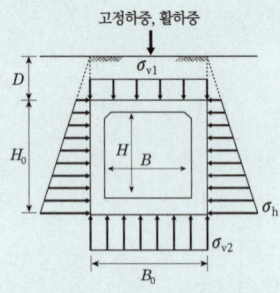

① 상부슬래브에 작용하는 토압($\sigma_{v1}$)
  $\sigma_{v1}$ = 연직토압 + 상부 슬래브 자중
  + 포장중량 + 활하중
② 저판슬래브에 작용하는 토압($\sigma_{v2}$)
  $\sigma_{v2} = \sigma_{v1}$ + 측벽의 자중에 의한 토압
③ 측벽에 작용하는 토압($\sigma_h$)
  $\sigma_h = KP_v$
  $K$ : 토압계수, $P_v$ : 연직토압

### (1) -6 지진하중(EQ)

암거에 대한 지진의 영향은 암거 중량과 흙의 중량이 비슷하여 암거와 주변 흙이 유사한 거동을 하게 되므로, 지반이 연약하여 액상화 현상이 예상되거나 활성단층을 가로지르는 경우에는 지반의 영향을 고려하여 검토하여야 한다.

### (2) 부재단면력 계산

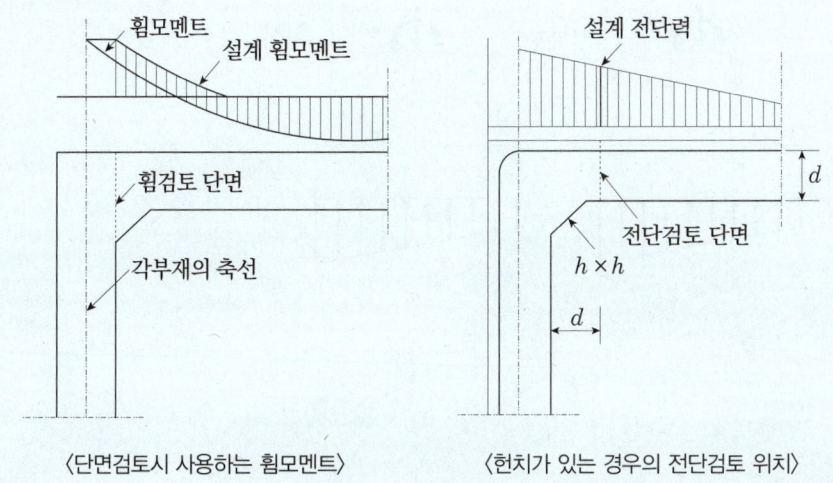

〈단면검토시 사용하는 휨모멘트〉　　〈헌치가 있는 경우의 전단검토 위치〉

① 헌치를 무시하고 구조해석을 하는 경우에는 부재단의 휨모멘트를 그림과 같이 구하면 안전하다. 또한 헌치의 시점에서 휨모멘트는 그림과 같이 휨 모멘트를 이동하여 구한 값을 사용한다.
② 설계전단력은 벽체 내면에서 슬래브 유효깊이 ($d$) 만큼 이격한 위치에 작용하는 계수전단력 $V_u$의 값으로 한다.

---

**학습 POINT**

🎯 **80점 목표**

○ **라멘의 설계**
절점부에서 수평부재의 모멘트에 대한 위험단면은 연직부재의 전면으로 본다.(암거와 유사) 마찬가지로 연직부재의 위험단면은 수평부재의 하면으로 본다.

### SKILL 1
기초에서 지반에 가해지는 외력을 계산할 때 폭($b$)에 대한 별도의 언급이 없다면 단위폭으로 해석한다.

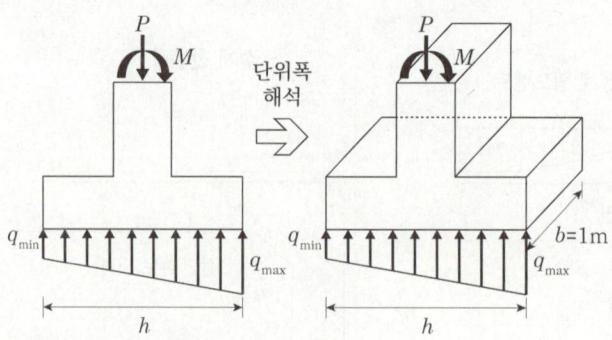

### SKILL 2
옹벽의 설계 상세는 옹벽의 형상을 떠올리면 암기를 줄일 수 있다.

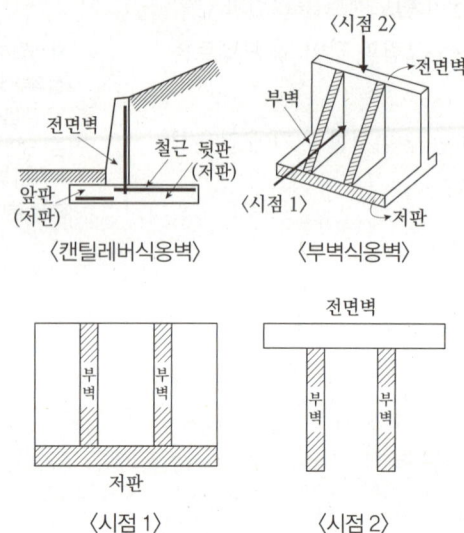

**(4) 옹벽의 설계 상세 (102page 참조)**

⑤ 저판의 뒷굽판은 정확한 방법이 사용되지 않는 한, 뒷굽판 상부에 재하되는 모든 하중을 지지하도록 설계하여야 한다.

⑥ 캔틸레버식 옹벽의 저판은 전면벽과의 접합부를 고정단으로 간주한 캔틸레버로 가정하여 단면을 설계할 수 있다.

⑦ 부벽식 옹벽의 저판은 정밀한 해석이 사용되지 않는 한, 부벽 사이의 거리를 경간으로 가정한 고정보 또는 연속보로 설계할 수 있다.

⑧ 캔틸레버식 옹벽의 전면벽은 저판에 지지된 캔틸레버로 설계할 수 있다.

⑨ 부벽식 옹벽의 전면벽은 3변 지지된 2방향 슬래브로 설계할 수 있다.

⑩ 뒷부벽은 T형보로 설계하여야 하며, 앞부벽은 직사각형보로 설계하여야 한다.

**SKILL 3** 수압과 토압이 옹벽에 가하는 합력($F_t$)을 비교해서 암기하면 유용하다.

① 수압

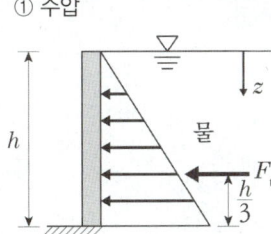

$$F_t = \frac{1}{2}\gamma_w h^2$$

$\gamma_w$ : 물의 단위중량

② 토압

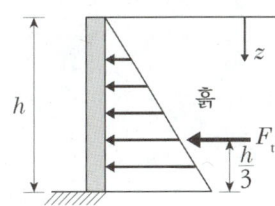

$$F_t = \frac{1}{2}K\gamma_s h^2$$

$\gamma_s$ : 흙의 단위중량, $K$ : 토압계수

**SKILL 4** 안전율은 항상 '$\dfrac{\text{저항력}}{\text{외력}}$'이라는 것을 생각하면 실수를 줄일 수 있다.

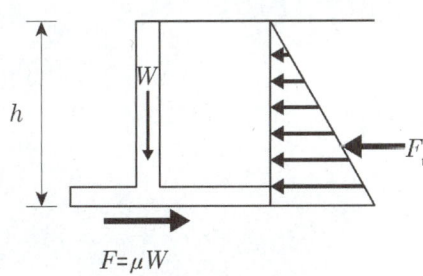

① 활동에 대한 안전율

활동은 '수평변위'이므로 '수평력'에 대한 외력과 저항력으로 표현한다.

$$\frac{\text{저항력}}{\text{외력}} = \frac{\text{마찰력}(F)}{\text{수평토압}(F_t)}$$

$$= \frac{\mu W}{\left(\dfrac{1}{2}K\gamma_s h^2\right)} \geq 1.5$$

② 전도에 대한 안전율

전도는 '회전변위'이므로 '모멘트'에 대한 외력과 저항력으로 표현한다.

$$\frac{\text{저항력}}{\text{외력}} = \frac{\text{저항모멘트}}{\text{외력모멘트}}$$

$$= \frac{\text{옹벽 자중}(W)\text{에 의한 모멘트 } M_r}{\text{수평토압}(F_t)\text{에 의한 모멘트 } M_d}$$

$$= \frac{W \times d}{F_t \times \dfrac{h}{3}} \geq 2$$

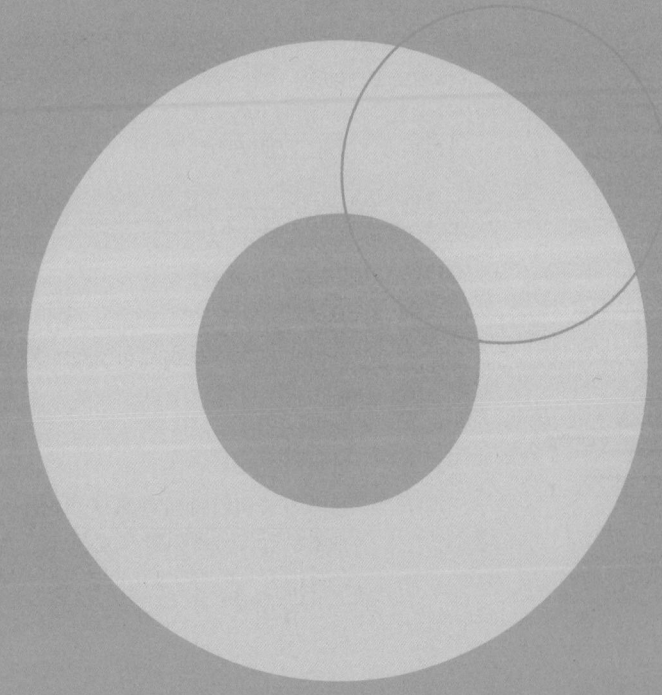

4 0 8 0
진 승 현
토 목 설 계

# DAY 09

## 프리스트레스 콘크리트(PSC)

# DAY 09 프리스트레스 콘크리트(PSC)

## 학습 POINT

**○ 긴장재**
PSC에 배치되는 철근은 인장(긴장)되기 때문에 긴장재라고 한다. 긴장재의 탄성계수는 실험에 의하여 결정하거나 제조자에 의하여 주어지는 것이 원칙이지만, 그렇지 않은 경우 철근과 같이 200,000MPa을 표준으로 하여야 한다.

| 종류 | 탄성계수 |
|---|---|
| 철근 | 200,000MPa |
| 긴장재 | 200,000MPa |
| 형강(H형강, L형강 등) | 205,000MPa |

**○ 프리스트레스 콘크리트(PSC) 설계가정**
프리스트레스를 도입할 때, 사용하중이 작용할 때, 그리고 균열하중이 작용할 때의 응력계산은 다음과 같은 가정에 근거한 선형탄성이론에 따라야 한다.
- 변형률은 중립축에서 떨어진 거리에 비례한다.(평면유지의 법칙)
- 균열단면에서 콘크리트는 인장력에 저항할 수 없다.

## 1 PSC 기본개념

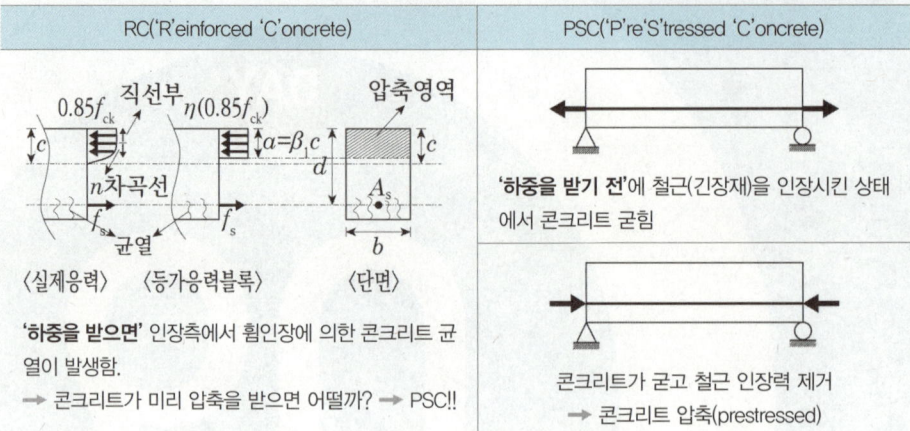

'RC'란 콘크리트는 인장에 취약하기 때문에 인장측에 철근을 배치한 콘크리트를 의미한다고 했다.

'PSC'란 더 나아가 콘크리트에 미리 압축을 가한 콘크리트를 의미한다. RC 철근에 미리 인장력을 준 뒤 인장력을 제거하면 철근이 수축하면서 콘크리트에 압축을 가하게 된다. 이렇게 외력이 없는 상태에서도 콘크리트는 미리 압축상태가 되며 외력에 의해 인장이 발생하면 미리 받고 있던 압축력과 상쇄가 되며 어느정도 인장에 저항이 가능하게 된다. 이것이 PSC의 목적이라 할 수 있다.

## 2 PSC와 RC 비교

**○ 수밀성**
물이 통과하지 않는 성질

**○ 설계하중**
설계하중이란 설계의 기준이 되는 하중으로 강도설계법에서는 계수하중을 의미하고, 허용응력설계법에서는 사용하중을 의미한다. PSC는 균열전에 허용응력설계법을 적용하므로 설계하중은 사용하중을 의미한다.

① PSC도 RC와 같이 변형률이 거리에 비례한다.(평면유지의 법칙을 만족한다.)
② PSC는 사용하중(=설계하중)에서 균열이 발생하지 않도록 설계되어 내구성 및 수밀성이 좋으나 일단 균열이 발생하면 강재비가 작아 중립축의 상승과 균열 진행이 빠르다. 따라서 PSC 부재의 파괴 전조가 뚜렷하다.
③ PSC는 사용하중(=설계하중)에서 균열이 발생하지 않도록 설계되며, 초과하중이 작용하여 균열이 발생하더라도 그 하중이 제거되면 균열은 아문다. 따라서 훨씬 탄성적이고 복원성이 크다.

④ RC는 인장측 단면을 무시하나 사용하중(=설계하중)에서 PSC는 균열이 발생하지 않으므로 전 단면을 유효하게 이용하여 경간을 길게 할 수 있다. 그러나 PSC도 균열이 생긴 단면에서는 콘크리트 인장력을 무시한다.
⑤ PSC는 긴장재를 절곡 또는 곡선으로 배치하면 긴장재의 상향력만큼 전단력이 감소하여 복부 폭을 얇게 할 수 있어 가볍다.(대형 구조물에 적합하다.) 또한 상향력에 의해 처짐이 감소한다.
⑥ PSC는 고강재를 이용하므로 내화성에 불리하다.(+고강도 콘크리트)
⑦ PSC 부재는 단면(강성)이 작아 변형이 크고 진동하기 쉽다.
⑧ PSC는 철근에 긴장력을 가해야 하므로 RC보다 공사가 복잡하여 고도의 기술이 요구된다.
⑨ 하중이 커질 때 발생하는 모멘트에 저항하는 방식은 다음과 같다.

|  | RC | PSC |
| --- | --- | --- |
| 인장력(T), 압축력(C) | 증가 | 거의 고정 |
| 모멘트 팔 길이 | 거의 고정 | 증가 |

## 3 PSC 분류

PSC는 긴장재에 인장력을 콘크리트가 굳기 전에 주는지 후에 주는지에 따라 프리텐션 방식과 포스트텐션 방식으로 분류한다.

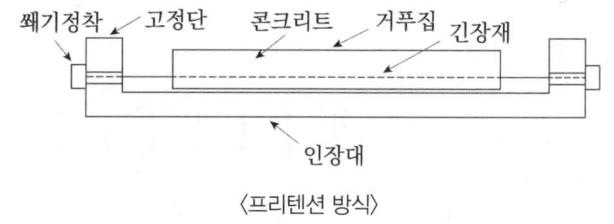

〈프리텐션 방식〉

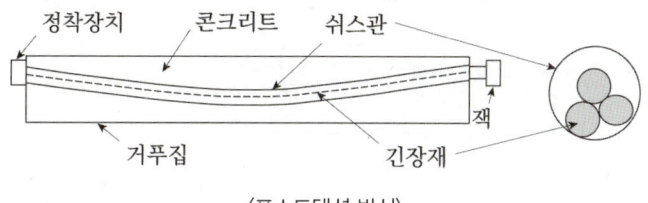

〈포스트텐션 방식〉

> **학습 POINT**
>
> ● 프리텐션 절곡배치
> 프리텐션 부재를 곡선으로 배치하기는 어려우나 홀딩다운앵커 or 하핑디바이스를 이용할 경우 절곡배치는 가능하다. 수험생들은 프리텐션 방식도 절곡배치가 가능하다는 것만 기억하자.
>
>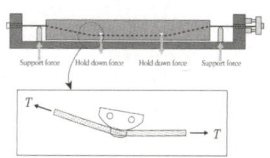
>
> ● 덕트와 쉬스관
> 포스트텐션 방식에서 쉬스관이 설치되는 구멍을 덕트라 한다. 덕트와 쉬스는 거의 같은 의미로 이용된다.

## 학습 POINT

### 📘 80점 목표

**○ 프리스트레싱 시의 콘크리트의 압축강도**
- 포스트텐션 방식 : 28MPa 이상
- 프리텐션 방식 : 30MPa 이상
  (단, 실험이나 기존의 적용 실적 등을 통해 안전성이 증명된 경우, 이를 25MPa로 하향 조정할 수 있다.)

**○ 그라우팅**
쉬스 안에 철근을 배치하고 시멘트풀을 쉬스 안으로 밀어 넣는 과정을 의미한다.

### 📘 80점 목표

**○ 프리캐스트 부재의 결합과 조립**
'프리캐스트 부재'란 장난감 레고처럼 미리 제작한 콘크리트를 현장에서 조립하는 것을 의미하며, 프리캐스트를 사용할 경우 거푸집 및 동바리공이 불필요하다. 이때 기둥과 거더(보)의 결합부에서 포스트텐션 방식을 도입하면 내진성능, 사용성 및 내구성 향상에 크게 도움이 된다.

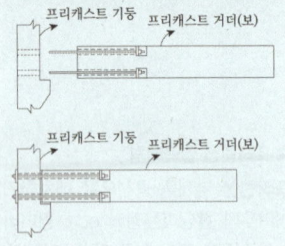

### 📘 80점 목표

**📖 기출**    2023 국가직 9급
접합면에서 전단응력이 발생하지 않는다. ✗
**확인** 접합면에서 전단응력이 발생한다.

|  | 프리(pre)텐션 방식 | 포스트(post)텐션 방식 |
|---|---|---|
| 원리 | 철근을 긴장시킨 후 콘크리트를 타설하여 굳힌 뒤 긴장력을 풀어 프리스트레스를 도입한다. | 미리 관(쉬스)을 설치하고 콘크리트를 타설한 뒤 관에 긴장재를 삽입하여 프리스트레스를 도입한다. |
| 설계기준 압축강도 | $f_{ck} \geq 35\text{MPa}$ (강재와 콘크리트 사이에 충분한 부착이 요구되어 크다.) | $f_{ck} \geq 30\text{MPa}$ |
| 작업순서 | ① 인장대, 거푸집 설치<br>② 철근 배치 및 긴장<br>③ 콘크리트 타설 및 경화<br>④ 긴장력 제거 | ① 거푸집 제작 및 쉬스 배치<br>② 콘크리트 타설 및 경화<br>③ 철근 배치 및 긴장<br>④ 그라우팅 및 경화<br>⑤ 긴장력 제거 |
| 특징 | ① 쉬스, 정착장치가 필요 없다.<br>② 인장대가 필요하다.<br>③ 공장에서 제작되므로 품질이 좋고 동일한 형상과 치수로 대량 생산 가능하다.<br>④ 긴장재를 곡선으로 배치하기 어렵다.<br>⑤ 프리스트레스 힘은 PS 강재와 콘크리트 사이의 부착에 의해서 도입된다.<br>⑥ 정착구역에서 소정의 프리스트레스가 도입되지 않으므로 주의가 필요하다. | ① 쉬스, 정착장치가 필요하다.<br>② 인장대가 필요 없다.<br>③ 프리캐스트 PSC 부재의 결합과 조립에 용이하다.<br>④ 긴장재를 곡선으로 배치할 수 있어 대형 구조물 제작이 가능하다.<br>⑤ 프리스트레스 힘은 PS 강재를 정착장치로 긴장 정착하는 방법으로 도입된다. |

### 📘 80점 목표

## 4 합성 콘크리트 구조

### (1) PSC 합성구조의 이해

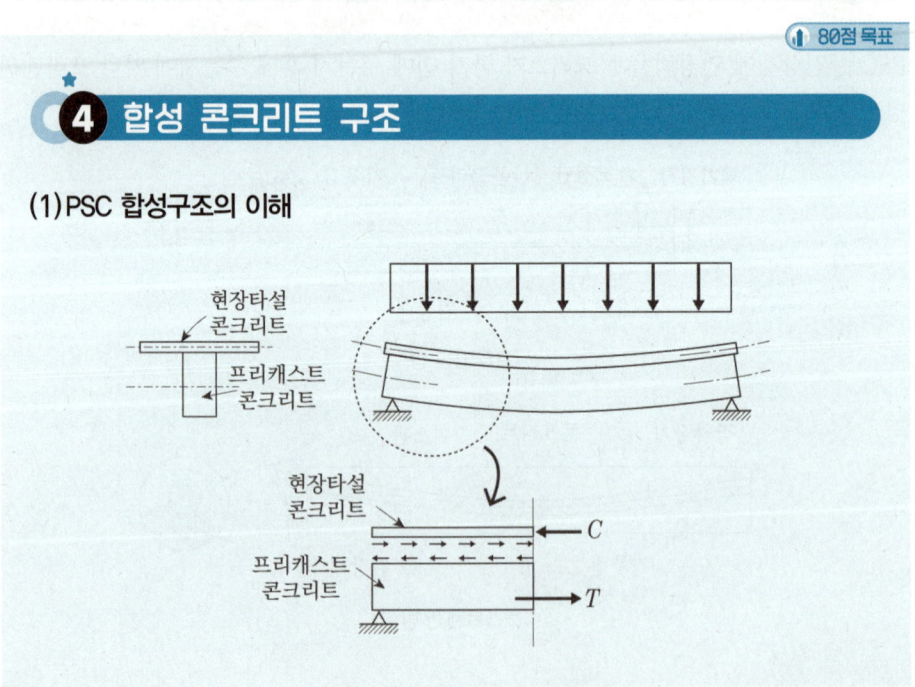

PSC 합성구조란 미리 만들어 놓은 PSC 부재(프리캐스트 콘크리트)를 설치한 후 나머지 부분을 현장타설해서 완성하는 구조를 의미한다. PSC 합성구조는 PSC 부재와 현장타설 부분 사이에서 전단응력이 발생하므로 부착을 확보하기 위한 다음과 같은 노력이 필요하다.

① 프리캐스트 부재의 상부 표면은 기계적 맞물림으로 전단력이 전달되도록 콘크리트를 연마하지 않고 거친 상태로 둔다.
② 접합부의 면적이 넓은 부재는 별도로 대책을 마련하지 않는 것이 보통이다.
③ 프리캐스트 부재의 스터럽을 현장타설 콘크리트 슬래브 속으로 솟아 오르게 하거나, 전단연결재(스터드 볼트)를 배치할 수 있다.

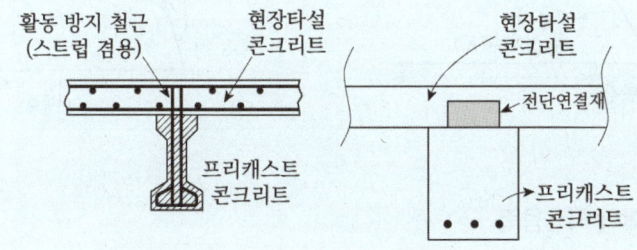

### 학습 POINT

**80점 목표**

○ 강합성교
교량 등에서는 강 거더(steel girder)와 현장타설 콘크리트로 합성하는 경우도 많은데 이러한 구조를 강합성 구조, 강합성 부재 또는 강합성 거더 교량이라고 한다.

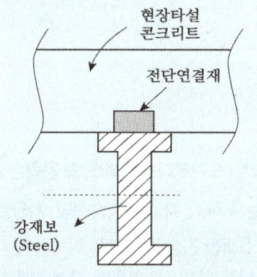

강합성 구조 또한 현장타설 콘크리트(바닥판)와 강재보(거더)의 부착을 위해 전단연결재(스터드 볼트)가 필요하다.

### (2) PSC 합성구조의 특징

① 일반적으로 프리캐스트 부재는 시설을 갖춘 공장에서 생산되므로, 균일한 품질의 PSC 부재를 이용할 수 있다.
② 현장에서 거푸집과 비계를 크게 줄일 수 있다.
③ 현장작업이 간단하여 공사기간을 단축할 수 있다.
④ 단면의 인장측만을 PSC 구조로 할 수 있다.
⑤ 현장치기 콘크리트는 프리캐스트 부재와의 부착을 손상하지 않는 한 그렇게 높은 품질의 것이 아니라도 좋다.
⑥ 프리캐스트 부재의 강도는 일반적으로 28~42MPa의 범위에 있다. 현장치기 콘크리트의 강도는 21~28MPa의 범위에 있는 것이 보통이다.

**80점 목표**

**기출** 2023 국가직 9급
표준트럭하중이 강합성 거더 교량에 작용할 때, 하중이 전달되는 순서로 옳은 것은?

**확인** 바닥판 → 전단연결재 → 거더 → 받침

| 학습 POINT |

## 5 긴장재의 응력

### (1) 항복강도($f_{py}$)

PS 긴장재(고강도 철근)의 경우 RC 철근과 달리 항복점이 명확하지 않기 때문에 콘크리트와 같이 0.2% offset 방법을 이용하여 항복응력을 결정한다.

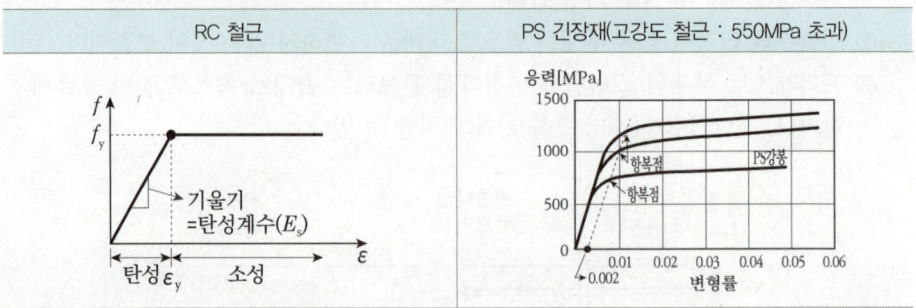

● $P_i$ (초기프리스트레스)와 응력손실

$P_i$는 뒤에서 자세히 학습한다. 지금은 처음 가해진 긴장력 정도로 이해하자. 다양한 시험 데이터에 따르면 $P_i$가 크면 긴장력 손실이 작아진다. 따라서 $P_i$를 크게 주기 위해 인장강도가 커야 하는 것이다.

● 강재의 항복비, 인장강도

항복비란 항복강도/인장강도를 의미한다. 내진설계 등 소성에너지를 저장해야 하는 구조가 아니라면 거의 모든 구조는 항복비가 커야 한다. 항복비가 크다는 것은 변형이 잘 일어나지 않고, 강도가 큰 것을 의미한다.

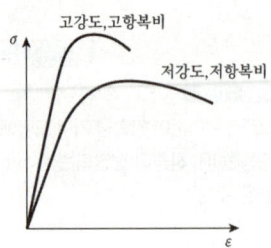

● 인성

인성은 파단시까지 에너지 흡수 능력을 의미한다. 연성이 크면 인성도 크다.(가벼운 응용역학 DAY 02)
리질리언스 = $A_1$
인성 = $A_1 + A_2 + A_3 + A_4$

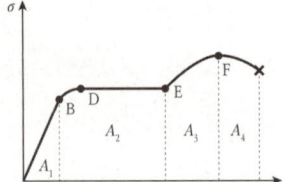

🔼 80점 목표

### (2) 긴장재의 허용응력

| 긴장을 할 때 긴장재[a] | $0.80f_{pu}$ 또는 $0.94f_{py}$ 중 작은 값 이하 |
|---|---|
| 프리스트레스 도입 직후 긴장재 | $0.74f_{pu}$ 또는 $0.82f_{py}$ 중 작은 값 이하 |
| 정착구와 커플러의 위치에서 프리스트레스 도입 직후 포스트텐션 긴장재 | $0.7f_{pu}$ 이하 |

$f_{pu}$ : 긴장재의 설계기준 인장강도, $f_{py}$ : 긴장재의 설계기준 항복강도

a) 또한 긴장재나 정착장치 제조자가 제시하는 최댓값도 초과하지 않아야 한다.

## 6 긴장재에 요구되는 성질

① 인장강도가 커야 한다. → 긴장력의 손실이 적다.
② 항복비가 커야 한다.(80~85%) → 인장강도 크다. → 긴장력의 손실이 적다.
③ 릴랙세이션이 작아야 한다. → 긴장력의 손실이 적다.
④ 적당한 연성(= 연신율이 커야 한다)과 인성이 있어야 한다.
  (항복비가 큰 재료는 항복이 발생한 후 바로 파괴에 도달하기 때문에 취성파괴가 발생할 수 있으므로 적당한 연성 요구)
⑤ 응력부식에 대한 저항성이 커야 한다.
  (높은 응력을 받을 경우 강재는 급속하게 녹이 발생하므로 부식에 대한 저항성 요구)
⑥ 콘크리트와 부착강도가 커야 한다.
⑦ 적당한 피로강도를 가져야 한다.
⑧ 직진성이 좋아야 한다.

## 7 설계 상세

### (1) 프리스트레스트 콘크리트구조 설계기준(KDS 14 20 60)

① 프리스트레스트콘크리트 부재의 설계는 프리스트레스를 도입할 때부터 구조물의 수명기간 동안에 모든 재하단계의 강도 및 사용조건에 따른 거동에 근거하여야 한다.
② 덕트의 치수가 과대하여 긴장재와 덕트가 부분적으로 접촉하는 경우, 접촉하는 위치 사이에 있어서 부재 좌굴과 얇은 복부 및 플랜지의 좌굴이 발생할 가능성을 검토하여야 한다.
③ 긴장재가 부착되기 전의 단면 특성을 계산할 경우 덕트로 인한 단면적의 손실을 고려하여야 한다.

**80점 목표**

④ 설계에서는 프리스트레스에 의하여 발생되는 **응력집중**을 고려하여야 한다.
⑤ 프리스트레스에 의해 발생되는 부재의 **탄·소성변형, 처짐, 길이변화 및 회전 등**에 의해 인접한 구조물에 미치는 영향을 고려하여야 한다. 이때 **온도와 수축**의 영향도 고려하여야 한다.
⑥ 등분포하중에 대하여 배치하는 긴장재의 간격은 최소한 1방향으로는 슬래브 두께의 8배 또는 1.5 m 이하로 하여야 한다.
⑦ 유효프리스트레스에 의한 콘크리트의 평균 압축응력이 0.9 MPa 이상 되도록 긴장재의 간격을 정하여야 한다.
⑧ 긴장재 간격을 결정할 때 슬래브에 작용하는 **집중하중이나 개구부**를 고려하여야 한다.

### (2) 프리스트레스 콘크리트(KCS 14 20 53)

① 그라우트에 사용하는 혼화제는 블리딩 발생이 없는 타입을 표준으로 한다.
② 그라우트의 물-결합재비는 45% 이하로 한다.
③ 구조물의 소요 성능이 부식성 물질의 함유에 따른 강재 부식에 의해 손상을 받지 않도록 하여야 한다.
④ 그라우트되는 단독 강선, 강연선 또는 강봉을 배치하기 위한 덕트는 내면 지름이 긴장재 지름보다 6mm 이상 커야 한다.
⑤ 그라우트되는 다수의 강선, 강연선 또는 강봉을 배치하기 위한 덕트는 내부 단면적이 긴장재 단면적의 2.5배 이상이어야 한다. 단, 30m 이하의 짧은 텐던에서는 2배 이상이어야 한다.
⑥ PS 강재를 부착시키는 포스트텐션 방식의 경우에는 그라우트에 의해 긴장재의 부식을 방지하여야 한다.

---

**학습 POINT**

○ 그림으로 설계 상세 이해하기

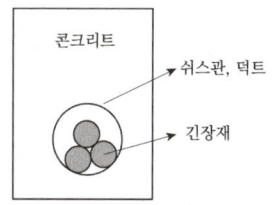

수험생들의 이해를 돕기 위해 과장해서 그린 그림으로, 실무 경험이 많은 학생들은 오해 없길 바란다.

○ 텐던(Tendon)
텐던(Tendon)=긴장재(Prestressing tendon)

⑦ 그라우트 시공은 프리스트레싱이 끝나고 8시간이 경과한 다음 가능한 한 빨리 하여야 하며, 프리스트레싱이 끝난 후 7일 이내에 실시하여야 한다. 만약 이러한 기한을 준수하지 못할 경우 부식 방지제를 사용하여 강재를 보호하여야 한다.

**80점 목표**

⑧ 부재 콘크리트와 긴장재를 일체화시키는 부착강도는 재령 7일 또는 28일의 압축강도로 대신하여 설정할 수 있다. 압축강도는 7일 재령에서 27MPa 이상 또는 28일 재령에서 30MPa 이상을 만족하여야 한다.

**80점 목표**

### (3) 교량 설계하중(한계상태설계법) (KDS 24 12 21)

① 설계 시에 고려하여야 할 프리스트레스힘은 프리스트레싱 직후의 프리스트레스힘과 유효프리스트레스힘이다. 또 프리스트레스힘에 의하여 **부정정력**이 일어나는 경우에는 이들도 고려하여야 한다.

② 프리스트레싱 직후의 프리스트레스힘의 감소는 프리텐션 방식에서는 콘크리트의 탄성변형만을 고려하여야 하고, 포스트텐션 방식에서는 콘크리트의 탄성변형, PS강재와 쉬스의 마찰, 정착장치 및 정착부 내부의 마찰, 정착장치에서의 활동량을 고려하여야 한다.

> **○ 즉시손실**
> 한계상태설계법에서는 정착장치 활동에 의한 손실도 포스트(post)텐션 방식에서만 발생한다고 분류한다.

③ 유효프리스트레스힘은 산출한 프리스트레싱 직후의 프리스트레스힘에 다음의 영향을 고려하여 산출한다.
- 콘크리트의 크리프(이 경우에 고려하는 지속하중은 프리스트레스힘과 고정하중이다)
- 콘크리트의 건조수축
- PS강재의 릴랙세이션

**80점 목표**

④ 일반적으로 프리스트레스힘에 의해 보의 변형이 구속되어 이로 인하여 부정정력이 발생하게 되는데 단면의 응력을 검사할 경우에 이 **부정정력**을 고려하여야 한다. 유효프리스트레스힘에 의한 부정정력은 PS강재 인장력의 유효계수를 부재 전체에 걸쳐 평균한 값을 프리스트레싱 직후의 부정정력에 곱하여 산출할 수 있다.

## 8 프리스트레스 손실

### (1) 프리스트레스 손실 원인

|  | 프리(pre)텐션 방식 | 포스트(post)텐션 방식 |
|---|---|---|
| 도입할 때 일어나는 손실<br>(즉시 손실) | ① 정착장치의 활동(= 슬립량에 의한 손실)<br>② 콘크리트의 탄성수축 | |
| | | ③ 긴장재와 덕트 사이의 마찰 ★<br>(= PS 강재와 쉬스 사이의 마찰) |
| 도입 후 일어나는 손실<br>(시간 손실) | ① 콘크리트의 크리프<br>② 콘크리트의 수축(자기수축+건조수축)<br>③ 긴장재 응력의 릴랙세이션 | |

포스트텐션 방식이 프리텐션 방식보다 시간 손실이 작은 것이 일반적이다. ★

### (2) 프리스트레스 손실 계산

**(2)-1 정착 장치의 활동(= 슬립량)에 의한 긴장재 응력 손실**

① 일단 정착

$$\triangle f = E_s \varepsilon_s = E_s \left( \frac{\triangle L}{L} \right)$$

② 양단 정착

$$\triangle f = E_s \varepsilon_s = E_s \left( \frac{2\triangle L}{L} \right)$$

$E_s$ : 긴장재 탄성계수, $\triangle L$ : 일단에서 정착장치의 활동

**(2)-2 콘크리트의 탄성수축에 의한 긴장재 응력 손실**

$$\triangle f = \varepsilon_{se} \times E_s = \varepsilon_{ce} \times E_s = \frac{f_c}{E_c} \times E_s = nf_c (\because \varepsilon_{se} = \varepsilon_{ce})$$

$$f_c = \frac{E_c}{E_c A_c + E_s A_s} P = \frac{1}{A_c + nA_s} P \approx \frac{1}{A_g} P (\because 긴장재\ 단면적\ 무시)$$

$\varepsilon_{se}$ : 콘크리트 탄성 변형률

포스트텐션 방식으로 긴장재에 한번에 프리스트레스를 도입할 경우 콘크리트의 탄성수축으로 인한 응력손실은 발생하지 않는다. ★

---

**학습 POINT**

**80점 목표**

**◦ 정착장치 활동에 의한 손실**
프리텐션 방식은 쉬스와 정착 장치를 설치하지 않는다고 했다. 따라서 수험생들은 '① 정착장치 활동에 의한 손실'도 포스트텐션 방식에서만 발생한다고 생각할 수 있다. 그러나 포괄적으로 정착장치의 활동이란 긴장재를 고정시키는 부분에서의 slip에 의한 응력 손실을 의미하므로 프리텐션 방식에서도 발생한다고 볼 수 있다.

**Quiz. 01**
양단 정착하는 PSC 포스트텐션 부재에서 일단 정착부 활동이 1mm 발생하였을 때, PS 강재와 쉬스의 마찰이 없는 경우에 정착부 활동에 의한 프리스트레스 손실량[MPa]은? (단, PS 강재의 길이 10m, 탄성계수 $E_s = 200,000$MPa 이다.)

**풀이**

$$\triangle f = \varepsilon E_s = \left( \frac{\delta}{L} \right) E_s$$
$$= \left( \frac{1\text{mm}}{10\text{m}} \times 2, 양단정착 \right)$$
$$\quad \times (200,000\text{MPa})$$
$$= 40\text{MPa}$$

### 학습 POINT

포스트텐션 방식으로 긴장재에 순차적으로 프리스트레스를 도입할 경우 콘크리트의 탄성수축으로 인한 응력손실 계산방법은 다음과 같다. 긴장 순서는 ①~④로 한다.

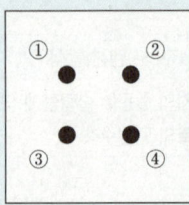

① **긴장재 순서** : 초기 인장력에 손실량을 가산하여 긴장하기 때문에 케이블의 인장 차례에 해당되는 케이블에는 콘크리트 탄성수축에 의한 긴장력 손실이 발생하지 않는다.
② **긴장재 순서** : 두 번째 케이블을 긴장정착할 때 첫 번째 케이블 감소량은 $nf_c$이다.
③ **긴장재 순서** : 세 번째 케이블을 긴장정착할 때 첫 번째 케이블 감소량은 $2 \times nf_c$, 두 번째 케이블 감소량은 $nf_c$이다.
④ **긴장재 순서** : 네 번째 케이블을 긴장정착할 때 첫 번째 케이블 감소량은 $3 \times nf_c$, 두 번째 케이블 감소량은 $2 \times nf_c$, 세 번째 케이블 감소량은 $nf_c$이다.

따라서 평균 응력 손실은 다음과 같다.

$$\triangle f_e = \frac{3nf_c + 2nf_c + nf_c}{4개} \quad (암기 \times)$$

### (2)-3 포스트텐션 긴장재의 마찰에 의한 긴장재 응력손실

아래 식은 쉬스관의 곡률과 파상마찰로 인한 마찰을 모두 고려하겠다는 의미이다. 임의점 $x$에서 긴장재의 긴장력($P_{px}$)는 긴장단에서 멀어질수록 감소한다. ★

○ **파상마찰(Wobble friction)**
쉬스관이 직선 위치로부터 어긋남으로써 발생하는 마찰(=쉬스 또는 덕트의 시공상 오차에 의해 긴장재와 쉬스 또는 덕트 사이에 발생하는 마찰)

$$P_{px} = P_{pj}e^{-(Kl_{px} + \mu_p\alpha_{px})}$$

$P_{px}$ : 임의점 $x$에서 긴장재의 긴장력
$P_{pj}$ : 긴장단에서 긴장재의 긴장력
$K$ : 긴장재의 단위길이 1 m당 파상마찰계수
$l_{px}$ : 정착단부터 임의의 지점 $x$까지 긴장재의 길이
$\mu_p$ : 곡선부의 곡률마찰계수
$\alpha_{px}$ : 긴장단부터 임의점 $x$까지 긴장재의 전체 회전각 변화량(라디안)

이때 $(Kl_{px} + \mu_p\alpha_{px})$ 값이 0.3 이하인 경우 다음과 같은 근사식을 사용할 수 있다.

$$P_{px} = P_{pj}/(1 + Kl_{px} + \mu_p\alpha_{px})$$
$$감소율 = -(\mu_p\alpha_{px} + Kl_{px})$$

## (2)-4 콘크리트의 크리프에 의한 긴장재 응력 손실

$$\triangle f = \varepsilon_s E_s = \varepsilon_{\text{creep}} E_s = (C_u \varepsilon_c) \times E_s = \left(C_u \frac{f_c}{E_c}\right) \times E_s = C_u n f_c$$

$$\therefore (\varepsilon_{\text{creep}}(\text{콘크리트 크리프 변형률}) = \varepsilon_s (\text{긴장재 변형률}))$$

## (2)-5 콘크리트의 수축에 의한 긴장재 응력 손실

$$\triangle f = \varepsilon_s E_s = \varepsilon_{sh} E_s$$

$\varepsilon_{sh}$ : 콘크리트 수축 변형률

$$(\because \varepsilon_{sh}(\text{콘크리트 수축 변형률}) = \varepsilon_s(\text{긴장재 변형률}))$$

## (2)-6 긴장재 응력의 릴랙세이션에 의한 긴장재 응력 손실

'크리프'란 일정한 응력 하에서 '시간경과'에 따라 '변형'이 증가하는 것을 의미한다.
'릴랙세이션(이완)'이란 일정한 변형 하에서 '시간경과'에 따라 '응력'이 감소하는 것을 의미한다.

① **순 릴랙세이션** : 순 릴랙세이션은 인장응력 감소량을 초기 인장응력에 대한 백분율로 나타낸 것을 의미한다.
② **겉보기 릴랙세이션** : 건조수축, 크리프 등의 영향을 고려한 값으로 순 릴랙세이션 값보다 작다.
③ 릴랙세이션은 온도에 따라 커지는 경향이 있다.

## (3) 유효율, 감소율(손실률)

① **유효율** : $R = \dfrac{P_e}{P_i} \times 100\%$

$P_j$ : 재킹 힘(긴장재를 잡아당긴 힘)
$P_i$(초기 프리스트레스) : $P_j$ - 즉시손실량
$P_e$(유효 프리스트레스) : $P_i$ - 시간손실량(크리프, 수축, 릴랙세이션 등)
일반적으로 긴장재 손실(즉시, 시간손실)은 $P_j$의 20~35% 범위이다.

② **감소율(손실률)** : $\dfrac{P_i - P_e}{P_i} \times 100\% = 1 - R$

($P_i - P_e$는 시간손실량($\triangle P$) 이므로 $\dfrac{\triangle P}{P}$로 쓸 수 있다.)

---

### 학습 POINT

○ 크리프 변형률 : $\varepsilon_{\text{creep}}$
크리프 변형률은 콘크리트 탄성변형율 $\varepsilon_c$에 크리프 계수 $C_u$를 곱해 계산할 수 있다.

### Quiz.02
프리스트레스트 콘크리트 부재에 프리스트레스 도입으로 인한 콘크리트 압축응력 $f_c = 8\text{MPa}$, 콘크리트 크리프계수 $C_u = 2.0$, 탄성계수비 $n = 5$일 때, 콘크리트 탄성수축과 크리프에 의한 PS 강재의 프리스트레스 감소량[MPa]은?

**풀이**
탄성수축 : $\triangle f_e = nf_c = 5(8\text{MPa})$
$\qquad = 40\text{MPa}$
크리프 : $\triangle f_{cr} = C_u n f_c = (2.0)(5)(8\text{MPa})$
$\qquad = 80\text{MPa}$
$\therefore \triangle f = 40\text{MPa} + 80\text{MPa} = 120\text{MPa}$

### Quiz.03
프리텐션 방식 PSC 부재에서 수축 변형률이 $\varepsilon_{sh} = 400 \times 10^{-6}$으로 측정되었을 때, 수축에 의한 프리스트레스 손실량[MPa]은? (단, 강재의 탄성계수 $E_s = 200,000\text{MPa}$, 콘크리트의 탄성계수 $E_c = 30,000\text{MPa}$이다.)

**풀이**
$\triangle f = \varepsilon_{sh} E_s = (400 \times 10^{-6})(200,000\text{MPa})$
$\qquad = 80\text{MPa}$

### Quiz.04
프리스트레스 콘크리트 제작과정에서 측정한 손실값이 표와 같다. 초기 프리스트레스 힘 $P_i = 1000\text{kN}$인 경우의 유효율 $R[\%]$은?

| | 감소 원인 | 손실값(kN) |
|---|---|---|
| 도입중 | 콘크리트의 탄성수축 손실 | 10.0 |
| 도입후 | 콘크리트의 크리프 손실 | 20.0 |
| 도입후 | 강재의 릴랙세이션 손실 | 30.0 |

**풀이**
$P_e = P_i$ - 시간손실량
$\quad = 1000\text{kN} - 20\text{kN} - 30\text{kN} = 950\text{kN}$
$\therefore R = \dfrac{P_e}{P_i} \times 100\% = \dfrac{950\text{kN}}{1000\text{kN}} \times 100\%$
$\quad = 95\%$

## 학습 POINT

## 9 응력 해석

PSC 응력 해석 기본개념은 다음과 같이 분류한다. 개념을 알아두면 좋으나 이를 가지고 계산문제에 적용하지는 않는다.

① **균등질 보 개념(응력 개념)** : 콘크리트에 프리스트레스가 도입되면 '**콘크리트가 탄성체로 전환**'되어 탄성이론에 의한 해석이 가능하다는 개념이다.
② **내력 개념(강도 개념)** : RC 보와 같이 콘크리트는 압축력을 받고 긴장재는 인장력을 받게 하여 '**두 힘에 의한 우력**'이 외력모멘트에 저항한다는 개념이다.
③ **하중평형 개념(등가하중 개념)** : 프리스트레싱에 의하여 부재에 미리 작용하는 힘과 부재에 작용하는 외력이 비기도록('**평형**')되게 한다는 개념이다.

### (1) 긴장재에 의한 등가하중과 휨모멘트

① 상향력은 긴장재를 원래대로(직선으로) 되돌리려는 방향으로 작용한다.
② (f), (g)를 보면 긴장재가 부재의 중심 축선을 따라 발생할 경우 모멘트가 발생하지 않는 것을 확인할 수 있다.

○ (a), (b) 모멘트도 이해하기
'응용역학 DAY 01'에서 배운 단순보의 전단력도, 모멘트도 형상과 연관시키면 이해하기 쉽다.

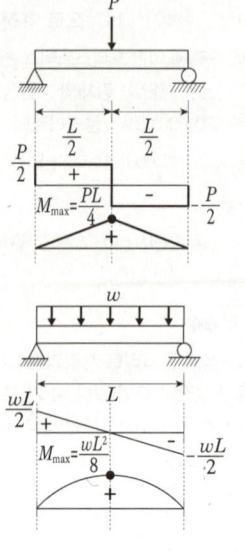

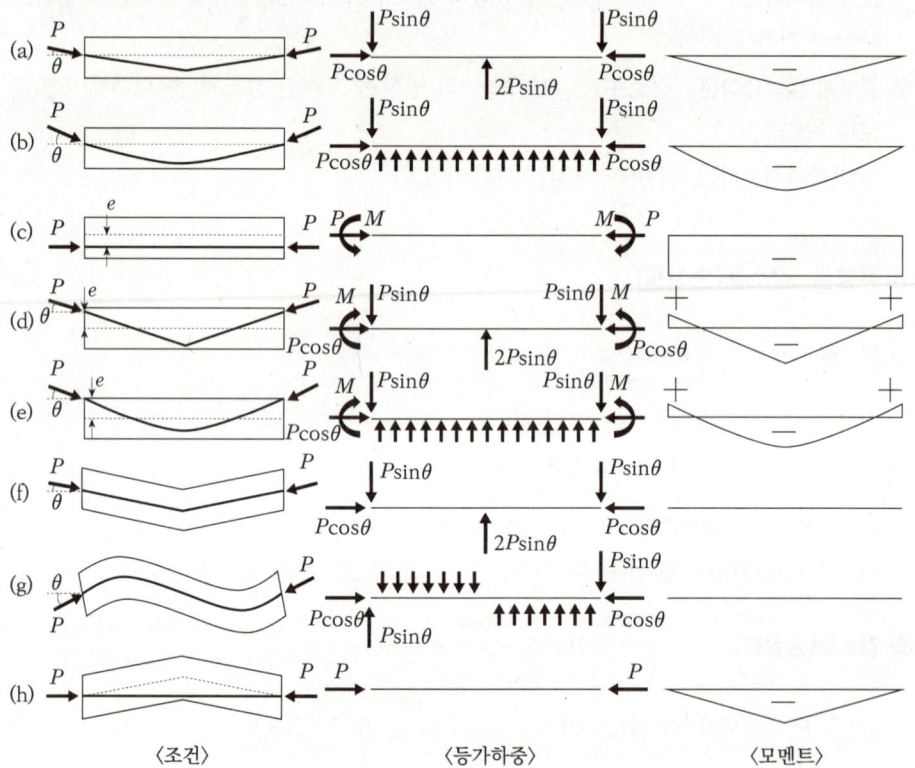

〈조건〉　　〈등가하중〉　　〈모멘트〉

## (2) 출제 유형

### ① 모멘트($M$), 등분포 상향력($w_e$) 해석이 필요한 경우

(b), (e)의 경우 편심하중이 발생시키는 등분포 상향력($w_e$)을 계산할 필요가 있다. 계산방법은 편심하중이 중앙단면에서 발생시키는 모멘트와 동일한 크기의 모멘트를 발생시키는 등분포 하중으로 변환하는 것이다.

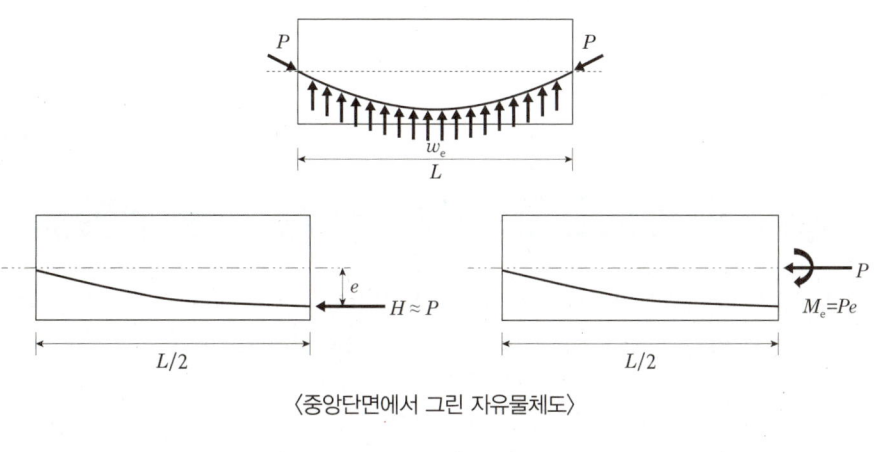

⟨중앙단면에서 그린 자유물체도⟩

$$M_e = P \times e = \frac{w_e L^2}{8} \rightarrow w_e = \frac{8Pe}{L^2}$$

### ② 응력($\sigma$)에 대한 해석이 필요한 경우

응력에 대한 해석이 필요할 경우 단면의 핵에 대한 개념으로 응력에 기여하는 모멘트를 이용한다.

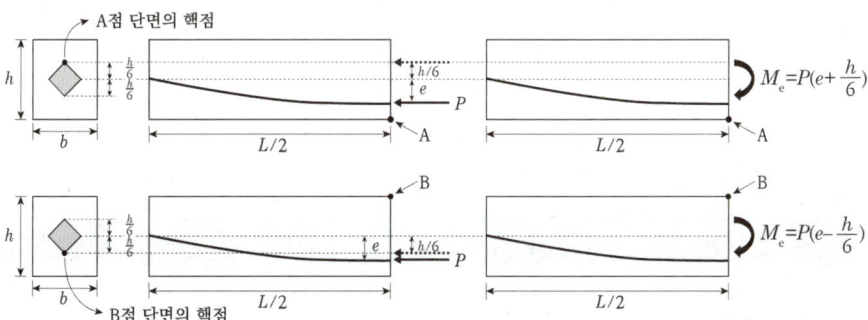

응용역학 시간에 사각단면의 단면의 핵은 $h/6$에 위치한다고 했다. 만약 하중 $P$가 단면의 핵에 작용하였다면 정의에 따라 A점의 응력은 '0'이다. 하중 작용점에 단면의 핵에서 멀어지는 만큼 멀어진 거리를 모멘트팔로 하는 모멘트가 A점에 발생한다고 해석할 수 있다. 실제 하중은 편심 '$e$'를 가지므로 A점에 발생되는 응력에 기여하는 모멘트는 $M_e = P\left(e + \frac{h}{6}\right)$으로 해석할 수 있는 것이다.

---

**학습 POINT**

### Quiz. 05

그림과 같이 긴장재를 포물선으로 배치한 경우 지간 중앙에서 긴장재가 발생시키는 모멘트[kN·m]와 긴장재에 의한 등분포 상향력[kN/m]를 구하시오. (단, 유효 프리스트레스 힘은 1,000kN이다.)

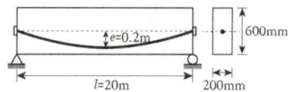

**풀이**

$M_e = Pe$
$= 1000\text{kN} \times 0.2\text{m}$
$= 200\text{kN} \cdot \text{m}$

$M_e = Pe = \dfrac{w_e L^2}{8}$

$\rightarrow w_e = \dfrac{8Pe}{L^2}$

$= \dfrac{8(1000\text{kN})(0.2\text{m})}{(20\text{m})^2}$

$= 4\text{kN/m}$

### Quiz. 06

그림과 같이 긴장재를 포물선으로 배치한 경우 지간 중앙단면의 하연응력[MPa]은? (유프리스트레스 힘은 1,000kN이다.)

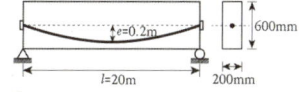

**풀이**

$M_e = P\left(e + \dfrac{h}{6}\right)$

$\sigma_B = -\dfrac{M_e}{S} = -\dfrac{P\left(e + \dfrac{h}{6}\right)}{\left(\dfrac{bh^2}{6}\right)}$

$= -\dfrac{(1000\text{kN})\left(0.2\text{m} + \dfrac{600\text{mm}}{6}\right)}{\left(\dfrac{200 \times 600^2}{6}\text{mm}^3\right)}$

$= -25\text{MPa}(압축)$

## 학습 POINT

● **프리스트레싱 방법**
- 완전(Full) 프리스트레싱 : 설계하중이 작용할 때 PSC 부재단면에 인장응력이 생기지 않는 것
- 부분적(Partial) 프리스트레싱 : 설계하중이 작용할 때 PSC 부재단면의 일부에 인장응력이 생기는 것

| 문제에서 요구하는 해석 | | $M_c$ |
|---|---|---|
| $M, w \Rightarrow$ 실제 모멘트 | | $Pe$ |
| $\sigma \Rightarrow$ 응력에 기여하는 모멘트 | 하연응력 | $P\left(e + \dfrac{h}{6}\right)$ |
| | 상연응력 | $P\left(e - \dfrac{h}{6}\right)$ |

###  PS 강재의 정착방법

▶ 80점 목표

포스트텐션 방식의 정착방법을 묻는 문제가 2번 출제된 적 있다. 출제 빈도는 매우 낮으므로 가장 마지막에 학습하도록 한다. 단순암기 파트이다.

| 쐐기식 | ① Freyssinet 공법<br>② VSL 공법<br>③ CCL 공법<br>④ Magnel 공법 |
|---|---|
| 지압식 | ① BBRV 공법<br>② Dywidag(FCM) 공법<br>③ Lee-Mccall 공법<br>④ stress steel 공법 |
| 루프식 | ① Leoba 공법<br>② Baur-Leonhardt 공법 |

###  PSC 장대교량 가설 공법

**(1) 현장타설 공법**

① **동바리공법 FSM(Full Staging Method)** : 콘크리트 치기를 하는 경간에 동바리를 설치하여, 자중 등의 하중을 일시적으로 동바리가 지지하는 공법이다.

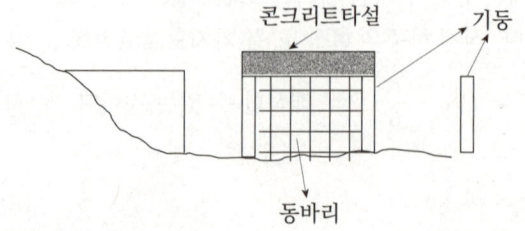

● **동바리, 비계**
- 동바리(서포트) : 거푸집을 지지하는 구조물
- 비계 : 건물 외벽(측면)에서 사람이 작업할 수 있도록 설치한 구조물

② **압출공법 ILM**(Incremental Launching Method) : 후방의 제작장에서 세그먼트를 제작하여, 교축방향으로 밀거나 잡아당기고, 콘크리트를 이어 치며 점차적으로 교량을 가설하는 공법이다.
- 시공부위의 캔틸레버 작용(모멘트)을 감소시키기 위하여 선단에 추진코(Launching nose)를 부착시킨다.

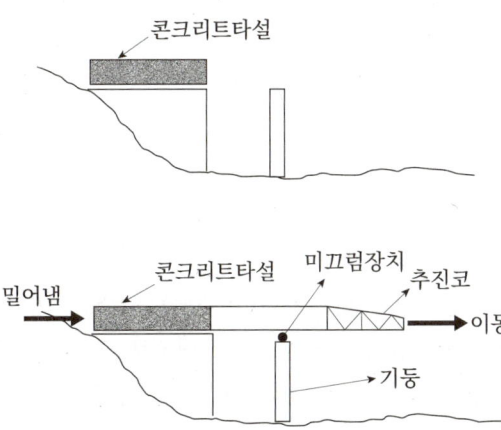

③ **캔틸레버 공법, 외팔보 공법 FCM**(Free Cantilever Method) : 이동 작업차(또는 가설용 트러스)를 이용해 동바리 없이 교각의 양쪽 방향으로 분할된 거더(2~5m)를 순차적으로 이어나가는 공법, 제작 도중 캔틸레버 형상이므로 캔틸레버 공법이라 한다.
- 작업이 주로 이동 거푸집 안에서 이루어지므로, 기상조건의 영향을 받는 일 없이 시공관리가 용이하다.
- 동일 작업이 반복되므로 시공속도가 빠르다.
- 긴 경간의 가설이 가능하다.

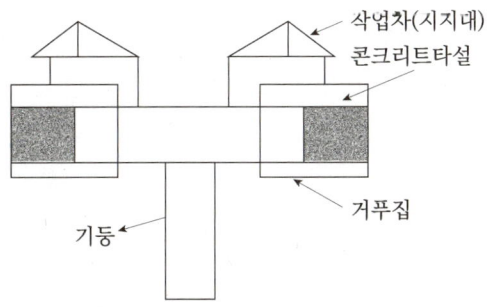

④ **이동지보공 공법, 이동식비계 공법 MSS**(Movable Scaffolding System) : 교각에 브라켓 설치 후, 그 위에 이동지보공을 설치하여, 특수제작된 거푸집을 지지하고 이동시키면서 진행방향으로 타설하는 공법이다.
- 기계화된 이동지보공과 거푸집을 사용하여, 신속하게 시공이 가능하다.
- 유압잭을 이용하여 전·후의 구동이 가능하며, 거더(Girder)와 거푸집(Form)을 상하좌우로 조절 가능하다.

---

**학습 POINT**

○ **압출공법 ILM**(Incremental Launching Method)
후방에서 타설된 프리캐스트 세그먼트를 압출하여 경간으로 사용하므로 프리캐스트 공법으로 분류하는 경우도 있다.

**80점 목표**

○ **압출공법 ILM**(Incremental Launching Method) 압출방법
- Pulling 방법
- Pushing 방법
- Lifting and Pushing 방법

○ **압출공법 ILM**(Incremental Launching Method) 단점
- 넓은 제작장이 필요하다.
- 콘크리트 타설시 품질관리가 요구된다.
- 교량이 짧은 경우 비경제적이다.
- 교량의 선형에 제한이 있다. (직선 또는 일정 곡률반경의 교량에 시공 가능)
- 몰드 및 추진성에 제한이 있어 상부 구조물의 횡단면과 두께가 일정해야 한다.

○ **캔틸레버 공법 FCM**(Free Cantilever Method)
Dywidag 사에서 개발되어 Dywidag 공법이라고도 한다.

○ **캔틸레버 공법**
캔틸레버 공법은 현장타설 공법 뿐만 아니라 프리캐스트 공법에도 적용할 수 있다.

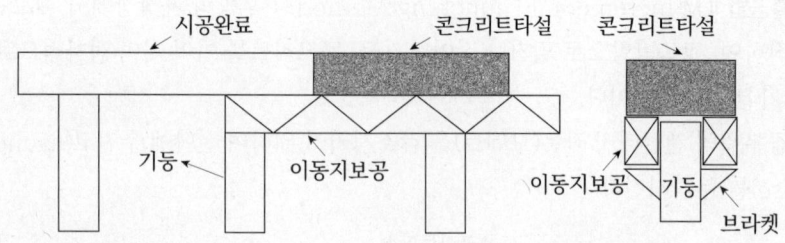

### (2) 프리캐스트 공법

① **프리캐스트 세그먼트 공법 PSM**(Precast segmental method) : 콘크리트 블록을 미리 만들어 현장으로 운반하고, 포스트텐션 방식으로 결합하여 교량을 건설하는 방법이다.
- 캔틸레버 공법 PFCM(Precast Free Cantilever Method) : 이동 작업차를 이용하여 동바리 없이 교각의 양쪽 방향으로, 세그먼트 단위로 조립해 나가는 방법이다.
- 경간단위 공법 SSM(Span by Span Mehod) : 경간과 같은 길이의 박스 거더를 제작하고, 특수차량(Straddle carrier)으로 운반하여 런칭거더(launching girder)로 이동시키는 방법이다.

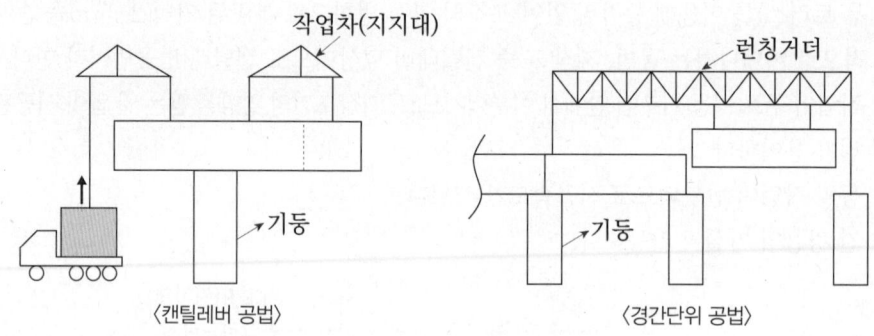

〈캔틸레버 공법〉　〈경간단위 공법〉

## 점수 올리는 문제 풀이 스킬

**SKILL 1**  콘크리트의 수축에 의한 긴장재 응력 손실 계산 시 콘크리트의 탄성계수를 곱하지 않게 주의해야 한다.

수험생들이 굉장히 많이 하는 실수이다. '콘크리트' 수축에 의한 긴장재 응력 손실이므로 '콘크리트' 탄성계수 $E_c$를 곱하는 학생들이 있다. 철근의 탄성계수 $E_s$가 곱해지는 것을 다시 한번 상기하자.

$$\triangle f = \varepsilon_s E_s = \varepsilon_{sh} E_s$$

$\varepsilon_{sh}$ : 콘크리트 수축 변형률

($\because \varepsilon_{sh}$(콘크리트 수축 변형률) $= \varepsilon_s$(긴장재 변형률))

**SKILL 2**  PSC 응력해석에서 하연응력($\sigma_B$)과 상연응력($\sigma_T$)을 계산할 때 긴장재가 응력에 기여하는 모멘트($M_e$)와 외력에 의한 모멘트($M_w$)의 부호를 모멘트 방향으로 이해해도 좋고 암기해도 좋다.

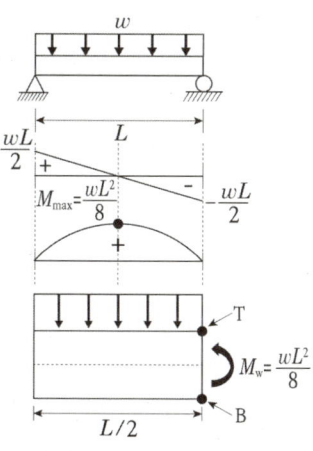

〈외력에 의한 $M_w$ 방향〉

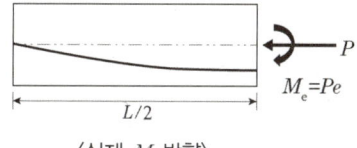

〈실제 $M_e$ 방향〉

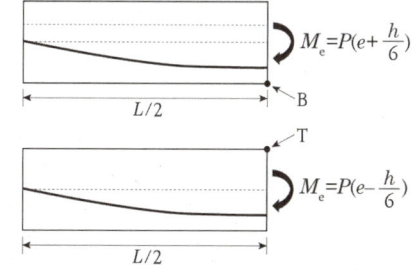

〈응력에 기여하는 $M_e$ 방향〉

| 문제에서 요구하는 해석 | | $M_e$ |
|---|---|---|
| $M, w$ ➡ 실제 모멘트 | | $Pe$ |
| $\sigma$ ➡ 응력에 기여하는 모멘트 | 하연응력 | $P\left(e+\dfrac{h}{6}\right)$ |
| | 상연응력 | $P\left(e-\dfrac{h}{6}\right)$ |

$$\sigma_B = \frac{M_w - M_e}{S} = \frac{\left(\dfrac{wL^2}{8}\right) - P\left(e+\dfrac{h}{6}\right)}{\left(\dfrac{bh^2}{6}\right)}$$

$$\sigma_T = \frac{M_e - M_w}{S} = \frac{P\left(e-\dfrac{h}{6}\right) - \left(\dfrac{wL^2}{8}\right)}{\left(\dfrac{bh^2}{6}\right)}$$

**SKILL 3** 응력해석에서 '하연응력($\sigma_B$)과 상연응력($\sigma_T$)이 동일할 때~' 조건의 문제는 응력에 기여하는 모멘트가 아닌 실제 모멘트 관점(응용역학 시간에 배운 내용)에서 해석하는 것이 편리하다.

$$M_w = M_e \Rightarrow \frac{wL^2}{8} = Pe$$

이유는 아래와 같으나 수험생들은 그냥 넘어가도 좋다.

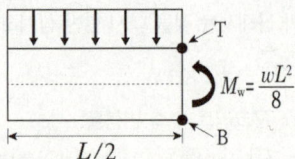
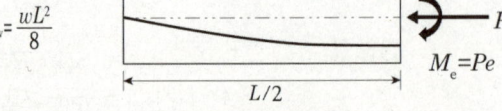

〈외력에 의한 $M_w$ 방향〉　　　　　〈실제 $M_e$ 방향〉

$$\sigma_B = -\frac{P}{A} - \frac{M_e}{S} + \frac{M_w}{S}$$

$$\sigma_T = -\frac{P}{A} + \frac{M_e}{S} - \frac{M_w}{S}$$

$\sigma_B = \sigma_T$ ;

$$M_w = M_e \Rightarrow \frac{wL^2}{8} = Pe$$

# DAY 10

사용성

내구성

# DAY 10 사용성 / 내구성

## 1 사용성, 내구성

구조물 또는 부재가 사용기간 중 충분한 기능과 성능을 유지하기 위하여 '**사용하중**'을 받을 때 사용성과 내구성을 검토하여야 한다.

### (1) 사용성 설계 규정
① 사용성 검토는 '**균열, 처짐, 피로의 영향 등**'을 고려하여 이루어져야 한다.
② 특별히 수밀성이 요구되는 구조는 적절한 방법으로 균열에 대한 검토를 하여야 한다. 이 경우 소요수밀성을 갖도록 하기 위한 허용균열폭을 설정하여 검토할 수 있다.
③ 미관이 중요한 구조는 미관상의 허용균열폭을 설정하여 균열을 검토할 수 있다.

### (2) 내구성 설계 규정
① 콘크리트 구조는 주어진 주변 환경조건에서 설계 공용기간 동안에 안전성, 사용성, 내구성, 미관을 갖도록 설계, 시공, 유지관리하여야 한다.
② 설계 착수 전에 구조물 발주자와 설계자는 구조물의 중요도, 환경조건, 구조거동, 유지관리방법 등을 고려하여 공학적으로 검증된 방법을 통해 구조물의 내구성능을 확보할 수 있는 방안을 강구하여야 한다.
③ 해풍, 해수, 제빙화학제, 황산염 및 기타 유해물질에 노출된 콘크리트는 규정하는 노출등급에 따라 조건을 만족하는 콘크리트를 사용하여야 한다.
④ 설계자는 구조물의 내구성을 확보할 수 있는 적절한 설계기법을 결정하여야 한다.
⑤ 설계 초기단계에서 구조적으로 환경에 민감한 구조 배치를 피하고, 유지관리 및 점검을 위하여 접근이 용이한 구조 형상을 선정하여야 한다.
⑥ 구조물이나 부재의 외측 표면에 있는 콘크리트의 품질이 보장될 수 있도록 하여야 한다. 다지기와 양생이 적절하여 밀도가 크고, 강도가 높고, 투수성이 낮은 콘크리트를 시공하고 피복 두께를 확보하여야 한다.
⑦ 구조물의 모서리나 부재 연결부 등의 건전성 확보를 위한 철근콘크리트 및 프리스트레스트콘크리트 구조요소의 구조 상세가 적절하여야 한다.
⑧ 고부식성 환경조건에 있는 구조는 표면을 보호하여 내구성을 증진시켜야 한다.
⑨ 설계자는 내구성에 관련된 콘크리트 재료, 피복 두께, 철근과 긴장재, 처짐, 균열, 피로 및 기타 사항에 대한 제반 규정을 모두 검토하여야 한다.

---

○ **총 염화물 함화물 이온량**
철근의 부식방지를 위하여 굳지 않은 콘크리트의 총 염화물 이온량은 $0.3kg/m^3$ 이하로 하여야 한다.

## ② 피복두께

최소 피복두께를 제한하는 이유는 철근의 부식방지, 부착력의 증대, 내화성을 갖도록 하기 위해서이다.

### (1) 프리스트레스하지 않는 현장치기 콘크리트

| 환경조건과 부재의 종류 | | 최소 피복두께(mm) |
|---|---|---|
| 옥외의 공기나 흙에 접촉하지 않는 경우 (슬래브, 벽체, 장선 등) | D35 이하 or 쉘, 절판 | 20 |
| | D35 초과 or 보, 기둥 | 40 |
| 옥외의 공기나 흙에 접촉하는 경우 | D16 이하 | 40 |
| | D19 이상 | 50 |
| 흙에 파묻힘 | | 75 |
| 수중 침수 | | 100 |

☞ 보, 기둥 : $f_{ck} \geq 40\text{MPa}$이라면 -10mm ★

> 80점 목표

### (2) 프리스트레스하지 않는 현장치기 콘크리트가 아닌 경우는 출제 빈도가 매우 낮고 모두 학습하기에는 양이 너무 많기 때문에 무시해도 좋다.

#### (2)-1 프리스트레스 하는 현장치기 콘크리트

| 환경조건과 부재의 종류 | | | 최소 피복두께(mm) |
|---|---|---|---|
| 옥외의 공기나 흙에 접촉하지 않는 경우 | 쉘, 절판 | D19 이상 | $d_b$(공칭지름) |
| | | D16 이하 | 10 |
| | 슬래브, 벽체, 장선 | | 20 |
| | 보, 기둥 | 띠철근, 스터럽, 나선철근 | 30 |
| | | 주철근 | 40 |
| 옥외의 공기나 흙에 접촉하는 경우 | 슬래브, 벽체, 장선 | | 30 |
| | 기타 | | 40 |
| 흙에 파묻힘 | | | 75 ★ |

#### (2)-2 프리캐스트콘크리트

너무 복잡해서 생략한다.

#### (2)-3 다발철근

| 환경조건과 부재의 종류 | 최소 피복두께(mm) |
|---|---|
| 일반적인 경우 | 50 또는 등가지름 중 작은값 이상 |
| 흙에 파묻힘 | 75 ★ |
| 수중 침수 | 100 ★ |

---

### 학습 POINT

**○ 피복 두께(Cover thickness)**
철근 콘크리트 또는 철골철근 콘크리트 단면에서 최외측의 철근, 긴장재, 강재 표면과 콘크리트부재 표면까지의 최단 거리

**기출** 2016 국가직
옥외의 공기나 흙에 직접 접촉하지 않는 콘크리트 보 또는 기둥 : 40mm  ○

**기출** 2012 국가직
옥외의 공기나 흙에 직접 접촉하지 않는 콘크리트로 슬래브나 벽체에서 D35를 초과하는 철근을 사용하는 경우의 피복두께는 60mm 이상이다.  ✗

(확인) 40mm 이상이다.

## 학습 POINT

**80점 목표**

- 노출 범주 및 등급
- EA : 황산염
- EC : 탄산화
- EF : 동결융해
- ES : 해양환경, 제빙화학제 등 염화물

### (2)-4 확대머리 전단 스터드

확대머리 전단 스터드의 피복 두께는 확대머리 전단 스터드가 설치되는 부재의 철근에 요구되는 피복 두께 이상이 되어야 한다.

### (2)-5 특수 환경에 노출되는 콘크리트

| 환경조건과 부재의 종류 | | | 최소 피복두께(mm) |
|---|---|---|---|
| 프리캐스트콘크리트 | | 벽체, 슬래브 | 40 |
| | | 외의 모든 부재 | 50 |
| 현장치기 콘크리트 | | 벽체, 슬래브 | 50 |
| | 외의 모든 부재 | 노출등급 ES1, ES2 | 60 |
| | | 노출등급 ES3 | 70 |
| | | 노출등급 ES4 | 80 |

## 3 처짐

### (1) 처짐 진행에 따른 단면2차모멘트($I_e$)

콘크리트 단면의 처짐을 계산하기 위한 유효단면2차모멘트($I_e$)는 $I_{cr} < I_e < I_g$ 의 범위에 있다.

| | 단면 | 단면2차모멘트 |
|---|---|---|
| 균열 발생 전 (철근을 무시한 콘크리트 전체 단면2차모멘트) | | $I_g = \dfrac{bh^3}{12}$ |
| 균열 발생 후 (균열환산 단면2차모멘트) | | $I_{cr} = \dfrac{bh^3}{3} + n[I_c + Ay^2]$ $\approx \dfrac{bh^3}{3} + n[0 + Ay^2]$ $= \dfrac{bc^3}{3} + nA_s(d-c)^2$ |

유효단면2차모멘트($I_e$)는 균열 진행에 따라 계속 변화하므로 계산하기 어렵다. 계산하는 방법에는 크게 2가지 방법이 있다.

---

**Quiz.01**

그림과 같이 철근콘크리트 보에 균열이 발생하여 중립축의 깊이가 150mm가 된 경우, 균열단면의 단면2차모멘트 계산식으로 옳은 것은? (단, 탄성계수비 $n = 7$)

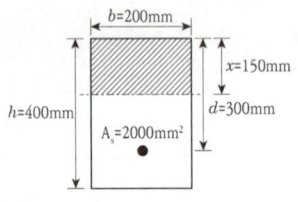

**풀이**

$I_{cr} = \dfrac{bh^3}{3} + n[I_c + Ay^2]$

$\approx \dfrac{bh^3}{3} + n[0 + Ay^2]$

$= \dfrac{(200)(150)^3}{3}$
$+ 7 \times [2000 \times (300-150)^2]$

① 식에 의한 방법

단순보의 경우에는 최대 정모멘트가 작용하는 단면에서의 유효단면2차모멘트를 대푯값으로 하여 처짐을 계산할 수 있다.

$$I_e = \left(\frac{M_{cr}}{M_a}\right)^3 I_g + \left[1 - \left(\frac{M_{cr}}{M_a}\right)^3\right] I_{cr} \leq I_g$$

단, $M_{cr} = f_r \times \dfrac{I_g}{y_t} = f_r \times s$, $f_r = 0.63 \times \sqrt{f_{ck}}$

② 평균값을 이용하는 방법

연속부재인 경우에 정 및 부모멘트에 대한 위험단면의 유효단면2차모멘트를 구하고 그 평균값을 사용할 수 있다.

| | 양단 연속부재 | 일단 연속부재 |
|---|---|---|
| 유효단면2차모멘트($I_e$) | $0.7 I_{em} + 0.15(I_{e1} + I_{e2})$ | $0.85 I_{em} + 0.15 I_{es}$ |

$I_{em}$ : 정모멘트가 작용하는 중앙부 단면의 유효단면2차모멘트
$I_{e1}, I_{e2}$ : 부모멘트가 작용하는 받침부 단면의 유효단면2차모멘트
$I_{es}$ : 부모멘트가 작용하는 받침부 단면의 유효단면2차모멘트

● 일단연속, 양단연속

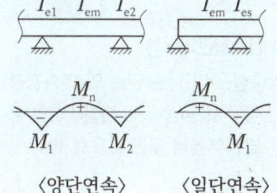

〈양단연속〉 〈일단연속〉

(2) 하중-처짐 곡선

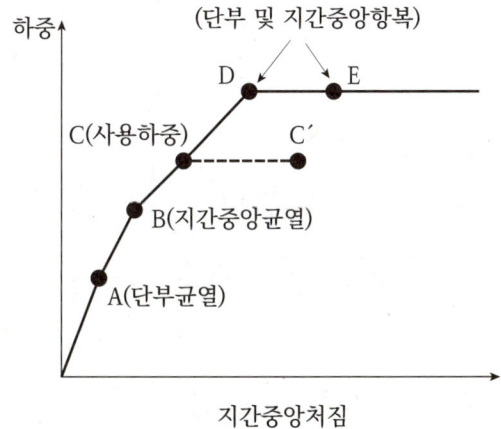

● (2) 하중-처짐 곡선 재하 조건

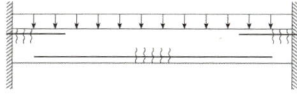

OA : 균열이 발생하지 않은 상태
AB : 균열이 발생하며 단면2차모멘트가 감소하는 상태($I_g \to I_e$)
BD : 사용하중 상태
C′ : 크리프, 건조수축으로 인한 장기처짐
DE : 항복상태

### (3) 처짐을 계산하지 않는 경우 최소두께

Day 05에서 학습한 바 있다. 다시 한번 상기해 보자.

보통중량콘크리트($m_c = 2,300 \text{kg/m}^3$)와 설계기준항복강도($f_y$) 400MPa 철근을 사용한 부재에 대하여 처짐을 계산하지 않는 경우 최소두께는 표와 같다.

| 부재 | 최소 두께 또는 깊이 | | | |
|---|---|---|---|---|
| | 단순지지 | 일단연속 | 양단연속 | 캔틸레버 |
| 보, 리브가 있는 1방향 슬래브 | L/16 | L/18.5 | L/21 | L/8 |
| 1방향 슬래브 | L/20 | L/24 | L/28 | L/10 |

단, $f_y$가 400MPa 이외인 경우는 계산된 $h$값에 $\left(0.43 + \dfrac{f_y}{700}\right)$을 곱하여야 한다.

### (4) 처짐의 종류

#### (4)-1 탄성처짐, 즉시처짐, 순간처짐($\delta_E$)

① 처짐을 계산할 때 하중의 작용에 의한 순간처짐은 부재강성에 대한 균열과 철근의 영향을 고려하여 탄성 처짐 공식을 사용하여 계산하여야 한다.
② 부재의 강성도를 엄밀한 해석 방법으로 구하지 않는 한, 부재의 순간처짐은 콘크리트 탄성계수 $E_c$(보통중량콘크리트 및 경량콘크리트)와 유효단면2차모멘트를 이용하여 구하여야 하며, 어느 경우라도 $I_e$는 $I_g$ 이하이어야 한다.

#### (4)-2 장기처짐

엄밀한 해석에 의하지 않는한 일반 또는 경량콘크리트 휨부재의 크리프와 건조수축에 의한 추가 장기처짐은 해당 지속하중에 의해 생긴 순간처짐($\delta_E$)에 장기처짐계수($\lambda$)를 곱하여 구할 수 있다.

$$\lambda = \frac{\xi}{1+50\rho'}, \quad \rho' = \frac{A_s'}{bd}$$

| | 3개월 | 6개월 | 1년 | 5년 이상 |
|---|---|---|---|---|
| $\xi$(시간경과계수) | 1 | 1.2 | 1.4 | 2 |

장기처짐 : $\delta_E \times \lambda$

총 처짐 : $\delta_T = $ 탄성처짐 + 장기처짐 $= \delta_E + \lambda\delta_E = \delta_E(1+\lambda)$

---

**학습 POINT**

🎯 **80점 목표**

● **압축철근비($\rho'$)**
압축철근비($\rho'$)는 단순 및 연속경간인 경우 보 중앙에서, 캔틸레버인 경우 받침부에서 구한 값으로 한다.

**Quiz.02**
복철근 콘크리트보의 탄성처짐이 20mm인 경우, 6개월 이상의 지속하중에 의해 유발되는 추가 장기처짐량[mm]은? (단, 보의 압축철근비는 0.04이다.)

**풀이**
$\lambda = \dfrac{\xi}{1+50\rho'} = \dfrac{1.2}{1+50(0.04)} = 0.4$
$\delta = \lambda\delta_E = 0.4 \times 20\text{mm} = 8\text{mm}$

● **압축철근**
복철근에서 학습한 내용을 상기해 보자. 압축철근(부철근)을 배치하는 효과로 장기처짐을 감소시킬 수 있다.

🎯 **80점 목표**

● **시간경과계수($\xi$)**
시간경과계수($\xi$)는 비선형 곡선이므로 직선보간 할 수 없다.

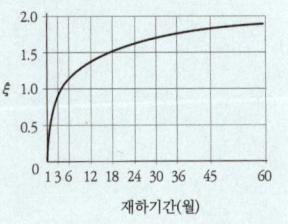

### (5) 최대 허용처짐

$I_e$ 값과 장기처짐 효과를 고려하여 계산한 처짐량이 아래 표에 제시된 최대 허용처짐값 이하이어야 한다.

| 부재의 형태 | 고려하여 할 처짐 | 처짐 한계 |
|---|---|---|
| 과도한 처짐에 의해 손상되기 쉬운 비구조 요소를 지지 또는 부착하지 않은 바닥구조 | 활하중 $L$에 의한 순간처짐 | $\dfrac{l}{360}$ |
| 과도한 처짐에 의해 손상되기 쉬운 비구조 요소를 지지 또는 부착하지 않은 평지붕구조 | 활하중 $L$에 의한 순간처짐 | $\dfrac{l}{180}$ |
| 과도한 처짐에 의해 손상되기 쉬운 비구조 요소를 지지 또는 부착한 지붕 또는 바닥구조 | 전체 처짐 중에서 비구조 요소가 부착된 후에 발생하는 처짐부분(모든 지속하중에 의한 장기처짐과 추가적인 활하중에 의한 순간처짐의 합) | $\dfrac{l}{480}$ |
| 과도한 처짐에 의해 손상될 염려가 없는 비구조 요소를 지지 또는 부착한 지붕 또는 바닥구조 | | $\dfrac{l}{240}$ |

**학습 POINT**

● **최대 허용처짐 설계 규정**
처짐계산에 의하여 최대 허용처짐을 만족하는 경우(처짐을 계산하지 않는) 최소 두께를 적용할 필요가 없다.(교재의 (5) 최대 허용처짐 표를 만족할 경우, (3) 처짐을 계산하지 않는 경우 최소두께 표를 적용할 필요가 없다는 의미)

## 4 균열

### (1) 균열에 영향을 주는 요소

- 균열 발생의 요인으로는 재료적 요인, 시공상의 요인, 설계상의 요인, 사용환경의 요인 등이 있다.
- 균열은 구조적인 균열과 비구조적인 균열로 구분되기도 한다.(구조적 균열에는 휨균열, 전단균열 등이 있다.)
- 폭이 큰 균열은 철근의 부식을 발생시킬 수 있으므로 구조물의 내구성을 위해서는 폭이 큰 균열보다 많은 수의 미세한 균열이 바람직하다.
① 이형철근 ➜ 균열 폭 ⇩
② 철근응력⇧ ➜ 균열 폭 ⇧ (철근의 강도가 아닌 응력이다.★)
(균열폭은 철근의 응력에 선형 또는 비선형적으로 비례한다.)
③ 피복두께⇧ ➜ 균열 폭 ⇧ (피복두께가 부족하면 균열이 발생하기도 한다.)
④ 철근지름⇧ ➜ 균열 폭 ⇧
⑤ 철근비⇧ ➜ 균열 폭 ⇩
⑥ 철근간격⇩ ➜ 균열 폭 ⇩
⑦ 일반적으로 부착 조건이 양호한 철근을 배치한 경우는 그렇지 않은 경우보다 균열 폭이 좁다.

● **균열 설계 규정**
- 특별히 수밀성이 요구되는 구조는 적절한 방법으로 균열에 대한 검토를 하여야 한다. 이 경우 소요수밀성을 갖도록 하기 위한 허용균열폭을 설정하여 검토할 수 있다.
- 미관이 중요한 구조는 미관상의 허용균열폭을 설정하여 균열을 검토할 수 있다.

● **철근과 균열 폭**
철근과 콘크리트의 접촉면적이 넓어질 때 균열 폭이 감소한다고 이해하면 기억하기 쉽다.

**기출** 2013 국가직
균열 제어를 위한 철근은 필요로 하는 부재 단면의 주변에 분산시켜 배치하여야 하고, 이 경우 철근의 지름과 간격을 가능한 작게 하여야 한다.

**학습 POINT**

**📘 80점 목표**

○ **안정균열상태**
안정균열상태란 균열수가 더 이상 증가하지 않고 기 발생된 균열의 폭이 증가하는 상태를 의미한다.

⑧ 정착길이 부족으로 균열이 발생하기도 한다.
⑨ 부재는 하중에 의한 균열을 제어하기 위해 필요한 철근 외에도 필요에 따라 온도변화, 건조수축 등에 의한 균열을 제어하기 위한 추가 보강철근을 배치하여야 한다.
⑩ 균열 제어를 위한 철근은 필요로 하는 부재 단면의 주변에 분산시켜야 한다.

**📘 80점 목표**

### (2) 철근콘크리트 허용 균열폭

강재의 부식에 대한 환경조건의 구분은 다음과 같이 분류한다.

| 건조 환경 | 일반 옥내 부재, 부식의 우려가 없을 정도로 보호한 경우의 보통 주거 및 사무실 건물 내부 |
|---|---|
| 습윤 환경 | 일반 옥외의 경우, 흙 속의 경우, 옥내의 경우에 있어서 습기가 찬 곳 |
| 부식성 환경 | • 습윤환경과 비교하여 건습의 반복작용이 많은 경우, 특히 유해한 물질을 함유한 지하수위 이하의 흙 속에 있어서 강재의 부식에 해로운 영향을 주는 경우, 동결작용이 있는 경우, 동상방지제를 사용하는 경우<br>• 해양콘크리트 구조물 중 해수 중에 있거나 극심하지 않은 해양환경에 있는 경우 (가스, 액체, 고체) |
| 고부식성 환경 | • 강재의 부식에 현저하게 해로운 영향을 주는 경우<br>• 해양콘크리트 구조물 중 간만조위의 영향을 받거나 비말대에 있는 경우, 극심한 해풍의 영향을 받는 경우 |

철근콘크리트 구조물 내구성을 확보하기 위한 허용균열폭은 아래중 큰 값

|  | 철근 |  | 긴장재 |  |
|---|---|---|---|---|
| 건조 환경 | 0.4mm | $0.006\,C_c$ | 0.2mm | $0.005\,C_c$ |
| 습윤 환경 | 0.3mm | $0.005\,C_c$ | 0.2mm | $0.004\,C_c$ |
| 부식성 환경 | 0.3mm | $0.004\,C_c$ | – | – |
| 고부식성 환경 | 0.3mm | $0.0035\,C_c$ | – | – |

$C_c$ : 최외단 주철근의 표면과 콘크리트 표면 사이의 콘크리트 최소 피복두께

### (3) 표피철근

표피철근이란 보나 장선의 **깊이** $h$가 900mm를 초과할 때 인장연단으로부터 $\frac{h}{2}$ 지점 **까지 부재** 양쪽 측면을 따라 균일하게 배치하는 철근을 의미한다. 주철근이 단면의 일부에 집중 배치된 경우일 때 **부재의 측면에 발생 가능한 균열을 제어하기 위한 목적**으로 주철근 위치에서부터 중립축까지의 표면 근처에 배치한다. 표피철근의 간격은 아래 식 중 작은 값으로 한다.

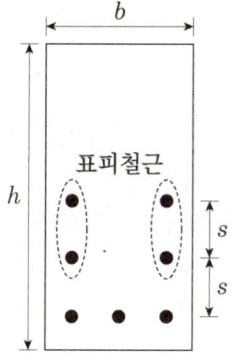

$$\left[s = 375\left(\frac{k_{cr}}{f_s}\right) - 2.5c_c,\ s = 300\left(\frac{k_{cr}}{f_s}\right)\right]_{min}$$

$k_{cr}$ : 건조환경에 노출되는 경우= 280, 그 외= 210

$c_c$ : 인장철근이나 긴장재의 표면과 콘크리트 표면 사이의 최소 두께

$$f_s = \frac{2}{3}f_y$$

휨인장 철근은 부재 단면의 최대 휨인장영역 내에 배치하하여야 한다. 단, KDS 14 20 30(부록)에 따라 균열을 검증하는 경우에는 이 규정을 따르지 않을 수 있다.

> **학습 POINT**
>
> ● 표피철근 $f_s$
>
> $f_s$는 사용하중 상태에서 인장연단에서 가장 가까이에 위치한 철근의 응력이다. 다만, 간단한 방법으로 균열을 검증하고자 할 때 $f_s$는 $f_y$의 2/3를 근사적으로 사용할 수 있다.

### (4) PSC 균열등급

PSC 부재는 균열발생 여부에 따라 거동이 달라지므로 세 등급으로 분류하여 응력 및 사용성을 검토한다. 각 등급에 따라 응력계산, 처짐계산에 이용되는 면적과 단면2차모멘트는 다음과 같다.

| 등급 | 분류 | 응력계산 | 처짐계산 |
|---|---|---|---|
| 비균열등급 | $f_t \leq 0.63\sqrt{f_{ck}}$ | 비균열단면(총 단면적) | $I_g$ 사용 |
| 부분균열등급 | $0.63\sqrt{f_{ck}} < f_t \leq 1.0\sqrt{f_{ck}}$ | 비균열단면(총 단면적) | $I_e$ 사용 |
| 완전균열등급 | $1.0\sqrt{f_{ck}} < f_t$ | 균열 환산단면 | $I_e$ 사용 |

$f_t$ : 사용하중이 작용할 때, 미리 압축을 가한 단면의 인장연단응력으로 전체 단면적을 기준으로 계산되는 인장응력, MPa

**학습 POINT**

- 완전균열등급에서는 균열제어를 위한 철근이 필요하다. ★

> 🔼 80점 목표
>
> - 그리고 2방향 프리스트레스트콘크리트 슬래브는 $f_t \leq 0.5\sqrt{f_{ck}}$ 를 만족하는 비균열등급 부재로 설계되어야 한다.
> - 프리스트레스트콘크리트 구조의 순간처짐은 일반적인 처짐 해석 방법이나 탄성처짐 공식으로 계산하여야 한다. 이때 비균열등급 부재는 콘크리트 전체 단면의 단면2차모멘트 $I_g$를 사용할 수 있다.
> - 완전균열등급과 부분균열등급 부재의 처짐은 균열환산단면 해석에 기초하여 2개의 직선으로 구성되는 모멘트-처짐 관계나 식에 따른 유효단면2차모멘트 $I_e$를 적용하여 계산하여야 한다.
> - 프리스트레스트콘크리트 부재의 추가 장기처짐은 지속하중이 작용할 때 콘크리트와 철근의 응력을 고려하고, 콘크리트의 크리프 및 건조수축과 긴장재의 릴랙세이션의 영향을 고려하여 계산하여야 한다.

## ⑤ 콘크리트 피로

구조물은 끊임없는 반복하중을 받게 된다. 이렇게 반복하중을 받게 되면 구조가 견딜 수 있는 강도보다도 작은 응력에서 취성파괴가 발생하게 된다. 피로한도란 S-N 곡선(강도-재하횟수) 상에서 수렴하는 응력 값으로 한다.

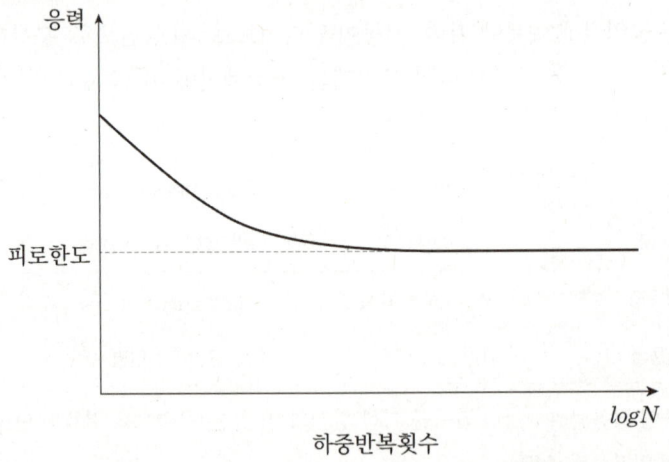

① 콘크리트는 피로한도가 없어 하중을 100만회 반복 재하한 값으로 한다.
② 피로의 검토가 필요한 구조부재에서는 높은 응력을 받는 부분에서 철근을 구부리지 말아야 한다.

③ 보 및 슬래브의 피로는 휨 및 전단에 대하여 검토하여야 한다.
④ 기둥의 피로는 검토하지 않아도 된다. 단 휨 모멘트나 축인장력의 영향이 큰 경우 보에 준하여 검토하여야 한다.
⑤ 피로에 대한 안전성을 검토할 경우에 충격을 포함한 사용 활하중에 의한 철근과 긴장재의 응력범위가 표의 응력 이내이면 피로에 대하여 검토할 필요가 없다.
⑥ 반복하중에 의한 철근의 응력범위가 표의 값을 초과하여 피로의 검토가 필요할 경우는 합리적인 방법으로 피로에 대한 안전을 검토하여야 한다.

|  | 설계기준 항복강도 | 철근의 응력범위 |
| --- | --- | --- |
| 이형철근 | 300MPa | 130MPa |
|  | 350MPa | 140MPa |
|  | 400MPa 이상 | 150MPa |
| 긴장재 | 연결부 또는 정착부 | 140MPa |
|  | 기타 부위 | 160MPa |

## 학습 POINT

**이형철근 항복강도**
이형철근의 항복강도는 'SD숫자'로 표현한다. 따라서 설계기준 항복강도 300MPa 이상, 400MPa 이상 이형철근은 SD300, SD400으로 표현할 수 있다.

**이형 봉강 종류 및 기호**

| 종류 | | ex) 기호 |
| --- | --- | --- |
| 이형 봉강 | 일반용 | SD400 |
|  | 용접용 | SD400W |
|  | 특수내진용 | SD400S |

**압연강재 종류 및 기호**

| 종류 | ex) 기호 |
| --- | --- |
| 일반 구조용 | 'SS' |
| 용접 구조용 | 'SM' |
| 건축 구조용 | 'SN' |
| 교량 구조용 | 'HSB' |
| 용접구조용 내후성 열간 | 'SMA' |

**4 0 8 0**
진 승 현
토 목 설 계

# DAY 11

하중의 종류

내진설계

용접

볼트

# DAY 11 하중의 종류 / 내진설계 / 용접 / 볼트

**학습 POINT**

### KDS 14 20 10 콘크리트구조 해석과 설계 원칙

구조물의 설계에 있어서 시공 중 또는 완성 후 구조물에 작용하는 활하중, 고정하중, 풍하중, 지진하중, 적설하중, 토압과 유체압 외에 프리스트레스힘, 작업하중, 진동, 충격, 건조수축, 크리프와 온도변화 및 탄성수축, 받침부의 부등침하 등 각종 하중 및 외적 작용의 영향을 고려하여야 한다.

### KDS 41 12 00 건축물 설계하중

① 고정하중($D$)
② 활하중($L$)
③ 지붕활하중($L_r$)
④ 설하중($S$)
⑤ 풍하중($W$)
⑥ 지진하중($E$)
⑦ 지하수압·토압, 분말 및 입자형 재료의 횡압력($H$)
⑧ 온도하중($T$)
⑨ 유체압($F$) 및 용기내용물하중 ($F$ 또는 $H$)
⑩ 홍수하중($Fa$)
⑪ 운반설비 및 부속장치 하중($M$)
⑫ 강우하중($R$)
⑬ 시공하중($C$)
⑭ 파랑하중($Wa$)
⑮ 기타 하중

### KDS 47 70 40 건축구조

① 고정하중($D$)
② 활하중($L$)
③ 적설하중($S$)
④ 풍하중($W$)
⑤ 지진하중($E$)
⑥ 지하수압·토압($H$)
⑦ 온도하중($T$)
⑧ 유체압 및 용기내용물 하중($F$)
⑨ 운반설비 및 부속장치 하중($M$)
⑩ 열차하중 및 열차통과하중
⑪ 기타하중

## 1 하중의 종류

하중은 설계기준마다 분류하는 방법이 다소 상이하다. 수험생들이 모두 암기할 필요는 없다. 토목설계에서는 KDS 24 12 21가 종종 출제된다.

### KDS 24 12 21 교량 설계하중(한계상태설계법)

| (1) 지속하는 하중 | (2) 변동하는 하중 | |
|---|---|---|
| ① 고정하중<br>　가. 구조부재와 비구조적 부착물의<br>　　중량($DC$)<br>　나. 포장과 설비의 고정하중($DW$)<br>② 프리스트레스힘($PS$)<br>　포스트텐션에 의한 2차 하중효과를<br>　포함한, 시공과정 중 발생한 누적 하중<br>　효과<br>③ 시공 중 발생하는 구속응력($EL$)<br>④ 콘크리트 크리프의 영향($CR$)<br>⑤ 콘크리트 건조수축의 영향($SH$)<br>⑥ 토압<br>　가. 수평토압($EH$)<br>　나. 상재토하중($ES$)<br>　다. 수직토압($EV$)<br>　라. 말뚝부마찰력($DD$) | ① **활하중**<br>　가. **차량활하중** 및<br>　　열차활하중($LL$)<br>　나. 상재활하중($LS$)<br>　다. 보도하중($PL$)<br>　라. 열차횡하중($LF$)<br>② 충격($IM$)<br>③ **풍하중**<br>　가. 차량에 작용하는<br>　　풍하중($WL$)<br>　나. 구조물에 작용하는<br>　　풍하중($WS$)<br>④ 온도변화의 영향<br>　가. 단면평균온도($TU$)<br>　나. 온도 경사($TG$)<br>⑤ 지진의 영향($EQ$) | ⑥ 정수압과 유수압($WA$)<br>⑦ 부력 또는 양압력($BP$)<br>⑧ 설하중 및 빙하중($IC$)<br>⑨ 지반변동의 영향($GD$)<br>⑩ 지점이동의 영향($SD$)<br>⑪ 파압($WP$)<br>⑫ 원심하중($CF$)<br>⑬ 제동하중($BR$)<br>⑭ 가설 시 하중($ER$)<br>⑮ 충돌하중<br>　가. 차량충돌하중($CT$)<br>　나. 선박충돌하중($CV$)<br>⑯ 마찰력($FR$)<br>⑰ 시제동하중($SB$)<br>⑱ 탈선하중($DR$)<br>⑲ 장대레일 종방향 하중($LR$) |

### (1) 활하중

#### (1)-1 차량활하중(LL)

① 재하차로의 수와 폭
- 재하차로의 수

$$N = \frac{W_C}{W_P} \text{ 의 정수부}$$

$W_C$ : 연석, 방호울타리(중앙분리대 포함)간의 교폭(m)

$W_P$ : 발주자에 의해 정해진 계획차로의 폭(m)

단, $N$이 1이며 $W_C$가 6m 이상인 경우에는 재하차로의 수($N$)를 2로 한다.

- 재하차로의 폭

$$W = \frac{W_C}{N} \leq 3.6\text{m}$$

② **설계차량 활하중(KL-510)**

차량 활하중은 표준트럭하중과 표준차로 하중으로 구성된다.

Ⓐ **표준트럭하중**
- 차량의 총중량은 510kN이다.
- 차량의 차축은 모두 4개이다.
- 맨 앞축과 맨 뒤축 차축간의 거리는 12m이다.
- 횡방향 차량점유 폭은 3m이다.
- 횡방향 동일 차축선상에서 차륜 중심의 간격은 1.8m이다.
- 피로의 영향을 검토하는 경우의 활하중은 규정된 표준트럭하중의 80%를 적용한다. 이때 적용하는 충격계수는 충격하중 조항을 적용한다.

> **학습 POINT**
>
> 〔80점 목표〕
>
> ● KL-510
> - 설계 차량활하중 KL-510으로 설계하는 교량을 1등교로 한다.
> - 다음 규정은 1등교에 대한 기준으로, 2등교는 1등교 활하중효과(96kN)의 75%(72kN)를 적용하며, 3등교는 2등교 활하중효과의 75%(54kN)를 적용한다.
>
> $L$ : 바닥판의 지간(m)
> $E$ : 1차륜이 분포되는 바닥판의 폭(m)
> $P$ : 설계차량활하중의 1후륜하중(kN)으로 96kN 적용
>
> | 조건 | 휨모멘트 |
> |---|---|
> | 주철근이 차량진행 방향에 직각인 경우 (지간 : 0.6~6m) | $M_l = \frac{(L+0.6)P}{9.6}$ |
> | 주철근이 차량진행 방향에 평행한 경우 (지간 6m 이하) | $M_l = 18L$ |

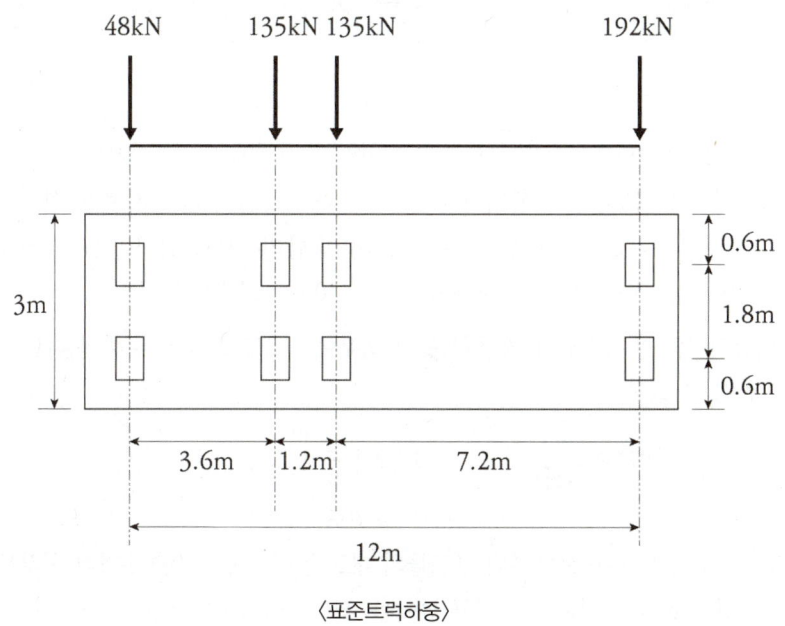

〈표준트럭하중〉

**학습 POINT**

ⓑ **표준차로하중**
- 표준차로하중은 종방향으로 균등하게 분포된 하중으로 표의 값을 적용한다.

| $L \leq 60m$ | $w = 12.7$ (kN/m) |
|---|---|
| $L > 60m$ | $w = 12.7 \times \left(\dfrac{60}{L}\right)^{0.10}$ (kN/m) |

$L$ : 표준차로하중이 재하되는 부분의 지간

- 횡방향으로는 3,000 mm의 폭으로 균등하게 분포되어있다. 표준차로하중의 영향에는 충격하중을 적용하지 않는다.

### (2) 풍하중

① **기본풍속**($V_{10}$) : 재현기간 100년에 해당되는 개활지에서 지상 10m의 10분간 평균 풍속

| 구분 | 지역 | 지명 | 기본풍속(m/s) |
|---|---|---|---|
| Ⅰ | 내륙 | 서울, 대구, 대전, 춘천, 청주, 수원, 추풍령, 전주, 익산, 진주, 광주 | 30 |
| Ⅱ | 서해안 | 서산, 인천 | 35 |
| Ⅲ | 서남해안<br>남해안<br>동남해안 | 군산<br>여수, 통영, 부산<br>포항, 울산 | 40 |
| Ⅳ | 동해안<br>제주지역<br>특수지역 | 속초, 강릉<br>제주, 서귀포<br>목포 | 45 |
| Ⅴ | | 울릉도 | 50 |

② **설계기준풍속**($V_D$) : 태풍이나 돌풍에 취약한 지역에 위치한 중대지간 교량의 설계기준풍속($V_D$)은 대상지역의 풍속기록과 구조물 주변의 지형 및 환경 그리고 교량상부구조의 지상 높이 등을 고려하여 합리적으로 결정한 10분 평균 풍속(일반 중소지간 교량의 설계기준풍속은 40m/s로 한다)

③ 대상지역의 풍속자료가 가용치 못한 경우에는 고도보정을 위하여 다음 식을 사용할 수 있다.

$$V_D = 1.723 \left(\dfrac{z_D}{z_G}\right)^{\alpha} V_{10}$$

$\alpha$ = 지표조도지수

$z$ = 지상 또는 수면으로부터 구조물의 대표 높이(m)로 교량 주거더와 같은 수평 구조물의 경우에는 평균 높이를, 교각과 같은 수직 구조물의 경우에는 총 높이의 65 %를 사용한다.

$V_D$ = 설계고도 $z$에서의 10분 평균 설계기준풍속(m/s)

$z_D = z$와 $z_b$ 중에서 큰 값

---

**80점 목표**

○ **초과홍수**

기본풍속과 더불어 초과홍수의 정의도 알아두자.

- 초과홍수 : 유량이 100년 빈도 홍수보다 많고 500년 빈도 홍수보다 적은 홍수

## ② 내진설계

### (1) 기본개념
현재의 설계기준은 다음의 붕괴방지 기본개념에 기초를 두고 있다.
① 인명피해를 최소화한다.
② 지진 시 교량 부재들의 부분적인 피해는 허용하나 전체적인 붕괴는 방지한다.
③ 지진 시 가능한 한 교량의 기능은 발휘할 수 있게 한다.
④ 교량의 정상수명 기간 내에 설계지진력이 발생할 가능성은 희박하다.
⑤ 설계기준은 남한 전역에 적용될 수 있다.
⑥ 이 규정을 따르지 않더라도 창의력을 발휘하여 보다 발전된 설계를 할 경우에는 이를 인정한다.
⑦ 이러한 개념을 구현하기 위해서는 낙교방지가 확보되어야 하며, 낙교방지는 가능하면 교각의 연성거동에 의한 연성파괴메커니즘을 유도하여 확보하고, 그렇지 않은 경우 낙교방지 대책(전단키, 변위구속장치 등)을 제시하여 확보해야 한다. 또한, 필요한 경우 지진격리시스템을 설치할 수 있다.

> **학습 POINT**
>
> ○ 내진설계 예시
>
>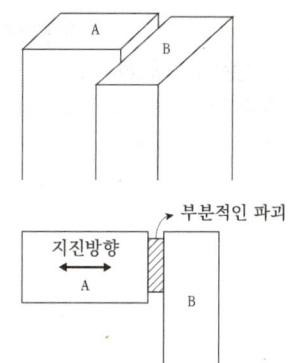
>
> 구조 연결부에 의도적으로 취약한 부분을 설계하여 지진 발생시 파괴를 유도하면 지진가속도에 의한 A의 하중이 인접한 B구조에 전달되지 않는다. 따라서 부분적인 피해는 오히려 좋은 경우도 있다.

### (2) 내진등급

| 내진등급 | 교량 |
|---|---|
| 내진특등급 | • 내진Ⅰ등급 중에서, 국방, 방재상 매우 중요한 교량 또는 지진 피해 시 사회경제적으로 영향이 매우 큰 교량 |
| 내진Ⅰ등급 | • 고속도로, 자동차전용도로, 특별시도, 광역시도 또는 일반국도상의 교량 및 이들 도로 위를 횡단하는 교량<br>• 지방도, 시도 및 군도 중 지역의 방재계획상 필요한 도로에 건설된 교량 및 이들 도로 위를 횡단하는 교량<br>• 해당도로의 일일계획교통량을 기준으로 판단했을 때 중요한 교량<br>• 설계지진 발생 후에도 기능을 유지해야 할 철도교 |
| 내진Ⅱ등급 | • 내진특등급 및 내진등급에 속하지 않는 교량 |

### (3) 지진구역 및 지진구역계수

| 지진구역 | 지진구역계수 (재현 주기 500년) | 행정구역 |
|---|---|---|
| Ⅰ | 0.11 | 서울, 인천, 대전, 부산, 대구, 울산, 광주, 세종 |
| | | 경기, 충북, 충남, 경북, 경남, 전북, 전남, 강원남부 |
| Ⅱ | 0.07 | 강원북부, 제주 |

## 학습 POINT

**🏷 80점 목표**

● 전면용접 유효길이

하중저항계수 설계법에서 전면용접 유효길이는 다음과 같다.

| 조건 | 유효길이 |
|---|---|
| $L_2 < 100s$ | $L_e = L_2$ |
| $100s < L_2 \leq 300s$ | $L_e = L_2 \times \beta$ |
| $300s < L_2$ | $L_e = 180s$ |

$$\beta = 1.2 - 0.002\left(\frac{L_2}{s}\right) \leq 1.0$$

● $s$

용접치수, 모살치수, 필릿사이즈라 한다.

**Quiz. 01**

필릿용접에서 인장력 $P = 252\text{kN}$ 이고, 용접치수 10mm이며, 용접길이 $L = 200\text{mm}$일 때, 용접부에 발생하는 전단응력[MPa]은?

**풀이**

$L_e = L - 2s = 200\text{mm} - 2(10\text{mm})$
$\quad = 180\text{mm}$
$a = 0.7s = 0.7(10\text{mm}) = 7\text{mm}$
$\tau = \dfrac{V}{A} = \dfrac{P}{L_e a}$
$\quad = \dfrac{252\text{kN}}{180 \times 7\text{mm}^2} = 200\text{MPa}$

● 용접 설계기준

용접 설계기준은 매우 복잡하다. 지엽적인 문제가 나온다면 포기하겠다는 생각으로 기 출제된 방향으로만 학습하는 것이 좋다.

● 최소 유효길이

강도를 기반으로 하여 설계되는 필릿용접의 최소길이($L_{\min}$)는 공칭용접치수($s$)의 4배 이상으로 한다.

$$(L_{\min} \geq 4s)$$

## 3 용접

### (1) 유효면적

① 필릿용접의 유효면적은 유효길이($L_e$)에 유효목두께($a$)를 곱한 것으로 한다.

② 필릿용접의 측면 유효길이($L_e$)는 필릿용접의 총 길이($L$)에서 2배의 용접치수($s$)를 공제한 값으로 한다. ($L_e = L - 2s$) ★

③ 필릿용접의 전면 유효길이는 허용응력설계법에서는 $L$로 한다. 하중저항계수설계법에서는 모살치수에 따라 다르므로 복잡해 일단 생략한다. 학생들은 추후에 다시 학습하기로 한다. ★

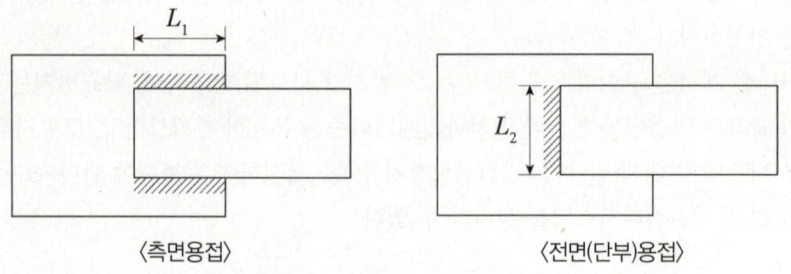

〈측면용접〉　〈전면(단부)용접〉

| | 측면용접 유효길이 | 전면용접 유효길이 |
|---|---|---|
| 허용응력설계법 | $L_e = L_1 - 2s$ | $L_e = L_2$ |
| 하중저항계수설계법 | $L_e = L_1 - 2s$ | 복잡하다. |

④ 필릿용접의 유효목두께($a$)는 용접치수($s$)의 0.7배로 한다.

$$\therefore L_e = L - 2s,\ a = 0.7s,\ \text{유효면적} = L_e \times a = (L - 2s)(0.7s)$$

$$\text{전단응력} = \frac{P}{\text{유효면적}}$$

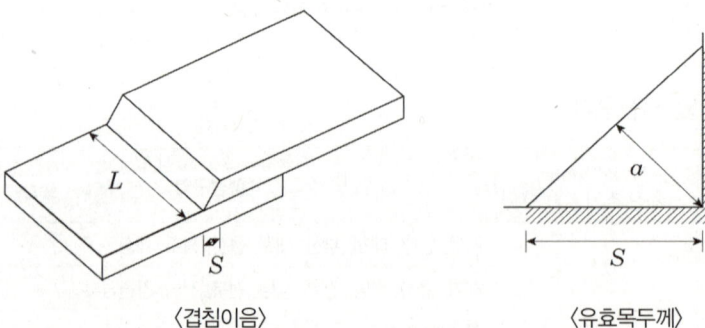

〈겹침이음〉　〈유효목두께〉

## (2) 필릿용접의 최소치수

필릿용접의 최소치수는 설계법에 따라 상이한 규정을 두고 있다.

### (2)-1 필릿용접의 최소치수(건축구조물의 경우)

(하중저항계수 설계법 : KDS 14 31 25)

| 연결부(접합부)의 얇은 쪽 소재 두께 $t$ | 필릿용접의 최소치수($s_{\min}$) |
| --- | --- |
| $t < 6$ | 3 |
| $6 \leq t < 13$ | 5 |
| $13 \leq t < 20$ | 6 |
| $20 \leq t$ | 8 |

- 겹침이음 시 필릿용접의 최대치수
① $t < 6\text{mm}$ : $s_{\max} = t$
② $6\text{mm} \leq t$ : $s_{\max} = t - 2\text{mm}$

(허용응력 설계법 : KDS 14 30 25)

| 연결부(접합부)의 얇은 쪽 소재 두께 $t$ | 필릿용접의 최소치수($s_{\min}$) |
| --- | --- |
| $t < 6$ | 3 |
| $6 \leq t < 12$ | 5 |
| $12 \leq t < 20$ | 6 |
| $20 \leq t$ | 8 |

### (2)-2 필릿용접의 최소치수(토목구조물의 경우)

(하중저항계수 설계법, 허용응력 설계법 동일)

| 접합부의 두꺼운 쪽 소재 두께 (mm) | 필릿용접의 최소치수 (mm) |
| --- | --- |
| $t \leq 20$ | 6 |
| $20 < t$ | 8 |

### (3) 필릿용접의 설계강도(하중저항계수설계법)

$$R_d = \phi R_n = \phi F_n A_w$$

$$\phi = 0.75, \ F_n = 0.6 F_u, \ A_w = \text{유효면적} = L_e a$$

$F_u$ : 인장강도

---

**Quiz.02**

토목구조물에서 19mm 두께의 강판과 23mm 두께의 강판을 필릿용접할 때 요구되는 최소 용접 치수[mm]는?

**풀이**

접합부의 두꺼운 쪽 두께가 23mm 이므로 $20 < t$ 일 때, 토목구조물의 경우 필릿용접의 최수 치수는 '8mm'이다.

## 4 볼트

### (1) 볼트접합과 용접(하중저항계수 설계법)

**● 볼트와 너트**

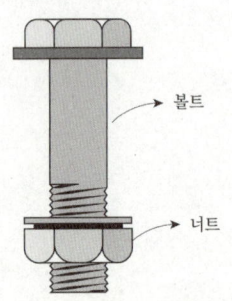

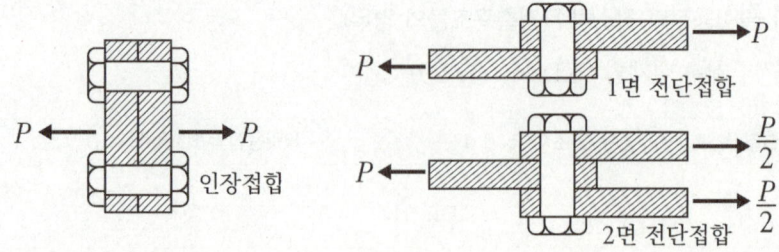

① 볼트접합은 용접과 조합해서 하중을 부담시킬 수 없다. 이러한 경우 용접이 전체하중을 부담하는 것으로 한다.
② 다만 전단접합에는 용접과 볼트의 병용이 허용된다. 전단접합 시 표준구멍과 하중방향에 직각인 단슬롯의 경우 볼트접합과 하중방향에 평행한 필릿용접이 하중을 각각 분담할 수 있다. 이때 볼트의 설계강도는 지압볼트접합 설계강도의 50%를 넘지 않도록 한다.
③ 마찰볼트접합으로 이미 시공된 구조물을 개축할 경우 고장력볼트는 이미 시공된 하중을 받는 것으로 가정하고 병용되는 용접은 추가된 소요강도를 받는 것으로 용접설계를 병용할 수 있다.

**● 마찰볼트접합**

고장력 볼트의 강력한 조임력으로 부재 간에 발생하는 마찰력에 의해 응력을 전달하는 접합형식이다.

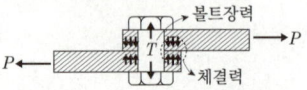

**🔶 80점 목표**

**● 볼트접합과 용접(허용응력 설계법)**

④ 응력을 전달하는 필릿용접 이음부의 길이는 모살치수의 10배 이상 또한 40 mm 이상을 원칙으로 한다.
⑤ 응력을 전달하는 겹침이음은 2열 이상의 필릿용접을 원칙으로 하고, 겹침길이는 얇은 쪽 판두께의 5배 이상 또한 20 mm 이상 겹치게 해야 한다.
⑥ 고장력 볼트 구멍 중심에서 볼트머리 또는 너트가 접하는 접합부재의 연단까지의 최대거리는 판 두께의 12배 이하 또한 150 mm 이하로 한다.

**🔶 80점 목표**

④ 응력을 전달하는 필릿용접의 최소유효길이는 공칭용접치수의 10배 이상 또한 30 mm 이상을 원칙으로 한다.
⑤ 응력을 전달하는 겹침이음은 2열 이상의 필릿용접을 원칙으로 하고, 겹침길이는 얇은쪽 판 두께의 5배 이상 또한 25 mm 이상으로 한다.
⑥ 고장력볼트의 구멍중심에서 볼트머리 또는 너트가 접하는 부재의 연단까지의 최대거리는 판 두께의 12배 이하 또한 150 mm이하로 한다.
⑦ 모든 고장력볼트는 너트회전법, 직접인장측정법, 토크관리법, 토크-전단형 볼트(T/S) 등을 사용하여 규정된 설계볼트장력 이상으로 조여야 한다.
⑧ 마찰접합에서 하중이 접합부의 단부를 향할 때는 적절한 설계지압강도를 갖도록 규정에 따라 검토해야 한다.

## (2) 구멍지름(허용응력 설계법)

### ① 리벳의 구멍지름

| 리벳의 지름(mm) | 리벳 구멍 지름(mm) |
|---|---|
| $d < 20$ | $d + 1.0$ |
| $d \geq 20$ | $d + 1.5$ |

$d$ : 리벳의 축부지름

### ② 고장력 볼트의 구멍지름

| 고장력 볼트의 지름(mm) | 볼트 구멍의 지름(mm) |
|---|---|
| $d \leq 24$ | $d + 2.0$ |
| $d > 24$ | $d + 3.0$ |

$d$ : 고장력 볼트의 축부지름

### ③ 볼트의 구멍지름

| 볼트의 지름(mm) | 볼트 구멍 지름 (mm) |
|---|---|
| 모든 볼트 | $d + 0.5$ |

$d$ : 볼트의 축부지름

---

**학습 POINT**

○ **구멍 중심간 거리**
- 하중저항계수설계법 : 고장력 볼트의 구멍중심간의 거리는 공칭직경의 2.5배를 최소거리로 하고, 3배를 표준거리로 한다.
- 허용응력 설계법 : 고장력 볼트, 리벳, 볼트의 구멍 중심간 거리는 공칭직경의 2.5배 이상으로 한다.

○ **고장력볼트의 공칭구멍 치수(mm) (하중저항계수설계법)**

볼트의 직경 24mm를 기준으로 +2mm, +3mm 나눠 암기하면 좋다.

| 고장력볼트의 직경 | 표준구멍의 직경 | 과대구멍의 직경 |
|---|---|---|
| M16 | 18 | 20 |
| M20 | 22 | 24 |
| M22 | 24 | 28 |
| M24 | 27 | 30 |
| M27 | 30 | 35 |
| M30 | 33 | 38 |

### (3) 전단접합의 응력 계산 문제

**학습 POINT**

**Quiz. 03**

그림과 같은 연결에서 볼트가 지지할 수 있는 인장력[kN]은? (단, 허용전단응력 $v_{sa}$ = 100MPa, 허용지압응력 $f_{ba}$ = 300MPa, $\pi$ = 3으로 계산한다.)

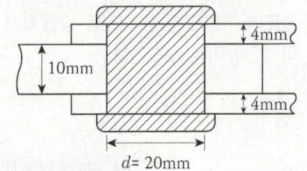

**풀이**

(1) 허용전단응력 고려($P_1$)

$$\tau = \frac{V}{A} = \frac{\left(\frac{P}{2}\right)}{\left(\frac{\pi d^2}{4}\right)} \leq \tau_a$$

$\rightarrow P_1 \leq \tau_a \times \frac{\pi d^2}{2}$

$= (100\text{MPa})\left(\frac{3 \times 20^2}{2}\text{mm}^2\right)$

$= 60\text{kN}$

(2) 허용지압응력 고려($P_2$)

$t_{\min} = 4\text{mm} + 4\text{mm} = 8\text{mm} < 10\text{mm}$

$\sigma = \frac{P}{A_{b,\min}} = \frac{P}{dt_{\min}} \leq \sigma_a$

$\rightarrow P_2 \leq \sigma_a dt_{\min}$

$= (300\text{MPa})(20\text{mm} \times 8\text{mm})$

$= 48\text{kN}$

$\therefore P_a = P_{\min} = P_2 = 48\text{kN}$

| | 전단응력($\tau$) | 지압응력($\sigma_b$) |
|---|---|---|
| 1면 전단 접합 | $\tau = \frac{V}{A} = \frac{P}{\left(\frac{\pi d_b^2}{4}\right)}$ | $t_{\min} = [t_1, t_2]_{\min}$, $\sigma_b = \frac{P}{A_{b,\min}} = \frac{P}{dt_{\min}}$ |
| 2면 전단 접합 | $\tau = \frac{V}{A} = \frac{\left(\frac{P}{2}\right)}{\left(\frac{\pi d_b^2}{4}\right)}$ | $t_{\min} = [t_1 + t_3, t_2]_{\min}$, $\sigma_b = \frac{P}{A_{b,\min}} = \frac{P}{dt_{\min}}$ |

## (4) 순단면적($A_n = b_n \times t$)

순단면적이란 총 단면적에서 볼트 구멍만큼 빠진 것을 고려한 단면적을 의미한다.

### (4)-1 정열 배치

$$b_n = b_g - nd$$

$n$ : 구멍 개수, $d$ : 구멍지름

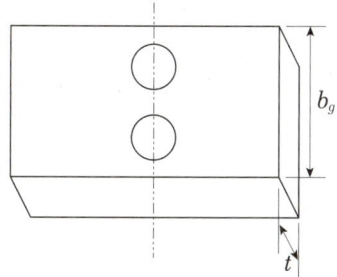

### (4)-2 불규칙(엇모) 배치

$$b_n = b_g - nd + \sum \frac{s^2}{4g}$$

$n$ : 구멍 개수, $d$ : 구멍지름
$s$ : 종방향 중심간격, $g$ : 횡방향 중심간격

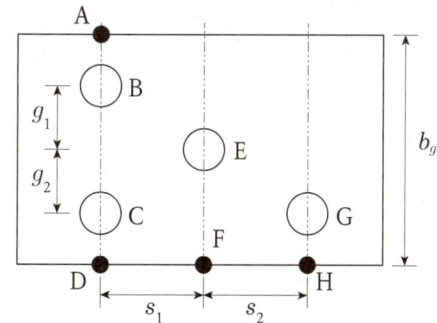

지그재그 배치의 경우 각각의 파단 경로에 따라 순폭을 결정한 후 최소 값을 이용해야 한다.

① ABCD : $b_{n1} = b_g - 2d$

② ABECD : $b_{n2} = b_g - 3d + \dfrac{s_1^2}{4g_1} + \dfrac{s_1^2}{4g_2}$

③ ABEF : $b_{n3} = b_g - 2d + \dfrac{s_1^2}{4g_1}$

④ ABEGH : $b_{n4} = b_g - 3d + \dfrac{s_1^2}{4g_1} + \dfrac{s_2^2}{4g_2}$

$$b_n = \left[ b_{n1}, b_{n2}, b_{n3}, b_{n4} \right]_{\min}$$

---

### 학습 POINT

**Quiz.04**

그림과 같은 볼트구멍이 있는 강판에 인장력 $T$가 작용할 때, 순단면적[$mm^2$]은? (단, 볼트구멍의 직경 $d = 25mm$, 강판의 두께 $t = 10mm$이다.)

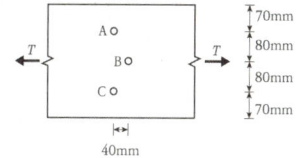

**풀이**

$b_g = 70 + 80 + 80 + 70 = 300mm$

(1) 정열 배치
$b_1 = b_g - 2d = 300mm - 2(25mm)$
$\qquad = 250mm$

(2) 불규칙(엇모) 배치
$b_2 = b_g - 2d + \sum \dfrac{s^2}{4g}$
$\quad = 300mm - 2(25mm) + \dfrac{(40mm)^2}{4(80mm)}$
$\quad = 255mm$

$b_3 = b_g - 3d + \sum \dfrac{s^2}{4g}$
$\quad = 300mm - 3(25mm) + 2\dfrac{(40mm)^2}{4(80mm)}$
$\quad = 235mm$

$b_n = b_{\min} = 235mm$

$\therefore A_n = b_n t = (235mm)(10mm)$
$\qquad = 2350mm^2$

## 학습 POINT

### Quiz.05

그림과 같은 인장재 L형강의 순단면적 [$mm^2$]은? (단, 구멍의 직경은 25mm 이다.)

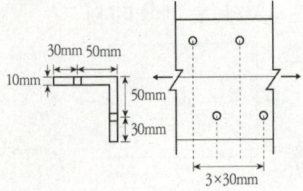

**풀이**

$b_g = b_1 + b_2 - t$
$\quad = 80mm + 80mm - 10mm = 150mm$

$g = g_1 + g_2 - t$
$\quad = 50mm + 50mm - 10mm = 90mm$

(1) 정열 배치
$b_{n1} = b_g - d$
$\quad = 150mm - 25mm = 125mm$

(2) 불규칙(엇모) 배치
$b_{n2} = b_g - 2d + \dfrac{s^2}{4g}$
$\quad = 150mm - 2(25mm)$
$\quad\quad + \dfrac{(30mm)^2}{4(90mm)}$
$\quad = 102.5mm$

$\therefore A_n = b_n t$
$\quad = (102.5mm)(10mm)$
$\quad = 1025mm^2$

### (4)-3 ㄱ형강

ㄱ형강을 평면에 펼치면 두께 $t$가 중복되므로 $b_g$, $g$에서 한 번씩 빼서 이용해야 한다. 다음 과정은 지그재그 배치와 동일하다.

$$g = g_1 + g_2 - t$$
$$b_g = b_1 + b_2 - t$$

① ABC : $b_{n1} = b_g - d$

② ABDE : $b_{n2} = b_g - 2d + \dfrac{s^2}{4g}$

$$b_n = [b_{n1}, b_{n2}]_{\min}$$

## SKILL 1

용접 문제는 불완전하게 출제되는 경우가 많으므로 측면용접 유효길이($L_e$)로 계산해 보고, 숫자가 복잡해질 경우 측면용접 길이($L_1$)로 계산해 보자.

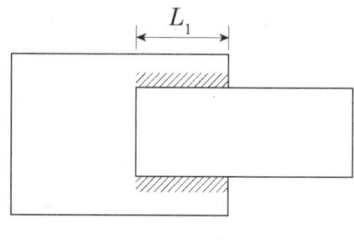

〈측면 용접〉

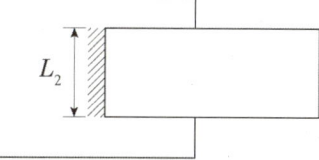

〈전면(단부)용접〉

|  | 측면용접 유효길이 | 전면용접 유효길이 |
|---|---|---|
| 허용응력설계법 | $L_e = L_1 - 2s$ | $L_e = L_2$ |
| 하중저항계수설계법 | $L_e = L_1 - 2s$ | 복잡하다. |

$$L_e = L_1 - 2s \;\rightarrow\; L_e = L_1$$

## SKILL 2

허용응력 설계법 뿐만 아니라 하중저항계수설계법의 전면용접 유효길이($L_e$)도 대부분 고려할 필요가 없다.

**▲ 80점 목표**

**전면용접 유효길이**
하중저항계수 설계법에서 전면용접 유효길이는 다음과 같다.

| 조건 | 유효길이 |
|---|---|
| $L_2 < 100s$ | $L_e = L_2$ |
| $100s < L_2 \leq 300s$ | $L_e = L_2 \times \beta$ |
| $300s < L_2$ | $L_e = 180s$ |

$$\beta = 1.2 - 0.002\left(\frac{L_2}{s}\right) \leq 1.0$$

거의 모든 경우에 '$L_2 < 100s$'를 만족하기 때문에 전면용접 유효길이를 고려하는 것이 어렵다면 설계법의 종류와 무관하게 $L_e = L_2$로 기억하는 것도 좋은 방법이다.